厦门大学百年校庆系列出版物 · 编委会

主　任：张　彦　张　荣

副主任：邓朝晖　李建发　叶世满　邱伟杰

委　员：（按姓氏笔画排序）

　　　　王瑞芳　邓朝晖　石慧霞　叶世满　白锡能　朱水涌
　　　　江云宝　孙　理　李建发　李智勇　杨　斌　吴立武
　　　　邱伟杰　张　荣　张　彦　张建霖　陈　光　陈支平
　　　　林　辉　郑文礼　钞晓鸿　洪峻峰　徐进功　蒋东明
　　　　韩家淮　赖虹凯　谭绍滨　黎永强　戴　岩

学术总协调人：陈支平

百年校史编纂组　组长：陈支平

百年院系史编纂组　组长：朱水涌

百年组织机构史编纂组　组长：白锡能

百年精神文化系列丛书编纂组　组长：蒋东明

百年学术论著选刊编纂组　组长：洪峻峰

校史资料汇编（第十辑）与学生名录编纂组　组长：石慧霞

厦门大学百年校庆系列出版物

百年精神文化系列

萨本栋传

民族危机中的大学校长

石慧霞　著

厦门大学出版社
国家一级出版社
全国百佳图书出版单位

图书在版编目（CIP）数据

萨本栋传：民族危机中的大学校长 / 石慧霞著. --2版. -- 厦门：厦门大学出版社，2020.12（2023.10重印）
 ISBN 978-7-5615-7798-1

Ⅰ.①萨… Ⅱ.①石… Ⅲ.①萨本栋（1902—1949）-传记 Ⅳ.①K825.46

中国版本图书馆CIP数据核字(2020)第088933号

出 版 人	郑文礼
责任编辑	曾妍妍
美术编辑	李嘉彬
技术编辑	朱　楷

出版发行　**厦门大学出版社**
社　　址　厦门市软件园二期望海路39号
邮政编码　361008
总　　机　0592-2181111　0592-2181406(传真)
营销中心　0592-2184458　0592-2181365
网　　址　http://www.xmupress.com
邮　　箱　xmup@xmupress.com
印　　刷　厦门集大印刷有限公司

开本　720 mm×1 020 mm　1/16
印张　17.75
插页　2
字数　298千字
版次　2015年9月第1版　2020年12月第2版
印次　2023年10月第2次印刷
定价　64.00元

本书如有印装质量问题请直接寄承印厂调换

# 总　序

厦门大学 | 党委书记　张　彦
　　　　　| 校　　长　张　荣

2021年4月6日，厦门大学百年华诞。百载风雨，十秩辉煌，这是厦门大学发展的里程碑，继往开来的新起点。全校师生员工和海内外校友满怀深情地期盼这一荣耀时刻的到来。

为迎接百年校庆，学校在三年前就启动了"百年校庆系列出版工程"的筹备工作，专门成立"厦门大学百年校庆系列出版物编委会"，加强领导，统一部署。各院系、部门通力合作，众多专家学者和相关单位的工作人员全身心地参与到这项工作之中。同志们满怀高度的责任感和紧迫感，以"提升质量，确保进度，打造精品"为目标，争分夺秒，全力以赴，使这项出版工程得以快速顺利地进行。在这个重要的历史时刻，总结厦大百年奋斗历史，阐扬百年厦大"四种精神"，抒写厦大为伟大祖国所做出的突出贡献，激发厦大人的自豪感和使命感，无疑是献给百岁厦大最好的生日礼物。

"百年校庆系列出版工程"包括组织编撰百年校史、百年组织机构史、百年院系史、百年精神文化、百年学术论著选刊、校史资料与学生名录……有多个系列近150种图书将与广大读者见面。从图书规模、涉及领域、参编人员等角度看，此项出版工程极为浩大。这些出版物的问世，将为学校留下大量珍贵的历史资料，为学校深入开展校史教育提供丰富生动的素材，也将为弘扬厦门大学"自强不息，止于至善"校训精神注入时代的新鲜血液，帮助人们透过"中国最美大学校园"

的山海空间和历史回响，更加清晰地理解厦门大学在中国发展进程中发挥的独特作用、扮演的重要角色，领略"南方之强"的文化与精神魅力。

百年校庆系列出版物将多方呈现百年厦大的精彩历史画卷。这些凝聚全校师生员工心血的出版物，让我们感受到厦大人弦歌不辍的精神风貌。图文并茂的《厦门大学百年校史》，穿越历史长廊，带领我们聆听厦大不平凡百年岁月的历史足音。《为吾国放一异彩——厦门大学与伟大祖国》浓墨重彩地记述厦门大学与全国34个省级行政区以及福建省九市一区一县血浓于水的校地情缘，从中可以读出厦门大学在中华民族伟大复兴征程中留下的深深烙印。参与面最广的"厦门大学百年院系史系列"、《厦门大学百年组织机构史》，共有30多个学院和直属单位参与编写，通过对厦门大学各学院和组织机构发展脉络、演变轨迹的细致梳理，深入介绍厦门大学的党建工作、学科建设、人才培养、组织管理、社会服务等方面的发展历程，展示办学成就，彰显办学特色。《厦门大学校史资料（1992—2017年）》和《厦门大学学生名录（2010—2019年）》，连同已经出版的同类史料，将较完整、翔实地展现学校发展轨迹，记录下每位厦大学子的荣耀。"厦门大学百年精神文化系列"涵盖人物传记和校园风采两大主题，其中《陈嘉庚传》在搜集大量史料的基础上，以时代精神和崭新视角，生动展现了校主陈嘉庚先生的丰功伟绩。此次推出《林文庆传》《萨本栋传》《汪德耀传》《王亚南传》四部厦门大学老校长传记，是对他们为厦大发展所做出的突出贡献的深切缅怀。厦大校友、红军会计制度创始人、中国共产党金融事业奠基人之一高捷成的传记《我的祖父高捷成》，则是首次全面地介绍这位为中国人民解放事业做出杰出贡献的烈士的事迹。新版《陈景润传》，把这位"最美奋斗者"、"感动中国人物"、令厦大人骄傲的杰出校友、世界著名数学家不平凡的人生再次展现在我们眼前。抒写校园风采的《厦门大学百年建筑》、《厦门大学餐饮百年》、《建南大舞台》、《芙蓉园里尽芳菲》、《我的厦大老师》（百年华诞纪念专辑）、《创新创业厦大人2》、《志愿之光》《让建南钟声传响大山深处》《我的厦大范儿》以及潘维廉的《我在厦大三十年》等，都从不同的角度，引领我们去品读厦门大学的真正内涵，感受厦门大学浓郁的人文精神和科学精神。

此次出版的"厦门大学百年学术论著选刊"，由专家学者精选，重刊一批厦大已故著名学者在校工作期间完成的、具有重要价值的学术论著（包括讲义、未刊印的论著稿本等），目的在于反映和宣传厦门大学百年来的学术成就和贡献，挖掘百年来厦门大学丰厚的历史积淀和传统资源，展示厦门大学的学术底蕴，重建"厦大学派"，为学校"双一流"建设提供学术传统的支撑。学校将把这项工作列入长期规划，在百年校庆时出版第一辑共40种，今后还将陆续出版。

"自强！自强！学海何洋洋！"100年前，陈嘉庚先生于民族危难之际，抱着"教育为立国之本，兴学乃国民天职"的信念，创办了厦门大学这所中国历史上第一所由华侨独资建设的大学。100年来，厦大人秉承"研究高深学术，养成专门人才，阐扬世界文化"的办学宗旨，在实现中华民族伟大复兴的征程上书写自己的精彩篇章。我们相信，当百年校庆的欢庆浪潮归于平静时，这些出版物将会是一串串熠熠生辉的耀眼珍珠，成为记录厦门大学百年奋斗之旅的永恒坐标，成为流淌在人们心中的美好记忆，并将不断激励我们不忘初心继承传统，牢记使命乘风破浪，向着中国特色世界一流大学目标奋勇前行！

张彦　张荣

2020年12月

夫青年为国家基本,大学为教育青年之最高学府,绝不容委蛇敷衍,仅以一纸毕业文凭之授受为完事。

——萨本栋

初版序一

厦门大学在近百年的发展历程中，形成了自己特有的爱国、革命、自强和科学的四种精神。其中，自强精神集中地体现在萨本栋校长在抗战时期主政厦大，率全校师生内迁闽西山城长汀艰苦办学的感人事迹上。

1937年7月6日，在"七七事变"抗战全面爆发的前一天，萨本栋临危受命，接受出任厦门大学改国立后第一任校长的聘请。当时，萨本栋已是清华的名教授，在国难面前，在国家最需要人才的时刻，在陈嘉庚爱国精神的感召下，他毅然放弃清华大学已有的舒适和优越的工作生活条件，到困难重重的厦门大学主持校政。后人称赞他，在"国"与"家"之间，他选择了"国"；在"公"与"私"之间，他选择了"公"；在"难"与"易"之间，他选择了"难"。主政厦大八年期间，萨本栋以其丰富精粹的教育思想、卓越高远的办学理念、泽惠后世的实践业绩，将厦门大学办成战时"中国最完备的大学之一"，"南方之强"的美誉由此传开。在厦大，每每讲起萨校长的事迹，全体师生无不被他廉洁奉公的高尚品格及一丝不苟、严谨求实的治学态度所感动，无不被他为厦大呕心沥血、鞠躬尽瘁、无私奉献的精神所震撼。萨本栋是厦大人至今感念不已、崇敬景仰的"自强精神"的代表人物，他的办学思想和成就，为厦门大学、为中国高等教育的发展留下了一笔极其宝贵的文化遗产和精神财富。

是什么因素成就了这样一位杰出的科学家、卓越的大学管理者、富有人格魅力的教育家？石慧霞同志编著的《萨本栋传》试图挖掘萨本栋精神的深刻内涵以及产生这一精神的土壤、环境与条件。石慧霞同志就读研究生期间主要的研究方向是大学校史和大学文化，研究生毕业后又长期在厦门大学校友总会工作，从而使得她不仅具有研究萨本栋精神的理论素养，也具有研究上的现实便利——她能够比其他人更方便地接触到各种校史资料及与各地的校友进行访谈，特别是拜会长汀时期的老校友们。具备了这样的独特条件，再加之对工作的热情和努力，呈现在我们面前的《萨本栋传》是一部较好地记载和描述萨本栋不平凡的一生及可贵精神的人物传记。当然，匮于作者的人生阅历、理论素养与文字功底等各方面的限制，该传记也还存在诸多可值得商榷与完善之处。但不论如何，我相信，这部传记的出版，对于我们传承与弘扬厦大的四种精神是一件有益的事。

进入新时期，实现国家富强、民族振兴、人民幸福的伟大中国梦，已成为时代最强音。百年来，厦门大学的命运始终与国家的命运紧紧相连，中国梦也就是厦大梦。厦门大学第十次党代会提出，争取到2021年建校百年之际，建成世界知名高水平研究型大学；再经过30年左右的努力，力争到21世纪中叶新中国成立百年之际，跻身世界一流大学行列。厦大"两个百年"梦想是厦大人为实现中国梦所做的努力。中国梦需要高扬中国精神。一流大学梦想更需要先进大学精神的引领。以萨本栋校长为代表的艰苦办学的自强精神，就是厦大精神的杰出代表和集中体现。这是厦门大学极为宝贵的精神财富，是厦大经受风雨而生生不息的根本原因，也是全体厦大人爱护厦大、承前启后、不断前进的强大动力！为此，我由衷地期望，在实现中国梦的伟大历史进程中，在践行厦大"两个百年"梦想的征程上，我们全体厦大人坚定不移地弘扬萨本栋校长的自强精神，倍加珍惜地利用好这笔宝贵的精神财富，使之在新的时代焕发出更加灿烂的生命力和更加绚丽的光芒。

　　是为序。

厦门大学校长
厦门大学校友总会理事长　朱崇实
2015 年 7 月 13 日

初版序二

在纪念抗日战争胜利70周年之际,出版《民族危机中的大学校长——萨本栋传》,具有重要的历史意义和特殊的现实意义。

萨本栋校长是1937年"七七事变"前一天接到当时政府通知,任命他为刚改制的国立厦门大学首任校长。厦门地处抵抗日军侵华的海防最前线,萨校长可谓受命于危难之际。他义无反顾地千里跋涉,于20天后的7月26日就正式接任,担当起迁校办学的重任。他不但使厦门大学在烽火连天中弦歌不辍,而且将厦门大学办成屹立于中国东南的"南方之强"。

我于1941年考进厦门大学,中秋这一天到达闽西山城长汀报到。当时正值太平洋战争前夕,日军大举南进,福州沦陷,人心惶惶,厦门大学安然开学,起稳定人心的作用。我所上的第一课,就是听萨校长的开学报告。虽然已是70多年前所听的报告,但感受甚深,仍能牢记要点。

萨校长说,在国难如此严重的时刻,为什么更需要坚持办学,因为敌占区的奴化教育,不许中国人民研究国防和与民生有关的科学技能。我们必须坚持办好中国自己的大学。为什么厦大不跟其他大学迁至西南大后方而选择接近战区的长汀,因为:第一,要坚持东南半壁江山有大学,一方面对敌人显示坚强不屈的精神,另一方面要让东南数省青年有大学可上;第二,既要设在敌人较难进犯的山区,又要在闽、浙、赣、粤学生较易上学的地点;第三,要粮食给养比较充足、学校环境比较优良、便于安心读书的地方。他还说,许多国家战时大学停办,大学生参军,为什么厦大不只是维持办学,还要增设会计、银行、土木、机电等系,并且比往年多招学生(往年一般每年招新生100多名,当年增招至225名),因为中国抗战必胜,我们要为战后准备建国人才。

萨校长的战略思想和英明预见,我深有体会。我就是在萨本栋精神的鼓舞下,安心地读了四年大学,于抗战胜利的1945年毕业;更重要的是,我在萨校长艰苦卓绝、舍命办学、鞠躬尽瘁、为国育才的精神感召下,做了一名热爱教育事业的教师。

写一部《萨本栋传》,研究萨本栋精神的形成过程、描述萨校长在民族危机中舍命办学的艰苦历程以及其后他抱病担当振兴中国科学事业重任的真实情境,是亲历那段历史的校友们的共同夙愿。石慧霞博士这本《萨本栋传》的出版,让我们夙愿得偿。

石慧霞博士在攻读博士学位期间,就以厦大校史为背景,研究"民族危机中的大学认同",深受萨本栋精神的感召。毕业之后,她在厦大校友会工作,继续研究大学校史理论。受萨本栋公子萨支唐院士之托,石慧霞博士为撰写《萨本栋传》多次访问萨氏世族亲友、长汀时期的厦大校友,奔走于福州、北京、南京、台湾、长汀等地,查阅档案资料,广搜细核,笔耕不辍,历经五年完成此书。晚辈后生,有此治学态度和成就,值得欣慰。

此为序。

潘懋元

2015年7月15日

引言

生命的价值不仅在于时间长度,还在于其生存宽度与生长高度,更在于其薪火相传,使生命得到延续和光大。1949年1月31日,年仅47岁的萨本栋辞世。应厦门大学师生和校友的强烈要求,他的墓园被安放在厦门大学校园里。1991年,厦门大学抗战时期的毕业生集体倡议并捐资重修了萨本栋墓园;2002年7月,厦门大学举办了"纪念萨本栋校长诞辰100周年暨萨本栋思想研讨会",年近古稀的校友们从世界各地汇聚厦大,声口相传萨本栋"舍身治校"的坚毅精神;2013年9月,中国物理学会在厦门大学举办"萨本栋先生诞辰111周年纪念专题学术报告会",会上隆重举行了萨本栋铜像落成揭幕仪式[①],中科院院士、清华大学教授朱邦芬在2013年第11期《物理》上发表署名文章:《"中国的脊梁"和"万人敌"——纪念萨本栋先生》。

历史回溯到20世纪30年代初,萨本栋刚过而立之年,作为留美博士,清华大学、北京大学最受学生欢迎的物理学名师,清华大学最年轻的大学评议员,"华北最有健康美、少虚荣女士黄淑慎"[②]的丈夫,两个活泼可爱男孩的父亲,萨本栋一路以来的成长经历、工作和家庭可谓一帆风顺,令人称羡。然而,1937年7月,日军侵华的狼烟四起,爱国华侨领袖陈嘉庚先生将其创办的厦门大学无条件地献给国家,转制为国立大学,首任校长选中萨本

---

① 厦门大学时任党委书记杨振斌,时任校长朱崇实,萨本栋之子、美国国家工程院院士、中国科学院外籍院士萨支唐,中科院院士、清华大学教授朱邦芬,厦门大学萨本栋教育科研基金会总裁、原厦门大学校长林祖赓,萨本栋学生代表、菲律宾中正学院名誉董事长邵建寅共同为铜像揭幕,到会海内外嘉宾和师生校友300多位,气氛十分热烈。
② 《北平黄淑慎女标枪打破远东纪录》,《中央日报》1931年5月30日第1版。

栋。萨本栋义无反顾,抛家舍子,在"卢沟桥事变"打响的炮声中一路向南,接掌了风雨飘摇中的厦门大学。他"悉心治校,严于律己,勤政之余,继以力学",将厦门大学办成战时"中国最完备的大学之一","南方之强"的美誉迅速传开。抗战中,厦门大学获得了新生,萨本栋却"积劳成疾,遂以不起"①。1945年9月,因中国科学管理工作所需,萨本栋转任中央研究院总干事,先后完成复原中研院、创设中国数理化中心、组织国家首届院士评选等工作。无论行政工作多忙,萨本栋从未放弃自己钟爱的科学研究。在弥留之际,他紧抓着主治医生的手,讲了一夜未及撰写的学术著作。胡适曾说:"他(指萨本栋)一生二十年事业,无形中影响了无数的人,我赞成梅校长(指梅贻琦)的观点,认为萨先生虽然与世长辞,他的精神却是不朽的。"②

精神的魅力可以穿越时空。

坐落在厦门大学校园里的萨本栋铜像无声地讲述着民族危机中一位外表朴素而内心高贵,胸怀天下而波澜不惊,目光高远而细致严谨的大学校长的一生。他曾经那么朴素而真实地生活在芸芸大众之中:一位优秀的科学家,一生梦想着摘取电机工程和物理学研究领域的科学桂冠。然而,和陈嘉庚一样,"为爱国愚诚所迫"③,他短暂的一生奔波于操持大学校务、奖掖后学、推进国家的科学研究事业,

---

① 郑朝宗:《萨本栋墓碑记》,许乔蓁、林鸿禧编:《萨本栋文集》,厦门大学出版社1995年版,第262页。
② 胡适:《在中央研究院追悼萨本栋纪念会上的致辞》,中央社上海27日电(1949年2月28日讯)。
③ 陈嘉庚:《筹办厦门大学演讲词》,《厦大校史资料》(第一辑),厦门大学出版社1987年版,第18页。

只有在夜深人静时才能凝神专注于自己的学术追求。在此背景下，他依然取得卓著的研究成果，并当之无愧地被评为中央研究院首届院士。历史学家汤因比曾感叹，"卓越出自艰辛"，"艰苦的环境对于文明来说，非但无害而且有益"①。

萨本栋的生命已与厦门大学以及中国近现代大学发展史融为一体，其精神亦成为抗战时期中国大学的文化品格和精神特质之一。"大学之道，在明明德，在亲民，在止于至善"，走近萨本栋，品味其于民族危难的烽火硝烟中成长为卓越的教育家、优秀的大学校长、可敬的行政官员的人生轨迹，感受其超凡脱俗的人文情怀和人格魅力，深思其培养人才和推进学术的理念与实践，对于观照当下仍然意义深远。

---

① 阿诺德·汤因比：《历史研究》，刘北成、郭小凌译，上海人民出版社2005年版，第91、95页。

目录

第一章 名门之秀 ……………………………… 1
　　一、雁门萨氏　榕城望族 ……………………… 3
　　二、家传教养　心仪教育 ……………………… 11
　　三、清华浸润　全面发展 ……………………… 16
　　四、留美历练　心智渐成 ……………………… 31

第二章 盛誉清华 ……………………………… 37
　　一、立足本土　致力科教 ……………………… 39
　　二、为人师表　教学相长 ……………………… 45
　　三、热心校务　初露锋芒 ……………………… 56
　　四、幸福之家　和乐融融 ……………………… 62

第三章 执掌厦大 ……………………………… 71
　　一、赤子之心　临危受命 ……………………… 73
　　二、延续文脉　选址长汀 ……………………… 83
　　三、融入当地　共赴国难 ……………………… 94
　　四、苦心经营　顽强奋进 ……………………… 102

第四章 治学之道 ……………………………… 115
　　一、敦聘名师　专注教学 ……………………… 117
　　二、建国育才　创设工科 ……………………… 131
　　三、以质为先　培养通才 ……………………… 138
　　四、创立省院　倡导学术 ……………………… 148

第五章 **治校方略** …………………… 153
　一、匡正学风　充实条件 …………… 155
　二、行政集中　民主管理 …………… 168
　三、保护师生　负重坚守 …………… 178
　四、人文精神　大学认同 …………… 188

第六章 **进中研院** …………………… 199
　一、美英讲学　寻求突破 …………… 201
　二、任总干事　复原重建 …………… 207
　三、公正谨严　评选院士 …………… 217
　四、心血呕尽　壮志未酬 …………… 223

附　录 …………………………………… 233
　萨本栋外甥、清华大学杨福生教授
　　访谈录（摘要）……………………… 235
　中央研究院追悼萨本栋 ……………… 239
　厦门大学全体员生追悼萨本栋 ……… 241
　萨公颂（墓碑文）郑朝宗 …………… 242
　萨本栋年谱 …………………………… 243
　萨本栋主要论著和论文 ……………… 249

参考文献 ………………………………… 251
后　记 …………………………………… 262
再版补记 ………………………………… 267

第一章 名门之秀

 萨本栋传

一、雁门萨氏　榕城望族

清光绪二十八年（1902年）7月24日，萨本栋出生于福建闽侯朱紫坊（今福州市鼓楼区津泰路南侧的安泰河沿）萨家大院。其时，是中华民族正遭受列强欺凌，处于内忧外患的动荡岁月；其地，是文化昌盛、人文荟萃的榕城古巷；其家，是忠公体国、豪杰辈出的名门望族。

1902年，这是中国历史上看似平静的一年，实则玄机重重。这一年，慈禧太后第一次撤帘露面，召见各国驻华使节，在国内进一步实行"新政"；这一年，日本与老牌帝国英国订立《英日同盟条约》，主要内容是保护双方在中国和朝鲜的既得利益，矛头直指俄国，进一步暴露出其吞并中国的野心；这一年，中俄签订《交收东三省条约》，但俄国后来不仅违约不撤兵，反而增派军队，欲将东三省划归其统治，由此激起中国人民轰轰烈烈的拒俄运动，日本与俄国对东三省的争夺愈益激化；这一年，闽江上游溪洪暴发，福州城内平地水深2～3米，大批田园庐舍被浸没。这样的时代环境，萨本栋可谓生逢乱世。

然而，这样的历史背景正好实践"天将降大任于斯人"的现实考验。这一年，孙中山应邀出任"支那亡国二百四十二年纪念会"主席，参会的很多人后来成为1905年同盟会的骨干成员，萨本栋的父亲萨君陆名列其中；这一年，张百熙拟定《钦定京师大学堂章程》，这是中国近代学堂教育体系整体设计的最初方案，也是《钦定学堂章程》的前身；这一年，榕城出现多所公私立学堂，北城小学堂创立，萨君陆任堂长①；这一年，清政府据《辛丑条约》议定，开始交付"庚子赔款"。七年后，美国将所得"庚子赔款"的半数退还给中国，专用于资助留美学生，清华大学前身——游美学务处正式设立，招考录取了梅贻琦等47人为首批清华"庚子赔款"留学美国公费生；这一年，陈嘉庚开始他在新加坡创业的成功起步，不久，他的菠萝罐头厂和米店赢利数万元，以商养教、振兴中华的蓝图开始在他的脑海中绘制……这些为实现社会转型而日渐生发的变异基因，与萨本栋短暂而又永恒的人生紧密地联系在一起。

除了时代背景，社会、家族及其文化环境更能为剖析历史人物思想品格的形成轨迹提供重要线索。萨本栋先祖系色目人。13世纪，色目人萨拉布哈协助元世祖忽必烈征战开国，建立元朝统治。其后，萨拉布哈与其子傲拉齐"累著勋伐，留镇云代"。长孙萨都剌生于山西雁门，官至江南行台侍御史，为官清正，救助难民，深得百姓拥戴。不仅如此，萨都剌博学能文，尤工诗词，被誉为"元四大诗人之一""有元一代词人之冠"，著有《雁门集》传世。《雁门集》博大典雅，蕴藉宏深。元英宗时，萨都剌被赐姓"萨"，由是萨氏家族被称为"雁门萨氏"。元统元年（1333年），萨仲礼中进士，官至"福建行中书省检校"，举家由山西雁门迁至福州定居，成为雁门萨氏"入闽始祖"。②清代时萨家重为名门望族，名列榕城八大家族。

厚实的物质基础和人文环境为萨本栋童年和少年时期的成长提供了优越的条件。萨本栋的出生地福建闽侯朱紫坊，位于福州市鼓楼区津泰路南侧的安泰河沿。安泰河，历史上是福州的护城河，安泰桥是唐罗城的利涉桥。据《榕城景物考》记载，"唐天复初，为罗城南关，人烟绣错，舟楫云排，两岸酒市歌楼，箫管从柳荫榕叶中出"，足见当时的繁荣。宋时，修筑外城，街区全部被包入城中。安泰河两岸榕荫匝地，巷坊交错，舟楫楼连，酒市笙歌，

---

① 中国人民政治协商会议福建省委员会文史资料研究委员会编：《福建文史资料》第20辑，中国人民政治协商会议福建省委员会文史资料研究委员会，1988年，第81页；鼓楼区地方志编纂委员会编：《鼓楼区志》（下册），方志出版社2001年版，第932页。
② 雁门萨氏族谱编委会：《雁门萨氏族谱》，2007年，第5、33页。

颇有古南京秦淮河的风光，宋代曾巩《夜过利涉门》诗云：

  红纱笼烛照斜桥，复观翚飞入斗杓。

  人在画船犹未睡，满堤明月一溪潮。

  该诗虽然是描绘提灯游城的夜色，却从侧面反映了当时朱紫坊的繁荣景象。朱紫坊因宋代有四兄弟——通奉大夫朱敏功、儒林郎朱敏中、朝请大夫朱敏元、南安令朱敏修居于此而皆登仕门，朱紫盈门，故得名。坊内仍留有额题为"朱紫达善境"的石牌坊。旧时坊内有一峰书院。明代长史谢汝韶的泊台别馆亦在坊内。朱紫坊街区也是古福州文化教育机构集中地，从宋太平兴国开始到清末，这个街区内设有三个孔庙（分属福州府、闽县、侯官县）、两个县学、两个县衙、一个府学院署。因为学院林立，学子云集，所以成为"路逢十客九青衿"的"弦歌不绝"之地。

  萨家大院始建于明末清初，清道光年间萨氏后裔进行了重修、扩建。同治壬申年（1872年），入闽萨氏第一支长房第十六世孙萨多荣再次扩建右花园，买园添建小筑。不久，延建至第四进。至清末，该院已形成坐南朝北，共四进、一花厅的格局；第四进之背面（南面）还筑有坐北朝南的一进小院，故实有坊深五进，通宽21.5米，纵深97米，占地总面积为2080平方米。整座院落前（北）宽后（南）窄，呈畚箕形，民间以为如此地理形胜可以聚财。大院临街有大门六扇，两侧为高耸的马头墙，东墙头有一泥塑狮子，西墙头有一泥塑如意。门头房在围墙外，木结构。入大门为门厅，过石框门为第一进院落。天井由大石板铺成，周围三面环廊，东、西廊为安放仪仗执事牌处。大厅面阔、进深均五间，前三进建筑均为双坡顶、穿斗式木构架。东、西厢房皆为楠木门，门上风窗皆为通透"喜"字；隔扇、窗棂均为楠木雕刻，精细雅致。柱以上之梁架、斗拱等木构件，均雕各种图案，保存完好。天井与大厅均铺花岗石板。在民国以前，第三进前厅中央为神祖龛，家族祭祀活动在此厅进行。第四、五进转为坐西朝东。第四进东为天井，西为三间双层藏书楼，萨本栋小时候与萨家其他子孙就集中于此读书。第五进面阔三间，进深五间，有书斋、佛堂等。每进之间均有围墙相隔，且有插屏门分为前、后厅。每进均有一眼水井，水质清甘。第一进西侧走廊有小门通花厅，有一对高约4米的竹状立柱，直径约20厘米，立柱上之"竹节"，每节均有竹叶浮雕，典雅大方，堪称民居建筑精品。花厅后有10扇精致的楠木屏风，上刻108种图案，形态各异，生动传神。花厅前有一座用太湖石堆砌的假山，小亭阁错落点缀其中，东、西两端各有一个高平台，在上面可以放风筝，可以观烟火。与假山相嵌的围墙檐下，灰塑彩色人物，多是《三国演义》《水浒传》《西游记》中的人物和故事。假山中间，有一株梧桐树，高大蔽日。假山脚下有一泓池水，可与院外之安泰河相通。假山旁立有萨子安作的五言诗石刻。诗云："买园添小筑，涉趣息尘劳。临水洗心静，看山投眼高。石城罗万象，瀛岛冠发鳌。指顾襟怀旷，中池养凤毛。"①萨本栋的幼年、童年时期就是在这样一个殷实的望族之中度过的。

萨氏先祖多为桑梓先贤，特别是萨本栋的伯祖父萨镇冰对萨氏年轻后辈影响深远，萨氏族人均引以为傲。在萨本栋幼小的心灵里，萨镇冰矢志报效国家的思想言行给他留下了非常深刻的印象。萨镇冰11岁时考进马尾船政学堂，学习天文、驾驶，表现优异，毕业时综合成绩名列全校第一。1884年，中法马江海战中方的惨败刺激了萨镇冰，25岁的他主动请求上前线。1902年，萨本栋出生时，萨镇冰正值事业顶峰，时任中国北洋海军舰艇的最高将领——海军统制（总司令）。他对北洋海军进行了全面整顿，严格训练海军官兵的航海驾驶技术以及演放鱼雷、打炮靶、备战操练等战斗技术。萨镇冰"身治海军十有余年，无寸椽尺土之储"，先后三次入住萨家大院花厅。1933年11月"福建事变"发生，萨老报国之心未泯，他应邀参加十九路军政务会议，并于11月20日在南校场（今福州五一广场）中国人民临时代表大会上激情演讲。福建人民革命政府撤离福州时，他又召集救火会、慈善会、救灾

① 卢美松：《福州名园史影》，福建美术出版社2007年版，第98页。

会等社团人士，在萨家大院花厅商讨应急措施。①1935年，萨镇冰为《萨氏族谱》作序："大学云：一家仁，一国兴仁；一家让，一国兴让。窃愿同宗之人，于仁与让两字加之意焉，推而行之，则天下治矣。谨弁简端，以告族人，并以告世之人。"②萨镇冰爱国爱家的言行举止，成为萨氏家族的模范，在萨氏家风中树立了忠公体国、鞠躬尽瘁的奋发精神，对萨本栋人格养成产生潜移默化、润物无声的作用。萨本栋的表妹、著名文学家冰心女士也深受其影响，她在《记萨镇冰先生》一文中写道："我所耳闻目见的关于他的一切，无不增加我对他的敬慕。

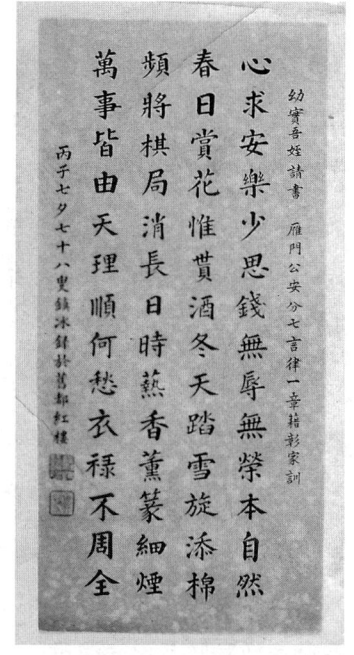

1936年，萨镇冰手书家训

时至今日，虽然有许多儿时敬仰的人物，使我灰心，使我失望，而每一想到他，就保留了我对人类的信心，鼓励了我向上生活的勇气。"③

俗语说"近朱者赤"，萨本栋不仅浸染于萨氏先贤们的崇高威望，其同辈当中，也涌现出多位军事将领和科技精英。他们相互之间的敬重和鼓励，更突显了萨氏爱国爱乡、豪杰辈出的名门望族形象。

萨本铁，萨本栋胞兄，化学家，1937年获德国自然科学研究院院士。他与萨本栋先后进清华，赴美留学，又相继回清华工作。一个是化学教授，一个是物理教授，兄弟俩教学出众，又都是网球健将，被誉为"清华双萨"。

萨孟武，原名萨本炎，萨本栋堂兄，政治学家。毕业于日本京都帝国大

---

① 卢美松：《福州名园史影》，福建美术出版社2007年版，第98页。
② 雁门萨氏族谱编委会：《雁门萨氏族谱》，2007年，第13页。
③ 冰心：《记萨镇冰先生》，《青年界》1936年第10卷第1期。

学，先后在中央大学、中山大学任教，后赴台湾，曾任台湾大学法学院院长。

萨本炘，萨本栋堂兄。萨本炘受堂祖父萨镇冰影响，投笔从戎，志事海防，为一代造船专家，毕生致力于舰船的设计、修造和教育事业。

萨师俊，萨本栋堂兄，中山舰舰长。萨师俊认为海防薄弱是国家的根本忧患，因此，他立志成为海军，以振兴中华，报效国家。抗战期间，他率领中山舰全体官兵历经多次战斗，重创日军，为保卫祖国立下不朽战功。1938年10月24日，他指挥中山舰参加抗日战争武汉会战，阵亡于舰台之上，年仅43岁。同年，萨本栋在厦门大学设立萨师俊奖学金，悼念这位杰出的海军将领，激发同学们的爱国精神和志向。

萨氏家族与许多榕城世家交往密切，多有联姻，这些文化世家之间的频繁往来，也为萨本栋的教育和成长营造了深厚的历史背景和家族氛围。

萨本栋的伯祖父萨镇冰与严复、叶祖珪三人是同乡兼同窗。他们在考入福州船政学堂后，同往英国留学深造，且报国心切，"深知自强之计，舍此无可他求，各怀奋发有为，期于穷求洋人秘奥，冀备国家将来驱策"①。三年后，他们分别得到优良的毕业评语，回国报效北洋海军。1899年，为了挽救危局，慈禧特召见叶祖珪与萨镇冰，分别赏加提督、总兵衔。此时叶祖珪力荐萨镇冰为主，而萨镇冰则坚推叶祖珪为帅，二人谦让之德，一时传为佳话。萨镇冰与叶祖珪私交甚笃，叶祖珪以女叶朗辉许嫁萨本栋的叔叔萨君豫，并将军机大臣、太傅翁同龢书赠的"雅歌投壶，提戈奋骊"这副珍贵的洒金对联转送给萨家。严复的侄孙严步随，则娶了萨本栋另外一位叔叔萨君谦之女萨孟瑛，萨镇冰为证婚人。②

福州长乐的杨家③将两女杨鹤龄、杨福慈分别许配给萨君陆（萨本栋的父

---

① 高时良编：《中国近代教育史资料汇编——洋务运动时期教育》，上海教育出版社1992年版，第921页。
② 叶芳骐：《严复、叶祖珪、萨镇冰三位的交谊》，《老照片》，山东画报出版社2003年版。
③ 杨家杨簧曾接林则徐任江苏巡抚，后举家迁往福州长乐，后代杨树庄任民国时期的海军总司令、海军上将，杨树庄的两个曾孙女杨鹤龄和杨福慈分别嫁入萨家和谢家。

亲）和谢葆璋①（冰心的父亲）。萨君陆和杨鹤龄生有萨本祥、萨本铁、萨本栋、萨本䄄；谢冰心为谢葆璋和杨福慈之女。冰心的母亲与萨本栋的母亲为亲姐妹，1929年，谢冰心和吴文藻在燕京大学举行婚礼时，证婚人为司徒雷登，萨本栋为男傧相。

谢冰心与吴文藻婚礼照［司徒雷登（后排中）主婚，萨本栋为男傧相（后排右一）］

民国初年，闻名士林的书生逸士林长民是倡言宪政、推进民主政治的著名人士。1919年5月2日，他在《晨报》发表《外交警报敬告国民》一文，向国民揭露政府卖国行径，新闻一出激起千层浪。1919年5月4日下午，北京12所学校的3000多名爱国学生举行示威游行，火烧赵家楼曹汝霖住宅，痛殴章宗祥，五四运动由此爆发。林长民被誉为"火烧赵家楼"的真正点火者。林长民之女林徽因，中华人民共和国国徽设计人之一，是世人仰慕的才女，其夫是著名建筑学家梁思成。林长民堂妹林懿民嫁给朱紫坊萨家的萨孟

---

① 谢葆璋是海军名将，萨镇冰同道好友与世交。

武。林长民堂弟林尹民和林觉民都是黄花岗烈士。林长民的另一堂弟林肇民，曾参加孙中山领导的革命运动，在福州新军中任标统，他娶居住黄巷的名医、培养萨镇冰的族叔萨觉民的孙女为妻，家人称其妻为"大姐"[①]。

"盖地灵而后人杰，人杰而后地益灵耳。"萨氏家族文化渊源深厚，萨本栋一方面承继家族优良品格，另一方面更新传统社会乡土和家族观念。执掌厦大后，他首先跳出宗亲思想局限，指出中国当时地方盛行的"地方保护主义"使得人心涣散，阻碍民众团结抗战。他积极在厦大倡导平等、民主和多元，号召厦门大学青年学子摒弃"本位主义""地方主义"局限，反对同乡会组织，希望同学们真正融入当地，相互接纳，建立爱国勤奋、朴实活跃的大学文化。

---

① 雁门萨氏族谱编委会：《雁门萨氏族谱》，2007年，第15页。

二、家传教养 心仪教育

研究历史人物常可发现，其幼年时的家庭环境，或者说启蒙教育常常陶化其青少年时代的志向并进而影响其一生的言行与成就。萨本栋人生的转折点始于他临危受命、欣然同意出任国立厦门大学首任校长，而这一决定，冥冥之中与其父萨君陆的办学实践息息相关。

萨君陆，字幼实，为人谦和，急公好义。1901年，他考入南洋公学特班，该班"为应经济特科之选，以储国家梁栋之材"①而设，蔡元培任总教习，另有一人任学监。萨君陆与邵力子、李叔同、黄炎培等42人同窗就读。蔡元培亲拟《南洋公学特班生学习办法》，热情指导萨君陆等学生读书，

萨本栋的父亲萨君陆

认真批阅他们所交来的札记和课卷。上课之外，蔡元培还利用课余时间关心他们的成长。他每夜轮流召两三位学生到自己房间面谈，或让他们自述读书心得，或就时事问题谈感想。他劝告学生学习日文，亲自教导，指示他们译文翻译法。他对萨君陆等学生说："现在中国被各国欺侮到这地步，'知彼知己，百战百胜'，我们要知道自己弱点，还要了解国际情况。了解国际，要通晓外国文，读外国书。英文自然要读，通日本文，比较容易，从日本

---

① 《交通大学校史》撰写组编：《交通大学校史资料选编》（第一卷），西安交通大学出版社1986年版，第39页。

书中亦可以了解国际情况。"鉴于"今后学人，领导社会，开发群众，须长于言语"的认识，蔡元培在学生中设立演说会，列出有关演说的日文书供学生参阅，并亲自指导。南洋公学特班是蔡元培从事教育初期阶段的重要教育实践活动，其教学相当成功，对萨君陆等学生产生了深远的影响。① 在教学中，蔡元培向学生灌输爱国思想，黄炎培回忆："斯时吾师之教人，其主旨何在乎？盖在启发青年求知欲，使广其吸收，由小己观念进之于国家，而拓之为世界。又以邦本在民，而民犹蒙昧，使青年善自培其开发群众之才，一人自觉，而觉及人人。其所诏示，千言万法，一归之爱国。"② 蔡元培召集全班同学谈话："中国国民在极度痛苦中，还没有知道痛苦的由来，没有能站立起来，结合起来，用自力解除痛苦，这是中国根本弱点，你们将来出校，办学校以外，还要唤醒民众，开发他们的知识。这些固然可以靠文字，但民众识字的少，如能用语言，效用更广。你们大家练习演说罢。"③

1903年南洋公学特班裁撤，萨君陆留学日本高等师范学校。其间，他因追随孙中山先生，参加同盟会，从事推翻清专制王朝创建共和的革命活动，被母亲电追回国而辍学。回国后，萨君陆在福建省提学使衙门（即后来的教育厅）任职，为福建省兴办新式学校、开发民智终日操劳。④ 1909年，萨君陆奉福建提学使姚文倬之命，赴东印度群岛（今印度尼西亚）考察华侨教育，遍访苏门答腊、爪哇等地，与当地华侨促膝而谈，因此结识了陈嘉庚、胡文虎等侨领。他耳闻目睹侨胞子弟不得读书求学之苦，甚为同情。是年冬，结束考察。在陈嘉庚等侨领的赞助下，萨君陆回国时带回11名侨生（其中包括陈嘉庚之子陈济民），在福州北后街开设补习班，学汉文和普通话。不久，该校迁到前全闽公立法政学堂校舍（鳌峰坊），取名闽省华侨公学。该校舍被辛

---

① 金林祥：《蔡元培教育思想研究》，辽宁教育出版社1994年版，第43页。
② 陈平原、郑勇编：《追忆蔡元培》，生活·读书·新知三联书店2009年版，第92页。
③ 陈华：《名校与名校长的诞生》，华东师范大学出版社2011年版，第23页。
④ 孙敦恒：《萨本栋传》，陈武元主编：《萨本栋博士百年诞辰纪念文集》，厦门大学出版社2004年版，第220页。

亥革命于山战役炮火所毁，破损不堪，经陈嘉庚等侨领出资修葺，焕然一新。此后又有一批侨生报名入学，加上本地部分学生以及萨本栋的兄长萨本铁，共计44人，该校扩充为商业、普通两个班，萨君陆任学监。1915—1918年，学校先后办学3年，后因第一次世界大战侨汇断绝，政府不予补助而停办。这所华侨公学，是福建省第一所华侨子弟学校，也是中国开办较早的侨校，得到国人及侨胞的赞扬。①

民国成立后，萨君陆来到北平教育部附设的观象台（现为天文台）就职。他一生不愿做官，一直从事日历编辑工作，但他始终热心推进教育。1918年11月20日，萨君陆致函蔡元培，邀请其担任旅京华侨学会特别会员。萨君陆为侨民子弟和教育发展尽心尽力的一片赤诚之心，当日即得到蔡元培的首肯。后来该会的"办事方针"及会报"编辑大纲"，均由蔡元培亲自核定。

来函及复函内容如下：

萨君陆等致蔡元培函②

（1918年11月20日）

鹤颀夫子大人钧鉴：

敬启者：生等现拟集合旅京各埠侨生，组织一华侨学会，以期促进侨民教育，公同拟就简章十三条，呈部存案。兹奉上呈文一通，乞夫子察核，准予正交教育总长，赐以训词，俾有遵率。生等当将教育部批令分布海外父老，以资鼓励。再，本会草创伊始，生等望轻力微，欲谋将来发达，非得夫子出为提倡，不克获收效果。兹经同人议决，公推夫子为特别会员，想夫子素以扶掖侨民子弟为念，谅能曲允所请，而加以训示也。肃此，即请

道安

---

① 萨君陆：《调查南洋学务报告》，宣统二年（1910年）七月，摘自《福建教育官报》第22期；黄柽主编：《中华人民共和国地方志：福建省福州市鼓楼区教育志》，海潮摄影艺术出版社1998年版；孙敦恒：《萨本栋传》，陈武元主编：《萨本栋博士百年诞辰纪念文集》，厦门大学出版社2004年版，第220页。

② 高平叔编：《蔡元培全集》（第三卷）（1917—1920），中华书局1984年版，第222页。

萨君陆　陈　沙　陈庆余

受业　洪德沛　洪东海　陈镇圭　敬上

吴警民　白养浩　杜吉寿

十一月二十日

复旅京华侨学会萨君陆等函

（1918年11月20日）

幼实吾兄及旅京华侨学会诸同人公鉴：

奉惠书及贵会简章，敬悉，并深佩诸君子之热诚。承属列名特别会员，敬当如命。专此奉复，并颂

公绥

弟　蔡元培敬启　十一月二十日

萨君陆一生热心教育事业，被誉为福建现代教育事业的先驱。萨君陆关心华侨子弟的办学实践与后来陈嘉庚一系列重教义举有内在关联和一致性。萨本栋在其幼年时就耳闻目睹父亲为推动华侨教育四处奔走的事迹，同时深受陈嘉庚爱国精神和教育思想的感染，这也为抗战时期萨本栋毅然同意到陈嘉庚所创办的厦门大学担任校长的行为，埋下了种子。

萨本栋的母亲杨鹤龄，出身书香门第，恬静端庄、能诗善文、性格温柔，具有民主思想和文化素养，这在当时亦是不多见的。据萨本栋的姐姐萨本祥说："父母都比较开通，因此我的脚也解放出来，未曾裹小脚。"萨本栋共有三个兄弟姐妹——长姐萨本祥、兄长萨本铁、小妹萨本袯。

萨本栋自幼勤奋好学，聪慧过人。6岁即入福州创办较早且最好的一所完全小学——明伦小学读书。萨本栋学习认真刻苦，考试常常名列前茅，深得师长器重，老师常说，萨本栋"颖悟绝人，能为群儿率"，"萨氏多才子"。少年萨本栋在知识的海洋中饱吸甘露。1913年7月，11岁的萨本栋在明伦小学读完了六年学程，以优异的成绩在福州考取北京清华学校。清华学校在

萨本栋与母亲

各省的招生名额,是依照各省分担"庚子赔款"数额多少按比例分配。这一年全国总共招收新生75名,福建省分配到4个名额,报名者数十人,萨本栋一举考中。8月,萨本栋满怀着兴奋和喜悦的心情,从东南海滨来到了古都北京①,走进了清华园。

---

① 抗日战争前萨本栋一家居住在北平东单三条红楼三号,萨本栋的童年和少年时期曾在这里度过。

三、清华浸润　全面发展

清华园建于清康熙年间，当初叫熙春园。道光年间，熙春园被分成东西两个园子，西边的园子起名为"近春园"，东边的园子仍名为"熙春园"。咸丰登基之后，将东边的熙春园改名为"清华园"。1860年英法联军火烧圆明园时两园均遭到不同程度的破坏。后来清政府决定在此荒园上建立学堂，一面修整原有建筑，一面建造新校舍。1911年4月29日，清华学堂正式开学。当时清华学堂是用美国退还的一部分庚子赔款"余额"，即美国在八国联军侵华时向清政府勒索的赔款中自认为"实属过多"的部分，办起来的一所留美预备学校。美国人为什么要把到口的肥肉又吐出来呢？1906年美国伊利诺大学校长詹姆士在给总统西奥多·罗斯福的"备忘录"中说："中国正临近一次革命，哪个国家能够做到教育这一代青年中国人，它就能够通过从知识与精神上支配中国领袖的方式，控制中国，从而在精神和商业影响上取回最大的收获。"[①]办学校的钱本来是中国人的，但最终却要让美国人退还中国，并按美国人的要求办学堂，中国人对此还要感恩戴德，这不能不说是近代中国的一大耻辱，也是对每一位清华学子因切肤之痛而奋起爱国的深刻洗礼。

清华园本是一座皇家花园，园中花木扶疏，庭院错落，小桥流水，景色宜人。"水木清华"为园内最引人入胜的一处胜景，山林绿丛葱茏，荷塘碧波荡漾。山林之间掩映着两座玲珑典雅的古亭，正额书有"水木清华"四字，庄美挺秀。"水木清华"四字，出自东晋谢叔源《游西池》："景昃鸣禽集，水木湛清

---

① 李玲兰编著：《周培源》，中国和平出版社1996年版，第17~18页。

清华 1921 级幼年生中有何浩若、罗隆基、萨本栋、时昭涵、闻一多、姚崧龄等

华。"正中朱柱上悬有清道光进士，咸、同、光三朝礼部侍郎殷兆镛撰书的名联"槛外山光历春夏秋冬万千变幻都非凡境，窗中云影任东南西北去来澹荡洵是仙居"。[①] 早期清华学生毕业后，几乎全部公费赴美留学。他们大多插班于美国大学二年级，成绩特优者则进入三年级。学校设中等科和高等科，学制各四年，共八年。1912 年，清华学堂改名为清华学校。兄长萨本铁比萨本栋早一年进入清华，萨本栋耳濡目染，对清华更是心驰神往。

1913 年秋，萨本栋入学，正值第二任校长周诒春[②] 刚接任校长，他着眼于民族教育事业的独立和长远，最先提出把清华逐步过渡到一所完全的、独立的大学的完整计划。同时，周诒春是清华"人格教育"和"三育并进"的最早倡导人。回顾萨本栋的一生，周诒春的教育思想在他的人生轨迹当中打上了深刻的烙印。

周诒春经常教育学生："同学当此国步维艰之日，均宜存餐风宿露之志，

---

① 李子迟、王傅雷：《清华百年演义 1911—2011》，济南出版社 2011 年版，第 11 页。
② 周诒春，1913 年 8 月 26 日起正式接任清华校长职，至 1918 年 1 月止，被称为清华"全人格教育"的开山人。

以苦学自励。"周校长曾请历史系教师为萨本栋等同学讲授圆明园兴衰的故事，配以电影和图片，后在校刊发表议论："嗟乎！英人一炬，可怜焦土，虽仅供前清君王玩游之场，讵非吾华至深极大之国耻乎！……圆明园不过国耻之一端耳，以一圆明园而推想凡百之类如圆明园者，以激励其热忱，以深发其猛省，以锻炼其志气，以开展其抱负，是所望于吾校同学中之爱国男儿。"①

周诒春认为，清华学生"游学之宗旨，在吸收新文明，滋养新国家，非求博士学士也"。他提倡清华学生择业有三个原则："天性之所近；国家所急需；能造福于人类。"当时中国知识界中，教育救国的呼声甚为响亮，周校长也抱着这种理想经常鼓励同学学成后献身教育事业。他曾专门为学生系统地讲授教育问题，从教育历史、教育与人生，直至教育分类、教育家必须具备的特性等等。

在周校长的倡导下，萨本栋和全校同学一样，入校后，穿布衣布履，厉行节俭。学校规定学生每月要写"用钱报告"，以便结算检查。周诒春敦促同学们"惟能耐劳忍苦，斯能建立功业；贪安好逸者无益于社会也"②。

在清华读书期间，萨本栋如饥似渴地汲取新知识，充实自己的头脑。同学们对他的评价是"聪明而用功"③。当时学校的课程分西学部和国学部。西学部在中等科主要是英语课，此外有博物、算学、代数、化学、外国地理、世界历史等，这些课程都用英文教材，即使修身、卫生、图画等课，也用英语授课。国学部的课程主要有国文、作文和中国历史、中国地理。萨本栋勤奋好学，刻苦钻研各门课程，成绩优良，尤其是英语，在年级中总是名列前茅。潘光旦曾回忆，当年因清华周边游览胜地太多，学生一到开学期近，就一心指望着返校，以至于每年也有不少边远省区的同学留京度假。校园的西邻圆明园是课余假日闲步尤好的去处。"但说也奇怪，对清华附近这样一个引人入

① 《清华周刊》第 3 期，1914 年 3 月 7 日。
② 黄延复：《清华的校长们》，中国经济出版社 2003 年版，第 25~34 页。
③ 浦薛凤：《忆清华辛酉级十位级友》，摘自鲁静、史睿编：《清华旧影》，东方出版社 1998 年版。

胜而又富有刺激的游览地区，却也还有无动于衷的少数同学。听说萨本栋在校八九年，就从没有进过颐和园。有人说他是书呆子，也有人说他真是'不窥园'的苦学之人，也许后一说法是更近事实。"①

潘光旦所言不差，萨本栋并非"书呆"。清华各种会社如雨后春笋，除各级级会组织外，有"英文文学会""达德励志会""唱歌团""铜乐队""童子军军乐队""摄影团""基督教青年会"……学生戏剧活动也十分发达。②萨本栋入学不久，就积极参与级会和学校社团活动，参加了《革命军》《打城隍》等剧目表演。1916年10月，全校举行化装演出竞赛，萨本栋所在年级表演《蓬莱会》，萨本栋扮演"狼狈"角色（一人前后两个面孔，状如二人相背）特别出彩。在"狼狈"偕同"半面人"（一人的面孔左男右女）出场时，举动幽默滑稽可笑，观众报以热烈掌声。他们的演出很成功，获全校第一名。同年秋，清华童子军组织军乐队，萨本栋报名成为一名鼓手。军乐队最初成立时，队员19人，在王文显、马约翰的指导下，每周练习两次。随着活动的开展，清华军乐队在北京各校中声名日高，队员人数不断增加，所习乐谱的种类不断增多，演奏水平也不断提高，演奏活动走出清华园，成为北京各校军乐队中的劲旅。1918年，这个乐队人数达50多人，萨本栋被推为副队长。1919年夏，萨本栋担任队长，成为乐队中的核心人物。军乐队的经历，不仅锻炼了萨本栋的音乐演奏技能，更重要的是培养了他"热心公益、不读死书"的品格，群体观念和服务社会的抱负在少年萨本栋的心里萌芽、开花。1919年夏，军乐队参加了北京各校在中央公园的赈济大会，为大会奏乐；1920年春，他们与清华铜乐队举行义演，将所有收入捐赠给"清华诊所、成府职业学校"③。

除了参加社团活动以外，萨本栋积极参与校内重要刊物的编撰。当时清

---

① 潘光旦：《潘光旦文集》（第10卷），北京大学出版社1993年版，第564页。
② 黄延复：《清华的校长们》，中国经济出版社2003年版，第31~33页。
③ 孙敦恒：《萨本栋传》，陈武元主编：《萨本栋博士百年诞辰纪念文集》，厦门大学出版社2004年版，第222页。

华校内刊物极多，最著名且享誉中外的是《清华周刊》，它创刊于1914年3月，其发刊词云："本校济济多士，三育并进，声誉之隆非一日矣。是则求同学之自励，促三育之进步，以光大吾校固有之荣誉，培养完全之国民性格，为本刊唯一之天职。"周诒春在任时，编辑人员均由其派定，萨本栋即是其中之一，曾和萨本栋一起被指定为编辑的还有陈达、吴宓、洪深、汤用彤、闻一多、杨石先、萨本铁、罗隆基、吴景超等，他们后来都成为各界的佼佼人才。随着学校的发展，《清华周刊》不断壮大，在历次校务改革和学生运动中，始终站在前面，成为进步舆论的喉舌，一直出刊至抗日战争爆发。①

清华周刊文学编辑委员会（1921年合影），后排左三为萨本栋，后排右一为闻一多

《清华学报》也是校内影响极大的刊物，该刊创刊于1915年秋，初创时以英、中文交替出版。"每次出版，内容都很可观，大受外界欢迎，传扬远近，销路极广……"学报编辑、发行、顾问等都由校长聘定。萨本栋的英语水平一向名列前茅，他被聘为《清华学报》学生部英文编辑和《清华周刊》增

---

① 黄延复：《清华的校长们》，中国经济出版社2003年版，第31页。

设刊物《童子军志》英语编辑。刊物主旨是宣传"爱护国家、热心公益"的精神。萨本栋不仅认真负责地做好编辑工作,也积极发稿。他先后在刊物上发表《夜盗》《鳄鱼》《鸠队之白而顿》《害兽案》《德国在意侦探机关之破获》等译文,并在《清华周刊》上撰写《密码通讯法》等文章。《夜盗》写的是英国伦敦童子军少年智勇擒盗匪、见义勇为的故事。《鳄鱼》介绍海岛上三个土著居民与鳄鱼搏斗,一人受伤因不懂包扎流血过多而死去,讲明了童子军训练"包扎法"的必要性。《鸠队之白而顿》讲述英伦童子军鸠队队长白而顿二人赴爱尔兰旅行,途中协助当地巡警探察盗匪的故事,说明了旅行可以接触社会、服务社会。《害兽案》报道白而顿二人协助巡警侦破杀害村民牛马案件的经过。萨本栋文风流畅,叙事明快,崭露了他良好的外语水平和文字表达能力。

  清华学术活动频繁,常邀请国外学者和国内的社会名流来校讲演。萨本栋在学期间,美国人类学家埃德里希卡、美国教育家杜威以及历史学家梁启超、画家陈衡恪[①](陈寅恪之兄)等都曾来校讲学。1915年冬,梁启超来校,以"君子"为题发表演讲,提倡"吸收新文明,改良我社会,促进我政治",他认为清华应该是培养君子的地方,勉励同学们"崇德修学,勉为真君子,异日出膺大任,足以挽既倒之狂澜,作中流之砥柱",他建议清华以"自强不息,厚德载物"为校训,制作校徽。清华教授梅贻琦开设"洋灰制造法""矿地设备""电子学与X光射线""爱因斯坦学说"[②]等系列课外讲座,同样激起萨本栋求知的欲望,在清华浓厚的学术氛围中萨本栋增长了见识,开阔了视野,拓宽了思维。

  萨本栋在体育方面的兴趣也是在清华读书时被激发出来的。初到清华时,萨本栋一心扑在功课上,很少参加体育活动。当时学校施行"强迫运动",星期一到星期五下午4时到5时,图书馆、宿舍、教室一律关门,每个学生必

---

① 潘光旦:《清华初期的学生生活》,《潘光旦文集》(第10卷),北京大学出版社1993年版。
② 吴洪成:《生斯长斯,吾爱吾庐:清华大学校长梅贻琦》,山东教育出版社2004年版。

清华学校早期网球队,左三为萨本栋

须穿短衣到操场锻炼。在马约翰的热心倡导与严加督促下,学校体育锻炼项目实现了多样化。马约翰经常按学生不同特点编组,有计划地让学生做矫正项目,引导他们掌握赛跑、跳跃、器械、球类等的基本技术,学校形成重视体育锻炼的好风气。在此良好校风的影响下,萨本栋认识到体育是自己的弱项,因此他有意识地加强锻炼,对体育活动产生很大兴趣。他先是跟随其兄萨本铁练习网球,后来爱上这项运动,竟成了所在年级网球代表队的主力队员,还多次与萨本铁共同代表学校参加校际双打比赛。他们密切配合,被同学们称为"清华双萨"。有趣的是,当年清华运动员中(堂)兄弟同为佼佼者,不乏其人。如关颂声(1913级)与关颂韬(1918级)兄弟、黄元道(1915级)兄弟、凌达扬(1915级)三兄弟、谢宝添(1918级)兄弟、时昭涵(1921级)三兄弟等。① 体育的普及使学生体质得到明显增强。从清华毕业后,他们仍热衷于锻炼且成绩出色。萨本栋赴美国斯坦福大学留学期间,与萨本铁合作,

---

① 清华大学校史研究室编:《清华漫话》,清华大学出版社2009年版,第323页。

曾获得多项网球双打冠军。

1917年夏，萨本栋升入高等科，其思想境界和自我认识明显趋于成熟。1918年2月，第一次世界大战还在进行，列国犹在激战中，清华举行年级辩论会，辩题是"能否永久世界和平"。萨本栋担任"正方主辩"，助辩为姚永励、陈华庚；反方主辩为沈有乾，助辩为胡辉鄂、邵昭然。他们各展雄辩之才，表明本方立场。萨本栋侃侃而谈，令人信服地阐述了自己的观点：只要世界各国人民齐心一致反对强权，反对侵略，世界就可取得和平。结果"正方胜，萨君最优"。

在学业方面，萨本栋逐渐对数理发生浓厚的兴趣。进入高等科后，数理化和实用课程明显增多，他如痴如醉地钻研专业课程，研读国外专著。遇到难题时，常常废寝忘食冥思苦索，直至弄懂方才罢休。同学们常戏称他是"rumination"——既可译作"反复思索"，又可译作"反刍动物"，一语双关。也有同学戏称他"傻瓜"，大家说："'傻瓜'是我们伟大的数学家。此君总是由于想证明某一定理，而常忘记吃饭。"[①]清华早年学子，总体来说素质较高，都有较高尚的志趣、修养、理想和抱负，然而学生也有良莠之分，早年清华校刊上，有人曾把当时清华学子分成12种类型——学者型、文人型、编辑型、领袖型、美术家型、运动员型、服务者型、办事人型、书虫子型、自了派型、小政客型、饕餮型。萨本栋对学习生活一向抱积极进取、努力奋发的态度，求学期间，他刻苦攻读、寸阴必惜，同学们一致将他归为"学者型"学生：

> 不但用功读书，成绩都好，并且能求真正的学问。他们的快乐，一半是在书本里或者实验室找到的。他们间乎也有恋爱的生活或友谊的生活，他们也偶尔作其他的活动，但是他们认定了求学问为终身的事业。图书馆的书，他们知道得最熟悉了。他们时常借了许多同学的借书证用。图书馆里、寝室

---

① 孙敦恒：《萨本栋传》，陈武元主编：《萨本栋博士百年诞辰纪念文集》，厦门大学出版社2004年版，第224页。

里，时常看见他们抱着一厚本课外书低着头看，还带着纸笔作笔记。一厚本一厚本的笔记装订了起来，这是他们最大的珍宝。他们也学得了"学者"的态度。什么问题发生，讨论之前就要先去找一个定义……他们有时候不肯轻易发表意见，要等查了参考书再下断语。这种读书人确乎有他们的快乐，只要今天有功夫多读些课外书籍，多得了些学问知识，他们便心满意足了。每逢读完了一本书，站起伸一伸懒腰，匆匆到图书馆还了，觉得异常地愉快。即刻他们又要找别家的学说来参证。偶尔他自己自出心裁地有了什么好的意见，他们拍案称快，马上又要记下来……这些是读课外书的……也有研究爱因斯坦的"相对论"、罗素的"数理哲学"的。他们看到爱因斯坦驳倒牛顿学说的地方，十分高兴；他们费了好几天看懂了一个公式，也是满意。还有同实验室有浓厚的感情的。实验室还没开门的时候就去了，下了课还不肯就走。吃饭是小事，他们情愿牺牲，有时候也有带巧克力糖进实验室的，上午进去了，傍晚才出来——他们在学问里找到了非常的愉快。①

  1920年，萨本栋进入高等科四年级，他一直孜孜而学，也就是在这时候，他在学术研究上收获了最初耕耘的果实，显露出其作为科学家和教育家的特殊潜质。萨本栋利用课余时间编译了《画法几何学》，原书两位作者皆为美国教授：安顿利是美国塔夫茨（Tufts）学院图学教授，工科教务长；亚斯利是美国东北大学制图教授。原书名为"Descriptive Geometry"，据蒙日所命名此学科的名称"Geometric Descriptive"译成的。萨本栋首先将此学科译为"画法几何学"，蔡元培同意这一译名并为其作序。蔡元培为清末翰林，曾留学德国，后去法国，通法文、英文，其遣词用字推敲细致。萨本栋当时就达到这样的认识水平，显示了他在科学研究上的不凡潜质。② 该书1923年

---

① 黄延复：《清华的校长们》，中国经济出版社2003年版，第108页。
② 视图、透视图，我国古代早用于工程技术；西方的画法，至迟18世纪20年代已传入我国。法国蒙日的理论和方法，至迟1871年已因江南制造局译刊《器象显真》而为我国工程技术界所了解。但是率先系统地介绍蒙日画法几何体系理论和方法的，是萨译此书。赵擎寰：《萨本栋编译〈画法几何学〉中蔡元培序言诠释》，《工程图学丛刊》1980年第1期。

6月由商务印书馆出版后，马上被选为国内高级中学普通科用书。蔡元培的序言简意赅，抄录如下：

> 萨君本栋，勤敏好学，课余编译安顿利氏及亚斯利氏之《画法几何学》一书，文笔条达，义理显豁，虽未照原文全译，然删繁避晦，颇便初学。学者由是熟加研究，将见科学上、工程上之各种物体，表现于纵面、横面、侧面或截面等，已能纤悉无遗，而泰西之学术工艺，或借以广传于中土，是亦吾侪之所乐为介绍者也。①

清华九年，师生共进，窗谊情深。学生到校后，按其毕业年份称呼其所在年级。萨本栋所在年级毕业时间为1921年，故称1921级。1921级可谓"星光璀璨"，同级的有闻一多、罗隆基、何浩若、沈宗濂、浦薛凤、吴泽霖、沈有乾、时昭涵、熊祖同等；当时，与萨同校的其他几级同学也多非"等闲之辈"，1920级有杨荫溥、陈克恢、唐炳源、萨本铁、刘师舜、赵学海、萧公权、陈可忠等，1922级有时昭瀛、梅贻宝、陈钦仁、魏菊峰、陈石孚、潘光旦等。②萨本栋的好友顾毓琇后来进入1923级，周培源后来进入1924级。萨本栋在清华结识了许多德艺双馨的师长、同学，如梅贻琦、叶企孙、周培源、顾毓琇、闻一多、朱保训、李相勖、沈有乾、何浩若、时昭涵、金岳霖、陈岱孙等。在此以梅贻琦、闻一多为例，介绍萨本栋与他们之间真诚纯洁、贯穿生命始终的友谊。③

梅贻琦是萨本栋在清华读书时的老师。1889年12月29日出生于天津鼓楼西板桥胡同，1909年由游美学务处（清华前身）招考成为第一批赴美留学生，后进入美国伍斯特理工学院学习电机工程。1914年，梅贻琦学成回国后

---

① 萨本栋：《画法几何学》，商务印书馆1923年版。
② 国立清华大学校长办公处印行：《清华同学录》，1937年4月。
③ 1946年7月23日，得知闻一多遇害，萨本栋第一时间与梁思成、胡适、李济、傅斯年四人联名致电闻一多夫人，吊唁闻一多遇刺。详见陈学勇：《才女的世界》，昆仑出版社2002年版，第229页。另：事件发生后，时任中央研究院院长朱家骅拟派萨本栋调查闻一多遇害经过，但因故未果。见《调查李闻被刺案，唐纵今日飞昆明》，《中央日报》1946年7月19日第2版。

到清华任教,讲授物理、数学、英文等。梅贻琦对萨本栋等学生的学习非常关心,经常在实验室里指导学生做实验,为他们解释课本上和实验中的疑难问题。同学回忆说:"梅先生讲话特别缓慢,解释非常明白,练习认真,而态度和蔼,此一印象至深,迄今犹历历如昨日事。"[1] 萨本栋不仅在课堂上深受梅贻琦热爱科学、执着教育的影响,而且,梅贻琦对有益于发展教育的事情表现出极大的热忱,也深深地感染了萨本栋。从学生课外社团顾问,到童子军军团长,从各种辩论会的主持人,到各种题目演说的裁判,梅贻琦都热心承担。梅贻琦在教学中的德艺双馨,在管理中的热情敏捷及高超的管理艺术,对萨本栋后来的教学、育人以及治校实践都产生深远影响。

闻一多,1899年11月24日出生于湖北浠水县,长萨本栋三岁。萨本栋是1921级中年龄最小的,闻一多是1921级的老大哥。刚入清华园时,闻一多编写了歌颂武昌起义的剧目《革命军》,萨本栋就参演其中,从那时起,萨本栋就被这位爱国民主斗士的举止所吸引,他对国家民族的责任感也在这样的互动交流中逐渐升温。1919年5月4日,反抗帝国主义和封建主义的五四运动爆发,闻一多在这场运动中表现出的成熟冷静和爱国热情,深深地影响了萨本栋。当天,地处郊区的清华是晚上才得知城内集会游行的消息。顿时,清华园沸腾了,萨本栋和同学们读了闻一多连夜在布告栏上贴出的气吞山河的《满江红》,立即行动起来。5月5日,清华同学积极投入"外抗强权""内除国贼"的爱国运动,萨本栋放下功课,走出教室和图书馆,为国家富强、民族振兴奔走呼号,进城宣传,"劝用国货,抵制日货"。当时,闻一多正患牙病,有四五天只能强咽泡在牛奶里的面包,可他仍以高昂的激情投入这场轰轰烈烈的爱国运动当中,其爱国之心令萨本栋肃然起敬。五四运动对我国知识界、思想界是一次伟大的启蒙运动。五四运动后,"科学与民主"的思潮激荡于清华园内,萨本栋自然而然地接受了五四运动的洗礼,受到爱国、民

---

[1] 浦薛凤:《梅故校长精神永在》,黄延复、马相武编:《梅贻琦与清华大学》,山西教育出版社1995年版,第130页。

主的启蒙。

  咬破了黑暗的魔术，

  咬破了少年的美梦，

  少年们揎开美梦，跳起榻床，

  少年们已和黑暗宣战了！

——闻一多《园内》

  1920年，闻一多发起一个学生团体，萨本栋、潘光旦、吴泽霖等积极参加，该团体就学校每个周末都放映"杀人如同打鸟"的《黑衣盗》《毒手盗》等美国低级趣味的影片，却一直无人管理一事提出抗议。他们在《清华周刊》上打响了向电影宣战的第一炮，主张非带有教育意义的片子不得上演，发动同学抵制此类电影，在校园里掀起抵制有损身心健康电影的浪潮。电影商家不得不改换影片。他们获得胜利，校长金邦正亲自出面与他们谈话并决定组织专门管理娱乐事宜的委员会，电影放映采取"一减少、二替代、三改良"的方针。闻一多在《清华周刊》上严肃地写道："我们生到这个世界来，这个世界就是我们的……我们的天职叫我们把这个世界造成如荼似锦的，所以我们遇着事，不论好坏，就研究，就批评，找出缺点，就改良……我们把眼光放开看，我们是社会的一分子，学校是社会里一种组织。我们应该改良社会，就从最切近的地方——我们的学校做起点……对于学校，我们不负责任，谁负责任呢？有人自认为是世界的旅客，就失了做人的资格，有学生自视为学校的旅客，就失了做学生的资格。"[①]同学之间的砥砺，使萨本栋更加清醒地意识到：青年学生不仅要学好自己的学业，更应主动担负起对国家、民族的责任和使命。

  1921年，萨本栋在清华的学生生活即将结束，按照学籍规定，1921级同学进入高等科四年级，这是在清华学校的最后一年。他们计划编辑出版一本《清华年刊》，大家推选萨本栋、钱宗堡和沈有乾三人为文字编辑，闻一多

---

① 《清华周刊》第185期，1920年。

为美术编辑。他们接受任务后马上团结协作,全力以赴投入编写工作。不久,就编成图文并茂的1921年版《清华年刊》。

萨本栋毕业前夕,发生了一件意外的事,成绩优异的他和闻一多等28名同学被勒令退学。1921年4月,由于军阀连年混战,一些公立学校长期没能发薪,在北京发生的以北京大学教授李大钊为首的"北京八校教职员索薪团"的索薪请愿,遭到军阀政府的压迫,各校师生纷纷声援他们的正义要求。清华因有庚款保障并未拖欠薪金,本可置身事外,但清华学生激于义愤,决定实行"同情罢考"。清华学校当局在美国董事的压力下,对声援学生以开除学籍相威吓。清华毕业,赴美留学,是许多青年在清华苦读八年的目标。校方以为这样一来即可吓退学生的声援,没料到许多学生,特别是1921级学生在闻一多的带领下,最为坚决。他们坚持"利害不论,是非必争",结果闻一多、萨本栋、罗隆基、何浩若、吴泽霖、沈有乾、沈宗濂、高镜莹、时昭涵、黄子卿、钱宗堡、许复七等28人被校方宣布开除。后在各方压力下,校方被迫让步,却要被开除学生写悔过书方可复学。闻一多、萨本栋等坚决不妥协,甘愿留级。他们在一篇文章里沉痛地问道:"天下的事还有比出洋更重要的没有?"[①]结果,校方将这些学生编入1922级,给予"留级一年,推迟出洋"的处罚。萨本栋等28人是清华学校唯一的一届在校九年的学生,直到1922年5月他们才正式毕业,为此,1921级又称"辛酉级"。1922年成为清华校史上留美预备部时期毕业人数最多、人才最多的一个年份,共毕业学生94人,雷海宗、梅贻宝、潘光旦、时昭瀛等都与萨本栋同时毕业。

毕业前夕"大是大非的较量"中,萨本栋始终坚持原则、坚持真理,宁折不屈,他的心智得到进一步成长和升华。就要离开清华了,萨本栋等"辛酉级"同学并不因为受到学校行政不公正的待遇而怨恨母校,他们在离校前献给母校一座铜质喷水塔作为毕业纪念品。喷水塔样式古朴,基托下面雕刻

① 《清华周刊》第244期,1922年。

萨本栋（最后一排右二）清华毕业时与同学的合影

着"Class 1922"，被放置在母校图书馆门前。① 今天，她仍是清华图书馆一处美丽的水景：水从塔中喷出，水帘的银辉和朝阳的金光交相辉映，阳光和水雾织起一道道彩虹。1922年《清华周刊》上刊登了"辛酉级"的留美箴言：

> 我们中国人思家之心，思友之心，甚切。此乃我中国人之天性，亦为世界人类之特性。所以留美学生到了美国以后，常常许久不得家信，不得友信，加以异地异景，心益难过……我们应拿起精神来，发愤有为，努力做"人"……在学校中，除读书能及格外，当尽力从事演说、辩论、演戏、干事、做文投稿、运动、打球、滑水、奏乐、摄影、唱歌、打字、泅水、研究、讨论、聚会、旅行、调查、择交、立志，多问，多见，多闻，多想，然后方为有生趣之人，然后方可称为有用之人才……蕴蓄少年锐气，stir up with high hope of living, train ourselves to be the ready servant of our will and ideal, 挺身入世，自强不息，永远热心，永远欢喜。凡事均以天良为标准。合于天良者，

---

① 王康：《闻一多传》，湖北人民出版社1979年版。

吾当勤勤恳恳凌动无前而为之。不合于天良者，吾亦当磊磊落落，必行敢为而与之宣战。世之毁誉不顾也。然后方可生益于时，死闻于后。俟到我们把自己于此八年中练成是一个人才了。登台，可以演说，可以辩论，可以唱歌。下台，可以打球，可以泅水，可以旅行，可以调查。执笔，可以为文，可以论列是非。投笔，可以从军，可以演戏，可以办事。到了这个地位，即使清华改了办法，也舍不得不送我们出洋！假使以上所说的，一件都没有办到，即使清华有钱，那也不肯送我们出洋！就讲清华送了我们出洋，那于我们中国也是无益！仁言止于此矣。在校清华同学"发愤有为"！

　　1922年7月16日，萨本栋与"辛酉级"被迫留级同学、1922级留美同学共50余人在上海黄浦滩码头登上一艘外国客轮，踏上留学美国的航程。

四、留美历练 心智渐成

1922年8月，经过海上长途旅行，萨本栋和其他同学终于抵达大洋彼岸。到美后，通过入学测试，萨本栋获准进入斯坦福（Stanford）大学三年级学习，攻读工学院电机工程学。

斯坦福大学创校于1891年，位于加利福尼亚州，其创校理念独特，特别强调创新与挑战。校训源自16世纪德国人类学家休顿的"Die luft der Freiheit weht"，即"自由之风永远吹拂"。首任校长乔丹在建校时说："我们的大学虽然是最年轻的一所，但她是人类智慧的继承者。凭着这个继承权，就不愁没有迅猛而茁壮的成长……这所学校决不会因袭任何传统，无论任何人都无法挡住她的去路，她的路标全部是指向前方的。"这样一所充满创新精神的大学，为萨本栋的学术成长提供了有利的外部环境。与此同时，萨本栋深切地感受到外部环境给予中国人的强大压力。当时美国社会普遍存在种族歧视，看不起中国人，西部地区这种现象尤为严重。理发店常常拒绝给中国人理发，房东不愿租房给中国人，斯坦福大学经常发生美国人故意挑衅中国人的不友好行为。面对这样的环境，萨本栋暗下决心，更加刻苦钻研，同时，他认识到中国同学只有团结起来，互助互励，自尊自爱，才能改变美国人的歧视观念。萨本栋住在斯坦福中国学生会会所（Stanford Chinese Club House），该会所为华侨捐建。当时在斯坦福的中国学生还有何浩若、沈有乾、杨亮功、张香谱、齐国梁、杨克纯、黄敬思、曾颂彬、郑通和等十数人。他们均住在会所内，团结合作，有的做饭洗碗，有的修剪草坪，共同分担会所内的事务。[①]1922年，萨本栋当选为斯坦福中国学生会理事。学

---

① 杨亮功：《早期三十年的教学生活》，黄山书社2008年版，第36页。

生会积极策划加强"中美同学之间的沟通"。11月,萨本栋、何浩若等斯坦福中国学生会成员组织了盛大的茶话会,邀请"该埠美人"参加,到会者近百人,大家畅所欲言,在轻松愉快的氛围中大大消除了隔阂。萨本栋在与美国师长、同学的接触中,自尊自重,待人友善,表现出中国留学生不卑不亢的品德风貌。在正确处理与美国人关系的过程中,萨本栋深刻地体会到不同文化的差异以及国家实力的巨大差距。

萨本栋(左二)、何浩若(左一)等在斯坦福大学中国学生俱乐部楼前合影

在斯坦福大学读书期间,萨本栋的各门学业成绩均是优等,在全年级名列前茅。罗隆基在给《清华周刊》的《留学同学新闻》中写道:"何浩若、沈有乾、萨本栋三君在斯坦福大学成绩极佳,闻上学期成绩,萨君平均为E(即均在95分以上),何、沈二君亦均百分之七十为E。西部方面素来轻视东方人,三君在彼半年,彼校人士已刮目相待。"① 萨本栋还因成绩特别优异获得斯坦福"金钥匙奖"。1924年7月,萨本栋以优异成绩从斯坦福大学毕业,获得工学学士学位。学校在礼拜堂举行盛大的毕业典礼,美国学生的家长多远道而来,喜气洋洋,互相道贺。萨本栋等几位中国学生只能相互道贺,聊以自

---

① 《清华周刊》第280期,1923年5月4日。

慰。萨本栋再次感受到海外学子的"根"在祖国,报效国家是他内在不变的精神寄托。他将其毕业论文《长途交流电线之计算法》寄回清华园,1924年6月发表在《清华学报》第1卷第1期上。萨本栋突飞猛进的学业成绩受到母校师生的瞩目。如果说,在清华时,萨本栋埋头苦读,主要是出于对知识的渴求和充实自我的话,那么,在斯坦福大学,萨本栋感受异国文化,反思个人命运、国家前途,应对各种困难和挫折,他刻苦钻研的目标更加明确,那就是尽一切可能学习美国先进的科学技术,回国施展抱负、奉献所得!

在斯坦福学习期间,萨本栋积极参加各种文体活动,使自己在异域文化中得到更全面的熏陶和锻炼。

萨本栋参加美国高校网球比赛

萨本栋参加美国高校"鲍德温杯"网球比赛，获单打冠军

萨本栋、萨本铁（左）参加美国高校"鲍德温杯"网球比赛，获双打冠军

在参加的多项文体竞赛中,萨本栋同样流露出强烈的爱国情感。萨本栋影册中有一张斯坦福中国篮球队打赢日本篮球队后的合影。照片摄于1923年,6名中国球员神情坚毅,肩膀紧紧搭在一起。照片背后,萨本栋写道:难以想象,我们赢了! 1922年,中国—日本,4∶54;1923年,中国—日本,19∶17(Barely see, we have our day too! 1922 Chinese 4 Japanese 54; 1923 Chinese 19 Japanese 17)。

1923年,斯坦福中国留学生代表队战胜日本代表队后合影留念(左二为萨本栋)

萨本栋以优异的成绩从斯坦福大学电机工程专业毕业,获工学学士学位,并得到美国大学优等生荣誉会的表彰。

从斯坦福毕业后,萨本栋来到美国东部,进入麻省伍斯特理工学院。这是一所以理工科见长的著名大学。该校成立于1865年,长期以来一直是美国新英格兰地区最好的科技大学,校风严谨踏实,学校强调团队合作,鼓励学生亲力亲为,边做边学。朴实的学风吸引了大批优秀的理工科学生,梅贻琦也是该校电机工程学系校友。

1924—1925年夏,萨本栋在麻省伍斯特理工学院学习电机工程。随着研究的深入,他对物理学产生浓厚的兴趣,于是,萨本栋在该校继续攻读物理学,

萨本栋在斯坦福大学的毕业照（1924年）

1927年获得了理学博士学位。同年，在《美国电机及电子学会年刊》上发表《空气电火花研究》一文，引起学界同行的关注。为了进一步了解美国科技前沿的应用情况，萨本栋接受了西屋（Westinghouse）电机制造公司的聘约，与该公司签订了一年的合同。1927年12月，萨本栋将其在西屋的研究成果《三相交流系统中的失衡系数》发表在《美国电机及电子学会年刊》上，这一学术成果很快蜚声学术界，西屋公司特别欣赏他的研发能力，开出高薪希望他留任。此时，祖国向萨本栋发出了"回归"的召唤。

第二章 盛誉清华

 萨本栋传

一、立足本土　致力科教

萨本栋在忠公体国的家族氛围中长大，读书求学，受到清华全方位的浸润和影响。20岁，萨本栋留学西土，目睹先进的科学技术、先进的教育体系在美国社会产生的重要影响。他心中萌发出强烈的愿望：一定要通过发展教育、振兴科技，改变祖国贫穷落后、受人欺辱的状况，使祖国强盛起来。1928年8月，清华大学物理系创建人叶企孙向萨本栋发出回校任教的邀请，祖国与母校一声召唤，萨本栋毫不犹豫地离开美国优越的工作环境，回到母校清华大学。在学校、家族、西土等多层社会圈交织的文化熏染下，品学兼优的萨本栋已经具备了以身立教、为人师表的优良素质。

16世纪以来，中国在世界上的地位逐渐由领先变为落后。20世纪初，中国科学技术的整体水平已远远落后于发达国家，而近代物理学作为系统的现代科学在中国的传播和发展正是从那时开始。当时，一批物理学先驱者梅贻琦、叶企孙、吴有训、萨本栋、周培源、吴大猷、任之恭、赵忠尧等远涉重洋，在国外学习现代物理学知识，开始物理学研究。20世纪20年代以来，他们怀着"科教兴国"的志向先后回国，多在清华任教，清华良好的师资队伍和办学条件，为中国近代物理学的发展奠定了扎实基础，清华物理系成为中国近代物理学研究和教育的重要机构。萨本栋在物理学方面的贡献，得益于清华雄厚的研究团队和较完备的硬件设施，得益于与一批清华教育家、物理学家共同开创的放眼全球、立足本国、教学与研究并重的大局视野和实干精神。

1928年，清华学校更名为清华大学，在短短的几年时间里，清华从一所颇有名气但无学术地位的学校一跃而为名实相符的大学，在这一突变的过程中，清华大学理学院走在前列，而理学院中的物理系是这前列中的排头兵。①萨本栋在这一过程中做出重要贡献。"清华物理系在那时力量特别强"，吴有训、萨本栋、赵忠尧、任之恭等的研究水平都接近或达到国际前沿。②正如理学院创建人、物理系创系主任叶企孙所言："萨本栋在清华的工作树立了他的学术地位；他对于清华的学术环境是满意的；他在师生中留下很好的印象；他在清华物理学系创造了值得纪念的功绩。"③1932年8月，在萨本栋、叶企孙、吴有训等人的共同努力下，中国物理学会第一次年会暨成立大会在清华大学科学馆举行，叶企孙、吴有训、萨本栋等均为学会创始成员④，萨本栋任首任学会秘书兼司库。1942年起，萨本栋担任学会副理事长、学报委员会委员，为推动中国近代物理学的发展和普及物理学知识做出了重要贡献。

在萨本栋等清华学人的共同努力下，清华理学院尤其是物理系进入了辉煌时期，物理系更是以认真的学风闻名于世。⑤萨本栋挚友、时任中研院历史语言研究所语言组负责人赵元任受其影响，也花了大量时间和精力做实验，研究语音设备，如放大器、录音电话机、扩音机、电容微音机、振荡器等。赵元任经常把仪器搬到清华，请萨本栋帮他安装、调试和修理。⑥1931年，《清华消夏周刊·迎新专号》对清华理学院的发展目标如此描述："理学院之目的，除造就学以致用人才外，尚欲谋树立一研究科学之中心，以求国家学术之独立。现在情形，虽去理想尚远，但本院各系设备，多已初具规模，足为有专者工作之所。"同时，该刊对当时物理系概况描述如下：

---

① 陈岱孙：《中国科技发展的开拓者，真诚的爱国者》，《一代师表叶企孙》，上海科学技术出版社1995年版，第2页。
② 任之恭：《一位华裔物理学家的回忆录》，山西高校联合出版社1992年版，第65~66页。
③ 叶企孙：《萨本栋先生事略》，《物理学报》1950年第7卷第5期。
④ 《清华物理80年》，《物理与工程》2006年第16卷。
⑤ 黄延复：《清华的大师们》，中国经济出版社2005年版，第183页。
⑥ 赵新那、黄培云：《赵元任年谱》，商务印书馆1998年版，第176页。

本系成立于民国十五年，十七年秋吴正之（有训）、萨本栋两教授先后到校，十八年秋周培源教授到校，廿一年春赵忠尧教授到校。数年来赖全系老师及研究院诸生努力于研究工作，本系幸成为全国学术中心之一。

在教课方面，本系只授学生以基本知识，使能于毕业后，或从事于研究，或从事于应用，或从事于中等教育，各得门径，以求上进。科目之分配，则理论与实验并重，重质而不重量。每班专修物理学者，其人数务求限制之，使不超过约十四人，其用意在不使青年徒刻光阴于彼所不能学者。此重质不重量之方针，数年来颇著成效。民国十八年本系毕业生施士元先生现任国立中央大学物理学系主任，周同庆先生现任国立北京大学物理学系教授，王淦昌先生现任国立山东大学物理学系教授。数年来国内物理学之渐臻隆盛，实与本系对于青年所施之训育，有密切关系。

在研究方面，则有吴正之先生担任 X 放射，赵忠尧先生担任 γ 放射，萨本栋先生担任无线电，周培源担任理论物理学，叶企孙先生担任磁学及光学。本系有仪器约值国币十一万元，书籍及杂志足敷参考之用。本系设有工场，能自制精密仪器。

主任　叶企孙

教授　吴有训（本学年休假）　萨本栋　周培源　赵忠尧

讲师　周同庆

助教　余瑞璜　朱应铣　王谟显　张景廉

助理　韩弗烈　章玉林

食品管理员　闫裕昌

著名物理学家钱三强曾回忆说："我在清华大学读书的时候（1932—1936年），物理系的教授有叶企孙、吴有训、萨本栋、周培源、赵忠尧等，在当时国内大学中，教师队伍比较强，每位教授不单教课还进行研究工作，这在当时是比较少见的。我们到四年级时（1935年）除了少量课以外，学生都努力

1936年《国立清华大学年刊》

国立清华大学理学院教授（刊于1936年《国立清华大学年刊》）

做毕业论文，水平大致与现在硕士论文相当。"①

萨本栋持续关注国外最新学科进展，继续研究工作。他主要致力于两类问题的研究：一类是用并矢量方法解决电路问题，一类是关于各种真空管的性质和效能的研究。清华任教期间，他先后发表论文15篇，这是其一生中发表科研论文最多的时期。②并矢概念是美国物理学家吉布斯（J.W.Gibbs）首先在矢量分析领域中提出的。为了把它应用于三相电路分析，萨本栋对它进行了重要的引申，提出阻抗（或导纳）并矢和等效并矢概念，然后根据这些概念把复杂的三相电路化成简单的单阻抗并矢电路。任何三相电路，不论非对称性如何严重，都可以方便地化成只包含单相电量的问题来解。在这一基础上，他进一步把这一理论应用于变压器组、传输线、异步机、同步机等电力设备上。应该说，萨本栋是将并矢理论应用于电路分析的首倡者。真空管振荡的理论涉及非线性振动理论，在30年代也是一个较新的理论领域。萨本栋应用这些理论讨论了乙类推挽放大器的过渡过程和丙类振荡器的振荡条件和调制特性。在20世纪30年代，萨本栋的科学研究成果在国际上处于领先地位。③他发表了许多学术论文，这些论文受到科学家们的瞩目、物理学界同行的推崇。1935年8月，萨本栋作为客座教授应邀到美国斯坦福大学、俄亥俄大学、麻省理工学院作讲座，并被俄亥俄大学聘为客座教授，主讲内容即是关于双矢量方法解决电路问题的研究。1936年，据《清华校友通讯》报道，萨本栋"去年由清华休假来北美洲各大学讲学，备受此邦各教授学者之推崇，每到一校，辄被请求延长讲学时间。萨教授最近在全美电工学会中所宣读之论文，为大会全体与会者所注目"。8月，他总结了"应用并矢方法解决电路的计算和分析"，在《美国电气工程师学会学报》上发表论文《应用于三相电路的并矢代数》，引起国际电工理论界的强烈反响，被认为开拓了电机工程新

---

① 钱三强：《科学巨匠师表流芳》，清华大学出版社2001年版，第142页。
② 萨本栋一生共发表学术论文23篇，清华任教期间发表的论文数占65%以上。
③ 孙敦恒：《萨本栋传》，陈武元主编：《萨本栋博士百年诞辰纪念文集》，厦门大学出版社2004年版，第237页。

的研究领域。美国电气工程师学会（AIEE）将这篇论文列为1937年年会的讨论议题。会后，经评选，该文获得美国"1937年度理论和研究最佳文章荣誉奖"。萨本栋将其关于并矢电路的研究用英文写成《并矢电路分析》一书。该著作因创造性地探讨了"数学、物理、电机三角地带"的前沿理论问题，一出版，即入选"国际电工丛书"，萨本栋也被美国电气工程师学会接纳为外籍会员。①

叶企孙、萨本栋等积极派出自己培养出来的年青一代到国外拜名师进修，由此造就了优秀的科学家梯队，使物理学在中国的土地上逐步生根发芽，使我国在高科技领域有能力创造性地跟踪世界科学前沿。清华物理系的办学方针和人才培养过程，充分说明当时萨本栋等清华科学家们从国家科技发展全局出发所提倡的教育思想和先进的育人理念。1928年至1937年抗战爆发前，清华物理系共毕业本科生69名，研究生1名，其中有中科院院士21人、美国院士2人，包括核物理学家王淦昌、钱三强、何泽慧、李正武，理论物理学家彭桓武、王竹溪、胡宁、张宗燧，力学专家林家翘、钱伟长，光学领军人物王大珩、龚祖同，固体物理学家葛庭燧，气象学家赵九章，地球物理学开拓者傅承义、翁文波、秦馨菱，电子学家陈芳允、冯秉铨、戴援铎，波普学家王天眷，冶金学家王遵明，物理海洋学家赫崇本等等。清华物理系堪称中国近代物理学的摇篮，一批优秀的学子与他们的授业恩师叶企孙、吴有训、萨本栋、赵忠尧等共同为中国近现代物理学的发展做出重要贡献。在他们的共同努力下，我国近代物理学及相关科学技术得到重要发展，我国在原子物理、原子核物理、空间物理、半导体和激光物理等领域迈出了很大步伐，制造出原子弹、氢弹、人造卫星和洲际导弹，中国近代物理研究和应用挤入世界先进水平行列。

---

① 《萨本栋教授生平》，《电气电子教学学报》2002年第5期。

二、为人师表 教学相长

经师易得，人师难求。在萨本栋心目中，中国的高等教育肩负着改变国家贫穷落后面貌的关键任务，是艰巨复杂而又意义深远的大工程。他抱着"科教救国"的信念回到母校清华，把改变祖国的落后面貌当作自己天经地义的责任，以超凡的热情和精力投入工作当中：从课程设计、教材编写、上课安排到教研相融，每个环节无不精心筹划，为增强学生的能力和素质、提高学校的人才培养质量不遗余力。萨本栋为人为学的精神，影响了一批清华学子。清华1934级学生、物理学家王天眷于清华毕业50年之际，在《值年杂咏》中写道："普通物理课承萨本栋师亲授，谆谆善诱，紧密考核，崇基础，涉精深，得益终生。真是'严谨深沉一代师，缅怀霖雨倍追思。及门受教明基础，亲炙铭词味格知'。"[1]

1. 设计课程

清华物理系创办于1926年，初建时，只有教授2人：梅贻琦、叶企孙，助教3人，学生7人。1928年，吴有训、萨本栋等先后回校任教。1929年，清华大学成立国内大学第一个物理研究所，物理系开始设立大学本科课程和研究院课程。萨本栋以"给予学生经典物理和现代物理在理论和实验方面的广泛的教育和训练"为参照，对他所教授的每一门课，从选课条件、课程目标、讲课难点和重点都进行了精心思考。以大一"普通物理学"为例，在向新生介绍选修这门课的条件时，他指出，凡进入数、理、化及工程各系的学生，均须修大学普通物理。但修习该课程，入学考试的物理分数必须在60分以上，否则，须受甄别试

---

[1]《清华校友通讯》复17期，1988年4月。

验，及格的可以注册，不及格的须补读高中物理。因选修该课的学生程度差异大，萨本栋特别注意物理现象基本知识的讲授，重在引导他们掌握科学的实验方法。进入物理系后，第一年"普通物理"学习成绩如不到 70 分，第二年便不得再继续读物理系。萨本栋规定"普通物理"的开课宗旨：使学者了解物理学之基本观念并发展其运用之本能；教学要求：概念明确、做题熟练；实验要求：注重基本仪器的使用和对于实验数据的处理办法；课堂要求：注重课堂演示。

据不完全统计，萨本栋在清华任教时先后主讲 7 门课程，每门课他都指定专门的自学参考书目和章节，每门课的授课目标和重点都有翔实明确的教案备参考，这对于初建中的清华物理系卓有成效地进行专业人才培养无疑起到重要的推动作用。

（1）大学普通物理（甲种[①]）：本学程目的在使学者了解物理学之基本观念并发展其运用之本能，专供数学物理化学工程各学系之学生选修。每周演讲讨论四小时，实验三小时。两学期共十学分。教科书：萨本栋著《普通物理学》。

（2）电磁学：本学程对于理论及应用同时注重。在应用部分，从磁路入手而讨论变更的电流各关系及各种电机之特性及运用方法。理论方面，则根据 Maxwell（麦克斯韦）方程，讨论电磁学与光学之较简单的关系。预修学程（132）及微分方程。每周演讲讨论三小时，实验一小时，上学期四学分。

（3）应用电学实验：本学程专授各种直流及交流电机之试验方法。所作之实验包括：电机各部之电阻，并卷及复卷直流发电机之特性，及直卷直流发电机之特性，直流电机之耗失及效率；交流变压器；三相变压器接法及三相电功率量法。每周讨论一小时，实验三小时。下学期一学分。

（4）无线电学：本学程分为二部。第一部阐明分析各种电路所用之法则，并推求电流在各电路中振动时之情形。对于电磁波之传播、反射及屈射

[①] 专供数学物理化学工程学系学生选修。

各现象，亦详加讨论。第二部首述各式真空管之构造及特性，次对于真空管用作整流器、放大器、调波器及探波器等接法及原理作详细考究。预修学程（135）。每周演讲讨论三小时，实验三小时。两学期共八学分。

（5）短波无线电学：本学程次第讨论短波无线电之传播情形及其产生与接收方法。对于实验技术，特加注意。每周演讲两小时，实验六小时。一学期四学分。

（6）真空管之应用：本学程讨论真空管电路之设计，以应付实际需要，并注重各种由真空管结构而成之仪器之检验方法。以鉴别其优劣。时间及学分临时酌定。

（7）电路分析：本学程根据 Heaviside（亥维赛）之算子微积法，以探讨各种单相及多相电路之暂时及永久状态。①

2. 编写教材

20世纪初，中国大学物理没有全国统编教材，基本都采用英文原版教材，少数授课老师印制自己的讲义。萨本栋在教学过程中发现英文教材在编排顺序和内容方面不适合中国学生，加之由于文化背景差异，学生在使用英文原版教材过程中困扰很多。萨本栋一边教学一边着手自编教材，他参照国际通例，结合中国学生特点，编著《普通物理学》，将普通物理学体例分为力、声、热、电、光五大系列，这种划分法一直沿用至今。在编写教材中，萨本栋关注到当时物理学界的最新成果和最前沿知识，教材当中包含光电效应、X射线、宇宙射线等概念，这本教科书达到当时学科领域的世界领先水平。同时，考虑到我国初学物理的学生普遍感到物理概念难以理解的实际情况，萨本栋"以叙述问题之起因及现象性质之大概为发端，论列物理的律例及其相互之关系为躯干，而以各事象之应用为枝叶，及解释此等现象之学说为归宿"，照顾不同水平学生学习普通物理的不同需求，有些内容用小字排出，有些习题用星号标上。值得一提的是，这套教材首次用教育部所公布的

---

① 清华大学档案馆藏：《国立清华大学一览》，国立清华大学出版事务所1937年版。

物理学名词汇[1]，对外国人名地名均按罗马字母拼写而不另加音译，对统一规范物理学名词影响深远。1933年萨本栋著《普通物理学》（上、下册）由商务印书馆正式出版，这是国内第一部用中文出版的大学物理学教材，得到教育界普遍赞赏，很快被各大学选用，取代了以往的英文教科书。

关于《普通物理学》一书的编写思想和特点，萨本栋在《编辑大意》一文中作了如下阐述：

（1）本书系根据编者历年在北平清华大学所授之第一年普通物理教材而撰述，其目的在使初入大学之理工科学生，对于物理学中各观念之意义，各重要现象之情形，与其相互之关系及应用，获得确切之知识。取材虽偏重于理工学生之需要，然如教者斟酌读者之程度，将所讨论各问题之内容加以缩减或扩充，则亦可用作文法科之普通物理教本或高中物理之参考书。

（2）本书所需之算学知识，仅以代数、平面三角及浅近之坐标几何为限，故凡属须用微积分或较深之算理方能说明尽善之部分，均不作详细之陈述。惟已学过微积分者，可应用其已有之知识，以扩充此等部分。

（3）本书系按常例分为力学、声学、热学、电磁学及光学五编，而以力、声、热三编为上册，电磁及光学二编为下册。至于他书所划归于物理学之材料，全书则附之于力学或热学中，不另立一编。教授之时，倘每星期演讲与讨论共约四小时，则上下两册可分于上下两学期中授毕之（每学期授课时间约为十五星期）。

（4）教授之时，可按本书编述之次序，或将热学提前，然后方授声学亦可。至于力学，虽为初学者所常视为最困难之部分，然仍以先授为宜，因其中所讨论之各观念，实为全部物理学之基础，读者对之不可不先有娴熟之认识。

（5）书中正文均以五号字排印。凡属初学者不必特别注重之段或节，则以六号字排印之。故如遇教授之时间较短，则凡以六号字排印之部分均可略

---

[1] 萨本栋编著：《物理学名词汇》，商务印书馆1932年版。

去不授。

（6）初学物理者所感觉之困难诸点，亦多为物理学演进史中诸名家在起始时所认为难解之点，故本书所采之讨论方式，多先依历史的次序以陈述，然后继之以论理的推演。全书结构遂以叙述问题之起因及现象性质之大概为发端，论列物理的律例及其相互之关系为躯干，而以各事象之应用为枝叶，及解释此等现象之学说为归宿。

（7）章末所附之问题，可视作书中各章之纲要。惟其中亦有须先融会各原理方能解答之者，读者幸特加以注意。至于各习题，有仅须将数码代入相当之公式，即可求得答案者，有必须缜密之考虑方能算出者，惟其目的均以增进读者引用各律例及原理之能力，以期其能运用自如，而于遇及实际的问题时，能深知如何进行解答之道为主。习题之较难者，均附以一"☆"，初学者可不必计算之。又计算各习题时，所用数码之多寡，可参照附录甲各节所述者为之。

（8）附录甲所讨论之问题，原系实验教本之材料，惟以计算各习题时，常须用及此中所陈述之原理，故亦附入本书。

1936年9月，商务印书馆出版了该书第六次增订版。萨本栋在《订正版弁言》中说："本书自印行至今，历时已有二载，而两年来国内及国外物理学界之进步，均足使本书有订正之必要。"他说："近二年来，物理学上之新发现，如正电子、中和子及人造放射质等，其重要均不容忽视，但在初等普通物理学教本中，此等新材料究应包罗多寡，甚难决定。旧有知识，既已甚多，无从删减，而新发现者，又正在演变中，故编者以为欲引起初学者对于近代物理学之兴趣，而达到提高一般学生之物理知识之目的，巩固其基础，实为无二法门；是以订正之时，关于较新颖之材料，仍不多增。"事实上，每次再版，萨本栋都根据大学本科学生的实际需要特别是为了引起初学者对于近代物理学的兴趣，尽可能增补介绍国内外物理学界的新成果和新发现。1940年，该书被教育部正式颁定为大学丛书，在国内发行20多年之久。2001

年,李政道博士受聘为厦门大学兼职教授,他很感慨地说:"我很早就知道厦门大学,我知道厦门大学是很好的大学。30年代,我读大学的时候,我读的《普通物理学》一书就是厦门大学校长萨本栋先生著的。在当时,那是中国国内学习自然科学的大学生都要读的课本,这本书对我一生都有很大的帮助……"①著名土木工程学家陶葆楷回忆说,在理工科方面,过去教科书都是用英文的,内容十分脱离中国实际情况,萨本栋编著的《普通物理学》,得风气之先,使教学在结合中国实际方面前进了一大步。②《普通物理学》无疑在建立物理学的学科体系、吸收当时世界物理学界最新成果以及如何适应中国学生学习的"本土化"方面做出重要贡献。

实验是物理系重要的教学环节之一。前面提到,萨本栋讲授"普通物理学"课程,每周讲授3小时,实验3小时。在《普通物理学》编辑大意里,萨本栋写道:"采用本书作课本时,必须由教者作相当之实验表演,且须按相当之实验教本,令学者自做实验,以收实验与讲演相辅而行之效,庶几学者遇难于领悟之处,得具体的实验之资助而获了然。"这也是萨本栋对实验在物理学课程中重要性的认识。萨本栋于每次实验后,都根据实验进行的实验情况,学生所提出的问题和所遇难点,认真修订教学方案和实验讲义。他深深感受到:我国高等学校的《普通物理学》教学中,非常需要一本指导实验的教材。经过几年锲而不舍的辛勤耕耘,1936年萨本栋编撰的《普通物理学实验》由商务印书馆出版,该书同《普通物理学》一样,受到物理学界重视,成为有效培养物理学科人才的畅销书。

3. 精心上课

萨本栋的一位学生在《教授印象记》一文中说:"你不读物理学系则罢,假使你要进物理学系,第一次便碰到他;即使那些工程系的,或是理学院别

① 蒋东明:《中国第一部用汉语出版的大学物理教材》,陈武元主编:《萨本栋博士百年诞辰纪念文集》,厦门大学出版社2004年版,第65页。
② 《旧清华杂记》,《水木清华的眷恋》,清华大学《教育研究》校庆八十周年增刊,1991年4月,第13~14页。

的系的同学都要和他碰头的,因为他教大学普通物理,对于这个课程他是老资格了,并且他教这个课程,在清华是很有名的。只要你去听他讲授一小时,你就会连声道好,'好,真好,真佩服!'他是福建人,好像一生下来就会说普通话似的,他讲书的声调很亮,话语是很'scientific and logic'。"又说:"上他的大学普通物理是件很快乐的事,记得那时我们真想天天上这一课。"①

课堂上,萨本栋一贯以"谨严"著称,以至于他的一举一动都会在学生心中留下永久记忆。学生何成钧在耄耋之年仍对萨本栋的课记忆深刻,他说:"萨先生讲课很好,略带口音的话字字清楚。他上课时,常有实验演示给我们看。他总是由一位职工帮助在上课时把演示仪器放在讲桌上。记得第一次有表演时,他特别向同学介绍:'这位是阎先生。'"②该生后来了解到,"阎先生"就是阎裕昌,他在抗战时曾同熊大缜一起到敌后游击区去做技术工作,贡献突出,不幸在一次敌人的扫荡中壮烈牺牲。

萨本栋对于如何培养数理人才有自己独到的见解。他认为,应该"理论与实验并重","重质不重量"。他的这一思想与当时理学院特别是物理学系的办系方向完全一致。物理学系规定学生所修实验课学分,不得少于理论课的1/2。③那时,清华大学物理学系计有5个实验室:普通物理实验室、热学实验室、光学实验室、电学实验室和近代物理实验室。这些实验室都配备国内乃至国际较先进的仪器设备,如迈克尔逊光谱仪、光波干涉仪、二级与三级真空管、α·β 线静电计、布拉格分光器等,萨本栋对这些实验设备非常珍惜,精心使用,使其在实验中尽可能充分发挥作用。当时仅普通物理实验室一室,就可开出20多个实验,力学方面能做自由落体等11个实验,热学方面能做热功当量等4个实验,光学方面能做光度测定法等6个实验,声学方面能做米德斯实验等2个实验。萨本栋上实验课,大体上按系分班进行,两

---

① 《清华暑期周刊》1935年8月25日。
② 何成钧口述,黄文辉整理:《我的物理老师萨本栋教授》,《校友文稿资料选编》(第八辑),清华大学出版社2011年版。
③ 黄延复:《清华的大师们》,中国经济出版社2005年版,第185页。

人一组。教学过程一般分为三个阶段：（1）实验前的准备——预习；（2）进行实验操作；（3）实验后的总结——写出实验报告。各阶段的具体教学安排如下：预习——一般在实验室外进行，萨本栋亲自指导，要求学生仔细阅读实验讲义并参阅指定的参考书，做到熟悉实验目的、内容与原理，初步掌握实验步骤和方法。实验——上课前，由实验员或助教将所用仪器准备好，放在实验桌上。萨本栋在上课时先指导学生检查仪器，了解仪器，熟悉操作使用规程。实验过程中，要求学生仔细观察，随时把所观察到的现象记录在数据纸上，待实验结束时交他审核。他认为合格的，给予签字，学生方能离去。不合格者，退回重做。实验报告——多在课后写，但需一星期内连同所有数据纸一齐上交。实验报告，不仅要求书写工整，图表合乎要求，还要求写成统一格式，内容不能照抄实验讲义，要用自己的话，写出自己的见解。必须包括以下几项：（1）实验目的；（2）所用仪器的简单说明，并用图表示出仪器的布置；（3）实验所根据之原理、公式，所采取的步骤；（4）论据和计算，并用图表示各种结果间之关系；（5）讨论结果和误差；（6）问题答案。报告写成后，他仔细审阅，如发现有重大错误，或内容遗漏，或表述不清，即退回要求学生重做，并正告学生，做实验必须严谨认真，一丝不苟。在萨本栋的严格要求下，实验课不但帮助学生巩固了所学的理论知识，同时训练了学生的实验操作技能，培养了他们独立研究和工作的能力，养成了严谨学风。当年的学生孙念台回忆说："萨本栋先生严肃认真的治学精神永远是我们学生的楷模。"①

在教学过程中，萨本栋和学生结下深厚的师生情谊。有一次上普通物理实验课，萨本栋为学生演示"伯努利原理"：将豌豆放在一个很小的、带有管子的漏斗上，管子那头吹气，豌豆飘在漏斗中间，掉不下来，也不被气吹走，他要学生们解释这是什么现象。同学们兴奋地讨论，发表各自看法，最后在大家的共同努力下找到答案。一位学生谈到萨本栋的实验教学法时回忆道：

① 孙念台：《怀念几位老师》，《清华十二级纪念册》，1970年。

"每堂课都有仪器表演,仪器呢,又都是很简单但很精致的,萨先生一边讲,一边表演,有时偶然实验不灵了,他会摆出一种似笑非笑的态度来,于是大家也哄着笑起来。"① 师生之间融洽与和谐的关系心照不宣。

为了督促学生努力学习,萨本栋借鉴美国大学方式,周有周考,月有月考,期中有小考,期末有大考。每次考试他都认真对待,亲自批阅考卷,严格按答卷给分,不及格者即使差一分也不通融。学生何成钧回忆说:"萨先生的课最特别的一点是每周有一次小考。每次有小考的那一天,我们一进教室就看到每个座位上已放好一张纸。纸上端有一个空白的,同学自己填写姓名、学号、座位号的空白格子。他进来后将黑板中间画一条线,左右各写一道题。为了公平,两边都写好后才宣布'单号做左(右)边的,双号做右(左)边的'。每次小考一道题十分钟。收卷时,让同学向左(或向右)传,他在左边或右边的过道上由前(或由后)收卷子。每次他从前到后或从后到前都不一样。萨先生的考卷都是自己改的,每次小考以十分为满分。学期大考两小时,他出六道题,每题也是十分。学期末以一学期的小考和大考分数的总和评定成绩。记得有一学期大考期间的一个早晨,我从二院的盥洗室洗脸回来,在走道上碰到萨先生已经要去电机馆上班,我觉得这天起得太晚有点难为情,萨先生却说:'开夜车不好,明天考物理,今晚不要看物理了,找本小说看看,早点睡。'"②

4. 教研相融

萨本栋特别提倡学生开展科学研究。他认为,要建立高水平的培养物理人才的基地,科研一定要融入人才培养的全过程中。萨本栋积极在物理系建立有利于开展科学研究的实验室和辅助设施,诸如和学生一起动手建立实验平台,协助系里建立书刊资料比较齐全的图书室等。抗战前夕,清华大学物

---

① 《清华暑期周刊》,1935年8月25日。
② 何成钧口述,黄文辉整理:《我的物理老师萨本栋教授》,《校友文稿资料选编》(第八辑),清华大学出版社2011年版。

理系已从初创走向正规。实验室里已经有比较完备的仪器设备，更重要的是，同学们能自己加工制作小型仪器设备，也能自己动手修理仪器。萨本栋身体力行，他亲自带领学生与任之恭合作进行电路和电子学方面的研究，试制真空管，为全系师生开展科学研究起到示范作用。

物理系师生开展了一系列位于国际前沿的研究课题：吴有训的X射线散射研究；研究生陆学善对X射线散射理论的实验验证；赵忠尧、霍炳权的核物理研究和威尔逊云室研制；周培源的广义相对论研究；叶企孙的光谱学和声学研究等等。教授们和同学们白天在实验室里紧张地工作，到了晚上，清华科学馆仍旧灯火通明，一片繁忙景象。①1931年，清华物理学会的部分学生会员，为了推动青年学生对数理化各课的学习，打算编辑一本《数理化备考》，选举龚祖同、陆学善、杨逢挺、赫崇本、郑一善、赵九章、殷大钧七位学生组成编辑部，计划如下：（1）用中文编辑，以尊重本国文字，但为阅读便利计，书后附英文索引。（2）标准适合中学教师及大学生检查之用。（3）内容分算学、物理、化学三部。每部大致包括定义、公式及表格三种，其他杂表，如中、英、法、德数理化各词对照表等择要编入。该书请了如下教授作为顾问：算学组有熊庆来、孙光远、郑之蕃、杨武之；物理组有吴正之、萨本栋、周培源；化学组有张子高、高崇熙、黄子卿、萨本铁。当学生们邀请萨本栋担任物理部分的顾问时，他欣然同意，热情指导他们开展物理组的编辑工作，主动协助他们审定撰稿。该书正式印行面世后，成为很受青年喜欢的学习工具书。

科学家钱伟长回忆他在清华物理系的学习生活时说："我在大学本科四年中，得了终生难忘的良好教育。当时物理系有吴有训、叶企孙、萨本栋、赵忠尧、周培源、任之恭等六位著名教授，不仅讲课动人，而且都刻苦努力在实验室里从事自己的实验研究工作，他们经常工作到深夜。系内的学术空气

---

① 郭奕玲、沈慧君：《吴有训科学论著、讲演、文稿、谈话集》，鹭江出版社1997年版，第229页。

浓厚，师生打成一片，学术讨论'无时不在也无地不在'，有时为一个学术问题从课堂上争到课堂下。"① 钱伟长说："萨本栋培养了不少人。他思路清楚，善于用严密的逻辑思维影响你，让你学会逻辑思维的方法，掌握最根本的原理，这是教书最重要的一点，因为真正处理任何事情，要的是逻辑思维的能力和结合实际解决问题的能力。"②

叶企孙回顾萨本栋在清华大学物理系这段时间时写道："他曾经讲授过的主要课程是大学普通物理、电磁学和无线电原理。他讲授普通物理时，准备充分，声音洪亮，尽力于做表演，考试多而严，平时给予学生充分的发问机会。根据他的教授经验，他写了一部《普通物理学》，又写了一部《普通物理学实验》，这两部书在国内甚为通行，另有15篇论文也是在这个时期写的。他研究了两类问题，第一类是双矢量（dyadic）方法解决电路问题（10篇），第二类是关于各种真空管的性质和效能（4篇）。1935年萨本栋先生利用了休假的机会，到美国俄亥俄州立大学电机工程学系去讲学，所讲的材料就是第一类问题。以后他又汇集了关于第一类问题的研究成果，加以系统化，用英文写成一本专著，1939年在美国出版。萨先生在这一时期的工作中树立了他的学术地位；他在师生中留下了很好的印象；他在清华物理学系创造了值得纪念的功绩。"③1949年，北大校长胡适追忆萨本栋时称："萨先生的教授法非常之好，在北大教过一年物理，因为教得太好，以致他走后继任的教授不受学生欢迎了……"④

---

① 戴世强：《追忆钱伟长：大师不是计划出来的》，《中国青年报》2010年8月3日。
② 钱伟长：《钱伟长文选》（第三卷），上海大学出版社2012年版，第101页。
③ 叶企孙：《萨本栋先生事略》，《物理学报》1950年第7卷第5期。
④ 《中央研究院追悼萨本栋》，《公教学校通讯》1949年第5期。

三、热心校务 初露锋芒

1925年4月，清华教职员大会通过《清华学校组织大纲》，明确规定了清华大学校务领导体制，清华教授治校的"胚芽"产生，[①] 教授会、评议会、校务会议成为决定清华重大决策的组织基础。

时任法学院院长陈岱孙回忆：

> 这个体制的组织基础就是教授会、评议会和校务会议。教授会由全体教授副教授组成，其权限很简单，包括：审议教学及研究事业改进和学风改进的文案；学生成绩的审核及学位的授予；建议于评议会的事项及由校长或评议会交议的事项；互选评议员。教授会并不经常开会，但对校内发生的大事，教授会是主动过问的。教授会由校长（无校长时由执行校长职务的校务会议）召集和主持。但教授会成员可以自行建议集会。
>
> 评议会是这个体制的核心，以校长、教务长、秘书长、各院院长及教授互选之评议员若干人组成。互选之评议员人数比当然成员的人数规定要多一人。同时，各院院长都由教授会从教授中推荐，教务长习惯上也由教授中聘任。评议会实际上是教授会的常务机构。它的职权包括：议决大学的重要章则；审议预决算；议决基建及其他重要设备；议决学院学系设立或废止；议决选派留学生计划和经费分配；议决校长和教授会交议的事项。评议会是校内最高的决策、立法和审议机构。主要的法案、章制都由评议会动议、制订。在法定地位上，评议会还是校长的咨询机构，但由于校长是评议会主席，其他校务会议

[①] 黄延复：《清华的校长们》，中国经济出版社2003年版；黄延复：《清华的大师们》，中国经济出版社2005年版。

成员都是评议会当然会员，评议会的决议对于校各级行政领导是有一定的约束力的。如果说清华这个领导体制是当时所谓"教授治校"的典型，则"教授治校"的作用就是通过评议会职能而表现的。①

清华大学评议会制度源于1912年蔡元培主持起草的《大学令》，该法令明确大学评议会为全校最高立法机构。评议会由评议员若干人组成，校长是当然的议长，评议员由各科学长和各科分别推举的教授代表两人组成。凡学校章程、条令的审核通过、学科废立、课程设置、教师审聘、学校预决算等重大事项，都必须经过评议会的讨论决定才能执行。这是大学贯彻教授治校方针，达到民主治校目标的重要举措。②

萨本栋对母校怀有深厚的感情，他从维护和推进清华发展的热切愿望出发，积极关心校事，积极参加各项教授议事活动，充分发表自己的意见。1930年，清华连续发生"驱逐罗家伦""拒绝乔万选"的校长风波，在之后的11个月里，清华历史上出现"无校长时期"，教务长和秘书长也相继辞职，文学院院长因事离校，校务会议曾一度陷于瘫痪。寄托着一批教授学者科教救国理想的清华出现如此状况，大家内心的焦急不言而喻。萨本栋经常与教授们一起分析时局，共同思考和讨论清华发展的出路和方向。在此过程中，清华物理系创建人叶企孙及"北院七号饭团"教授群体对萨本栋的影响颇深。

叶企孙（1898—1977年），上海人，著名物理学家。1913年考入清华学校，1918年赴芝加哥大学物理系学习，毕业后入哈佛大学研究院，1923年获哲学博士学位。1925年回清华，与梅贻琦共同创建物理系，后组建清华理学院，1931年任清华代理校长，被冯友兰称为"清华学派中除梅贻琦外的第二号人物"。叶企孙长萨本栋四岁，萨本栋、吴有训、周培源等一批名师都是

---

① 陈岱孙：《三四十年代清华大学校务领导机制》，《陈岱孙文集》，北京大学出版社1989年版，第484~485页。
② 虞昊、黄延复：《中国科技的基石——叶企孙和科学大师们》，复旦大学出版社2000年版，第112~119页。

受其邀请回到母校任教。萨本栋到校后,叶企孙对萨本栋在专注课堂教学的同时紧抓科学研究的治学态度非常欣赏。工作之余,叶企孙和萨本栋也交往频繁,常在一起谈论时局,交换意见。叶企孙有一句名言流传甚广:"有人怀疑中国民族不适宜研究科学,我觉得这些论调都没有根据。惟有希望大家共同努力去做科学研究,50年后再下断言。诸君要知道,没有自然科学的民族,决不能在现代立脚得住。"[①]叶企孙从科学史的研究中看到一个国家的科学事业的发展是一个群体的行为,需要群体的学术交流,也需要后续人群的传承。他不遗余力地联络志同道合的爱国学者关心校务,鼓励萨本栋等青年后辈参与民主管理,教学改革与科研并进。

叶企孙当时住在北院,那里原是外国教授住宅,民国初年建成,每幢房子面积都较大。朝南是一排大玻璃窗的花房,进去即是一间大客厅,有取暖用的壁炉,地面是较考究的木地板,下方有一尺多高的通风空间,以保持地板干燥。外墙很厚,为使壁炉的热空气流通并增加隔热保湿作用。[②]叶企孙、朱自清、温德等都曾在北院居住。叶企孙住在最北一排房子的西端,门牌号为7号。叶企孙终生未婚,雇佣一厨师在家里自办"伙食"。萨本栋回校工作后,和一些留学归国的年轻教授如法学院院长陈岱孙,工学院院长施嘉炀,哲学系金岳霖,化学系萨本铁,政治学系张奚若、钱端升和西洋文系叶公超等常在这里一起用餐。他们也常在这里一起议论校政,商谈教育改革举措,清华校史上称之为"北院七号饭团"。这个"饭团"的常客都是当年已经名盛一时的知名教授,他们在自然科学领域或文史哲方面功底深厚,更重要的是,他们对清华教育改革与发展非常积极,对清华教授治校体制的形成发挥了很大作用。萨本栋深受这个群体的影响,与这些不同院系的清华同仁结下深厚

---

① 虞昊、黄延复:《中国科技的基石——叶企孙和科学大师们》,复旦大学出版社2000年版,第144页。
② 虞昊:《二十世纪中国著名科学家书系·叶企孙》,金城出版社2011年版;叶铭汉:《北院七号——忆叔父叶企孙》,摘自《校友文稿资料选编》(第七辑),清华大学出版社2001年版,第115页。

友谊。萨本栋因其卓越的才华和热心校务工作,很快成为"北院七号饭团"的主要代表。

1930年,在萨本栋等教授呼吁下,南京教育部同意清华由教授会选举代理院长、代理教务长、秘书长,校务会议和评议会的成员由教授会选举产生并对其负责。教授会权力骤然扩大,一跃而为全校最高权力机构,校务会议和评议会成为教授会常设机构,"教授治校"作为既成事实,形成一套"习惯法",初步取得合法地位,成为清华师生心目中不可侵犯的原则。[①]1931年4月,国民政府任命时任国民党中央政治学校副教务主任吴南轩当校长,吴南轩凭国民党的势力搞专断孤行、蔑视教授会,破坏清华的民主传统。5月28日,教授会根据萨本栋、金岳霖、杨武之等15位教授的联名要求,召开临时会议,谴责吴南轩"惟务大权独揽,不图发展学术,加以蔑视教授人格,视教授如雇员",教授会通过决议,公推萨本栋等7人组成"呈教育部电文起草委员会",要求教育部立即撤换吴南轩,"另简贤能",教授会联名表示:"倘此问题不能圆满解决,下学期即与清华脱离关系"。同时,教授会决定请萨本栋、周炳琳、蒋廷黻、金岳霖、张子高、王文显、陈岱孙、钱端升、杨武之组成临时校务委员会,主持校务。第二天,清华学生会也召开全体学生大会,表示坚定支持教授会决议。学生们整队至校长住宅,请其即时离校。清华师生的"驱吴"斗争得到社会舆论的广泛支持,迫使吴南轩于6月离开清华。[②]在这一没有官方派任校长的特殊时期,教授会选出临时校务委员会治理学校,维护了清华民主治校的传统,保证了日常教学活动正常进行。至1931年12月3日,深受萨本栋及许多教授共同敬仰的梅贻琦出任清华大学校长,清华校务逐渐走上平稳发展的轨道。梅贻琦的就职演说道出了萨本栋等清华人的"清华情结":"本人与清华已有十余年的关系,又享受过清华留学的利

---

① 黄延复:《清华的大师们》,中国经济出版社2005年版;虞昊、黄延复:《中国科技的基石——叶企孙和科学大师们》,复旦大学出版社2000年版。
② 刘培育:《金岳霖思想研究》,中国社会科学出版社2004年版;虞昊、黄延复:《中国科技的基石——叶企孙和科学大师们》,复旦大学出版社2000年版。

益,则为清华服务,乃是应尽的义务,所以只得勉力去做,但求能够尽自己的心力,为清华谋相当的发展,将来可告无罪于清华足矣。"①梅贻琦不但不改变"无校长时期"出现的教授治校体制,反而把它合法化、固定化,形成名正言顺、规格化的教授治校体制。②这以后,萨本栋对清华事务更加热心和活跃了。

1928年萨本栋与"北院七号饭团"同仁的合影

从左至右依次为陈岱孙、施嘉炀、金岳霖、萨本栋、萧蘧、叶企孙、萨本铁、周培源

资料来源:浦薛凤:《忆清华辛酉级十位级友》,摘自鲁静、史睿编:《清华旧影》,东方出版社1998年版,第102页。

1933年5月,萨本栋因"卓有才华和关心校事",与陈岱孙、杨武之、蒋廷黻、吴宓、张奚若、吴景超等一同被教授会推选为评议会委员。萨本栋是14位评议员中最年轻的一位,时年31岁。③其后,萨本栋又先后被推选为清

---

① 黄延复:《清华的校长们》,中国经济出版社2003年版,第169页。
② 虞昊、黄延复:《中国科技的基石——叶企孙和科学大师们》,复旦大学出版社2000年版,第124页。
③ 孙敦恒:《萨本栋传》,陈武元主编:《萨本栋博士百年诞辰纪念文集》,厦门大学出版社2004年版,第233页。

华大学建校 20 周年纪念筹备委员会委员、建校 20 周年纪念执行委员会委员、《国立清华大学一览》编委、一年级课程指导委员会委员、清华同学会董事等等。

四、幸福之家 和乐融融

萨本栋在清华大学讲台上兢兢业业、成为清华师生众口交誉的名师之时,也迎来了人生中另一件重要大事:1932年1月21日,萨本栋与黄淑慎在他们敬重的师长梅贻琦证婚下,在家人与周培源、何浩若等好友见证下,在北平南河沿欧美同学会礼堂举行了简朴而隆重的新式婚礼,组成了幸福的家庭。照片中的新娘黄淑慎身披白纱,沉静典雅,洋溢着幸福、恬适的微笑。人生的缘分有时确难说清道明,据萨本栋的儿子萨支唐院士推测①,父母可能是在网球场上相遇相知、自由恋爱。在今天看来,网球运动仍不失为一种时尚。萨本栋是清华物理学名师,黄淑慎是标枪能手、全国闻名的田径运动员,他们都喜爱网球运动,有着共同的志趣,一见钟情。

萨本栋与黄淑慎的婚礼请柬

① 萨支唐访谈记录,2011年7月3日于厦门大学逸夫楼。

萨本栋与黄淑慎的婚礼照

萨本栋与黄淑慎婚礼合影

二排：左一黄淑清（伴娘），左二黄淑慎，左三萨本栋，左四萨本铁（伴郎）；
三排：左一萨君陆（萨本栋父亲），左二杨鹤龄（萨本栋母亲），左三周培源，左四梅贻琦，左六向助中（黄淑慎母亲），其余均为萨本栋与黄淑慎之兄弟姐妹及其子女黄淑慎，出生于湖南沅陵县，毕业于北京高师教育系，擅长投掷铅球、垒球、标枪等，是个体育健将。说她是体育健将，毫无夸大之意。黄淑慎从小学到大学一直是学校运动队队员，多次参加全国运动会、华北运动会等。她是一个全能运动员，曾先后打破铅球、垒球、标枪的全国纪录，此外，作为北平篮球队、排球队主力，多次参加全国锦标赛。1930年4月，在国民政府成立后举行的第一次全运会上，黄淑慎作为北平代表队运动员分别参加铅球、篮球、排球三项赛事，其中铅球获全运会亚军，篮球获冠军，排球也取得优异的成绩。黄淑慎均为队中主力球员，也是媒体关注的焦点运动员。1930年，黄淑慎作为北平队员参加全国篮球锦标赛，据报道：

> 参加篮球锦标赛共12队，其中上海、北平、广东实力强劲。广东队活泼善战，服装美观，有欧洲女子队之风。北平队奋勇精悍，战力充实，极表英爽之气。上海队员体格不如平粤，但联络功夫见长。北平有甲、乙两队参加。[1]

4月9日复赛，北平甲队对广东队。两队势均力敌，由于关系到决赛权的得先，因此双方全力应战，争夺十分激烈。比赛开始到打成11平局，双方相持不下，比数之差常在一二分之间。第三节终了，比分12∶12。第四节为生死关头，交战更加勇猛，又形成16∶16局面。离终场只剩30秒时，广东队以18∶17占据上风，不料转眼之间北平队攻入一球，终以19∶18获决赛权。中锋黄淑慎在全场比赛中共拿下10分，为北平队取胜立下汗马功劳。

4月10日，北平甲队与上海队进行决赛。北平选手体格魁伟。上海则以传球快捷见长。第一节北平以6∶5胜。第二节上海大举反攻，上半时结束时，上海反胜一分，10∶9。下半时形势始终紧张，比分此起彼落常一二分之间。观众呐喊之声惊天动地。至第三节完毕，上海仍以17∶14领先。最后一节双方犹作困兽斗，北平中锋黄淑慎奋勇陷阵，一人连中6分，此后相持到笛声响起，记录板比分24∶24。根据本届大会规定，比赛不延长时间。如果分数

---

[1] 黄淑慎为北平甲队队员。

相等,以投中球数决定胜负。北平甲队投中 10 次,上海队 9 次,因此锦标得主为北平。①

1930 年 5 月 24—31 日,黄淑慎被选为中国体育代表团成员,参加日本东京举行的第九届远东运动会排球锦标赛,荣获桂冠。②1931 年 5 月 28 日,《中央日报》头版显著位置报道黄淑慎在华北运动会上,投掷标枪成绩 24.205 米,破远东运动会纪录。报称,华北运动会当日,天气炎热,但参观者约 2 万人。当时,国人常以"东亚病夫"为耻,记者报道语:"华北女士最有健康美、少虚荣,多以黄淑慎为模范"。③

黄淑慎留存的第九届远东运动会会徽、运动员代表证及其获奖奖牌

---

① 北京市体育文史工作委员会:《北京体育文史》,北京市体育文史工作委员会,1989 年版,第 187~188 页。
② 《体育季刊》1935 年第 1 期,中华全国体育协进会,第 120 页。
③ 参见《全国运动大会总报告》第 104、448、449 页;湖南省政协文史办公室:《湖南文史通讯》1988 年第 4 辑,第 30 页;杭州市体育局、中国体育博物馆杭州分馆主编:《杭州体育百年图史》(第一卷),杭州出版社 2008 年版,第 161、190、191 页;《北平黄淑慎女标枪打破远东纪录》,《中央日报》1931 年 5 月 30 日第 1 版。

第九届远东运动会中国排球代表队全体队员合影（右五黄淑慎）

黄淑慎上有三兄三姐，下有三妹，兄弟姐妹共十人（大姐黄淑德早逝）。其父黄振中"早年蜚声庠序"，民国初以名儒掌北平警政，居官清廉。因公务繁忙，积劳成疾，41岁就不幸病逝。黄振中去世后家无积蓄，他曾嘱咐黄淑慎的母亲向助中，要想尽一切办法让孩子们都念书，把他们培养成才。向助中从未念过书，老家地处湘西的偏远乡村，可是她却聪慧过人，善于接受新事物，观念开明。她本是被裹了小脚的，后来自己放开了，靠自己的一双"大脚"下田耕作，上山砍柴，照料孩子，操劳一大家子的家务。黄淑慎母亲勤劳、节俭，心地善良，同情穷苦人，乐于做善事。本来家里人口多，很穷，可是她还时常帮助更穷的乡亲，把衣物等打了包送给别人。遵循黄淑慎父亲的遗训，黄淑慎母亲最关注的事就是让子女读书。她经常一边做针线活，一边看子女读书，这样听听、问问，后来竟然也能读书看报了。子女们逐渐长大，向助中多次辗转于湖南老家和北平之间，把子女送出去读书。当时，最大的二姐黄淑范在北平上学，她和母亲共同承担起了照顾一家兄弟姐妹的责任。黄淑慎和她的兄弟姐妹在母亲与二姐的精心照顾下，都走出湘西，接受了良好的教育。黄家九个儿女不仅都完成大学学业，且多人留学美、法等国，学问和事业卓有成就：大哥黄人英毕业于保定军官学校，历任排连营团旅长，抗战时期屡著战功；二哥黄人俊以勤工俭学赴法国学习农学，回国后任大学教授，并先后在河南、湖北等省主持农政；三哥黄人杰毕业于清华大学，留美硕士，回国后先后在北京大学、浙江大学任教，后投入化工实业，卓有成效；二姐黄淑范、三姐黄淑贞均毕业于北京女子高等师范学校，留美硕士，回国后从事教育；三个妹妹毕业于北京大学，六妹、七妹从教，五妹黄淑懿是小有名气的陶艺家及语言专家。黄家所有的女婿也都是那个时代名盛一时的人物，有政治经济学家、社会活动家何浩若[①]，中法文化交流前驱邵可侣，化学家孙承谔，外交家尹禄光等。黄母在非常困苦的条件下将九个子女教养成才，在当时确属难能可贵。1935年向助中荣获政府授予的"圣善钟庆"匾。其字义取自《诗经》中的《凯风》，歌颂了教养儿子的母亲。"母氏圣善"为其中一句，意为母亲明理而有美德。黄淑慎继承了母亲朴素而崇高的传统美德，她性格坚毅，心胸宽阔，为人随和，遇事谦让，总是以积极乐观的心态面对人生。

萨本栋与黄淑慎都成长于上慈下孝、和乐融融的大家族。黄淑慎的三哥黄人杰、三姐夫何浩若与萨本栋是清华校友，何浩若与萨本栋还是清华同班同学，同入清华，一起赴美留学，同在斯坦福大学学习，回国后同在清华大学任教。萨本栋的家庭中充溢着和睦融洽、亲情友情。在那个时代，丈夫专心做学问，太太操持家务，是常见的家庭模式。婚后，黄淑慎甘愿在家里做"贤内助"，辞去北平高等师范学校体育教师的工作，全身心照顾萨本栋的起居和生活。

据萨本栋外甥杨福生教授回忆，"二舅舅（萨本栋）和二舅母（黄淑慎）感情非常好"。杨福生小时候到舅舅家玩，印象最深的就是："客厅中有一个

[①] 何浩若（1899—1971年），字孟吾，湖南省湘潭县人，1912年入清华学校，1921年赴美留学，1926年回国任黄埔军校第四期教官，1928年受聘为中央大学、金陵大学教授。1935年起先后任湖南省政府委员兼财政厅长、河南省政府委员兼财政厅长。

柜子，上面整齐地摆放着舅母在体育运动方面所得的多个奖牌和一个垒球。"①可以说，结婚后萨本栋生活惬意，当时教授的社会地位很高，待遇优厚，月薪300块大洋，相当于一个普通职工几年的收入②，萨本栋的事业和家庭无不令人称羡。

1932年、1934年，萨本栋的两个儿子相继出生，按照族谱序列，属于"支"字辈，萨本栋为他们取名为"支唐""支汉"，祝愿孩子健康快乐地成长，同时，希望国家能够如汉唐时期一样强盛壮大。然而，国家危亡、民族灾难使得萨本栋在这个特殊的时代不能有丝毫的放松和懈怠。

1933年，萨本栋全家在北京红楼住所（前排右一黄淑慎，后排右一萨本栋）

1936年8月，萨本栋赴美讲学一年，载誉归来。国内政治局势日趋紧张，萨本栋在投入紧张的教学和科学研究工作的同时，时刻关注日本帝国主义的侵略行径和各界抗日救亡的进展。他和陈岱孙、周培源、金岳霖、张奚若、钱端升、蒋廷黻等常常不定期地聚拢到北院七号，讨论公众焦心的"战

---

① 杨福生教授访谈录，2011年8月1日于清华园杨教授家中。
② 中外名人故事传记丛书委员会编：《周培源》，中国和平出版社1996年版，第38页。

和"问题,话题围绕的核心是大难临头的中国如何自处！①10月间,日本侵略者武装进犯绥东,并在华北疯狂走私。萨本栋和朱自清、叶公超、顾颉刚、张子高、金岳霖、钱玄同等60多名教授联名发表《教授界对时局意见书》,提出"政府应立即以武力制止走私活动；政府应立即出兵绥东,协助原驻军队剿伐借外力以作乱之土匪；全国各种力量联合起来,一致抗日"等八项要求。②他们的呼声得到各校学生的响应,清华学生发动声势浩大的签名运动声援支持他们,开展"师生合作,一致救亡"集体行动。11月上旬,绥东驻军傅作义部对来犯之敌伪军进行英勇抗击,一举收复百灵庙、大庙等地,北平各校师生开展声势浩大的"援绥运动"。萨本栋和清华大学大多数教师一起,一面坚持正常的教学工作,一面利用"暇时"和星期日开展各种方式的捐献活动。全体教职工"捐薪劳军",每人拿出一天的薪金,还进行了五天"缩食",把节省下的伙食费集中起来,共集款2000多元。萨本栋等教授还指导学生和职工为前线赶造防毒面具200多具。③

就在萨本栋坚持教学科研,时刻关注抗日救亡运动的时候,南京国民政府教育部的一纸任命书彻底改变萨本栋原有的生活方式和人生轨道。1937年,教育部宣布自7月1日起私立厦门大学正式改为国立,6日,经呈请行政院核准,简任萨本栋为国立厦门大学校长。同一日,教育部部长王世杰电告萨本栋:"鉴承允主持厦大至为感慰,本日已提经行政院院议决定,敬希早日命驾,以定下年计划。除电嘱枚荪（周炳琳）离明（黄建中）两兄于兄到京（南京）时详洽外,特此电达。弟王世杰（鱼牯印）。"④

---

① "老照片"编辑部编:《老照片》,山东画报出版社2004年版,第20页。
② 教授界对时局意见书,http://news.sina.com.cn/c/2005-12-08/18328529225.shtml。
③ 清华大学校史组编:《人物志》(第一辑),清华大学出版社1983年版,第166页；孙敦恒:《萨本栋传》,陈武元主编:《萨本栋博士百年诞辰纪念文集》,厦门大学出版社2004年版,第236页。
④ 厦门大学档案馆,案卷目录号023-10。旧时电报以地支表示月份,以平水韵平声韵目表示日期,"鱼"为"六鱼"韵部,即6日。"牯"表示发报地点牯岭。"印"表示加盖印信。"鱼牯印"三字大体上相当于"6日于牯岭（印）"。

教育部部长王世杰发给萨本栋的电报

萨本栋逢此乱世临危受命,不仅无暇顾及亲人安危,亦无暇考虑个人处境。患难之中更显家人无私奉献。萨本栋只身到厦门大学完成交接,待数月厦大内迁后,夫人黄淑慎带着两个年幼的孩子追随萨本栋,到了千里迢迢之外的闽西长汀,不久黄淑慎即"以生活之故,任教侨师,每日往返数里,无倦容。居恒照顾小孩,自炊饮食。水不济,则亲赴井,无难色。先生得夫人如此,故家庭和乐融融,虽苦亦甘"。①

---

① 仲君:《学府人物萨本栋》,《中央日报》1947年1月17日。

第三章

执掌厦大

 萨本栋传

一、赤子之心　临危受命

1937年，萨本栋接掌厦门大学校印，原本是临危被动之举①，随着战事不断演进而演变成为积极无畏的得法应对。在史无前例的战火洗劫和动荡中，厦大师生在宁静的教室、图书馆、阅览室潜心研读，文明与野蛮的对抗无声地宣告了萨本栋坚卓的育人理念：未到"最后一课"的时候，应加紧研究学术与培养技能。②

鸦片战争以来，"救亡图存"成为国人无法回避的现实问题，实业救国、教育救国的呼声不断高涨。最初清政府不鼓励国内私人创办大学，所以只有政府开办的公立大学，一直到清末民初政府才允许国人开办私立大学。③近代中国大学的形成比较特殊，半殖民地半封建的社会形态决定了中国大学和西方大学走的是完全不同的道路，中国大学的创建不是一个自主自觉的过程，而是由封建统治者所建立的国立大学、外国传教士创建的教会大学和民族实业家所创办的私立大学这三驾马车共同组成。④厦门大学正是在这样的时代背景下应运而生。光绪十六年（1890年），16岁的陈嘉庚出洋到新加坡经商。他久客南洋，志怀报国，1912年秋回国创办集美学校，1919年6月回国筹办厦门大学，都是"为爱国愚诚所迫"。他说："当满清被推翻，民国初建的时候，

---

① 萨本栋提出任职期以两年为限。
② 洪永宏编著：《厦门大学校史》（第一卷）（1921—1949），厦门大学出版社1990年版，第164页。
③ 曾海洋：《厦门大学与闽南区域社会文化变迁研究》，厦门大学博士学位论文2008年，第24页。
④ 王楠：《东西方文化的碰撞——中国近代大学的创建》，《西安电子科技大学学报》（社会科学版）2004年第3期。

我觉得我们既做民国的国民，我们应该各就所长，贡献国家一分子应尽的天职。那时，我想我只是一个平凡的侨商，我没有其他的才能牺牲，我只能以多少的资财替国家举办若干作育人才的场所。"①陈嘉庚还认为："吾国今处列强肘腋之下，成败存亡千钧一发，自非急起力追，难逃天演之淘汰"②，"国家之富强，全在乎国民。国民之发展，全在乎教育"③，"专制之积弊未除，共和之建设未备，国民之教育未遍，地方之实业未兴，此四者欲望其各臻完善，非有高等专门知识，不足躐等以达"④。

中国落后的社会状况与发达的欧美国家之间强烈的对比让陈嘉庚认识到高等教育对国家的重要作用。中国社会发展需要大量的高级专门人才，陈嘉庚考虑到福建教育落后、民众素质低以及南洋华侨子女读书深造等需要，决定在中国南方创办大学。陈嘉庚对国家的责任感、使命感和民族危机感是他克服种种困难坚持创办大学的内在动力。1920年，他邀请蔡元培、汪精卫、黄任之、郭鸿声、邓芝园、余日章、李登辉、胡敦复、黄孟珪、叶采真等人为大学筹备员，共商创建大学事宜。他"躬亲遍勘各处地点"，认为"尤以厦门演武场附近山麓最佳"⑤，在他的不懈努力下，争取到福建省政府同意捐拨厦门南普陀附近官地若干顷为校址，命名为厦门大学。

1921年4月6日，陈嘉庚邀请美国著名教育家杜威参加厦门大学开校典礼并作专题演讲。杜威在演说中祝愿中国"人才辈出，如太阳经天，光照世界"，对陈嘉庚创办厦门大学表示由衷的敬佩。他说："到会诸君，须景仰陈君。中国人人能效陈君之公，则救国何难之有。"⑥5月9日，陈嘉庚特意选定

---

① 戴光章：《嘉庚先生在母校演讲词》，《厦大通讯》第2卷第11期，1940年11月9日。
② 陈嘉庚：《致集美学校诸生书》，1918年，集美校委会藏。
③ 陈嘉庚：《筹办厦门大学演讲词》，（新加坡）《新国民日报》1920年11月30日。
④ 陈嘉庚：《筹办福建厦门大学附设高等师范学校通告》，《陈嘉庚教育文集》，福建教育出版社1989年版。
⑤ 参见厦门大学校史编委会：《厦大校史资料》（第一辑），厦门大学出版社1987年版，第350页；教育部教育年鉴编纂委员会编：《第一次中国教育年鉴》，上海开明书店1934年版，第105页。
⑥ 上海《申报》，1921年4月16日。

"五九"国耻纪念日为校舍奠基日，率全校师生百余人，在厦门演武场举行奠基典礼。报道称"观陈先生尊重学术及向抱教育救国之素志于厦大开校之两纪念日，可以表示一切"①。

深入历史，不难发现私立厦大的创建过程非常艰辛而不易，甚至危难频频。20世纪二三十年代，中国处于军阀混战之秋，社会激烈动荡，学校发展一波三折。1924年5月和1927年1月，厦大先后爆发两次震惊全国的学潮，校长、教师与学生的思想观念、教育理念和价值取向互不一致且师生之间不相认同，文、理科师生之间的矛盾，夹杂不同籍贯成员之间的地域门户之见，使学校受到纷争与学潮的严重干扰。有学者评价："私立时期两次大的学潮，不仅震动全国学界，也使厦大创建数年间所取得的成绩，顿时'化为乌有'，刚刚步上正轨的学校，差点因此而倒闭。"② 厦门大学创办前十年，办学经费基本上都是陈嘉庚独自负担。从筹办开始，陈嘉庚多次在通告或演说里向海内外人士发出同办厦大的呼吁，一直无人响应。1922—1924年，陈嘉庚在南洋亲自为厦大募捐，连遭三次拒绝，"为厦大募捐的勇气几乎消失殆尽"③。学校开办后一年年发展，费用一年年增多。据厦大会计处报告，1921年1月—1922年7月，校舍建筑费199860元，图书设备费12449元，经常费73264元，共285573元，除林文庆夫人殷碧霞捐地折价1400元外，其余全数由陈嘉庚一人承担。1923年，陈嘉庚将新加坡大成橡胶园及陈嘉庚公司股本三分之一余作为厦门大学基金，希此举能够维持厦门大学长久的发展。据《第一次中国教育年鉴》统计，厦门大学"除收学费、宿费、校产租金、教职员校内外屋租、器具租暨少数其他捐款及一切其他收入外，其余概由主办人陈嘉庚私人捐助"。④

---

① 彭传珍：《厦大廿五周年校庆感言》，《厦门大学廿五周年纪念特刊》，1946年4月7日。
② 严春宝：《游走在边缘之间——林文庆传》，厦门大学博士后出站报告，2008年，第119页。
③ 洪永宏编著：《厦门大学校史》（第一卷）（1921—1949），厦门大学出版社1990年版，第39页。
④ 教育部教育年鉴编纂委员会编：《第一次中国教育年鉴》，上海开明书店1934年版，第106页。

表3-1　1921—1931年私立厦门大学经费收支概略

收入			支出		
款项	数额	所占比例	款项	数额	所占比例
陈嘉庚捐款	2996299	91%	建筑费	1045673	32%
其他捐款	74392	2%	经常费	1704430	53%
学生缴费	132543	4%	设备费	384404	12%
宿费屋租	45073	1%	其他各费	93687	3%
其他收入	67563	2%			
合计	3315870	100%	合计	3228194	100%

资料来源：根据《厦门大学十周年纪念刊》（1931年版）汇总统计。

初创的艰辛，并未压垮创校人的意志。在陈嘉庚与校长林文庆艰苦卓绝的努力下，厦门大学取得了卓著成绩。20世纪30年代初期，厦门大学形成面向华侨、面向海洋、注重实用、注重研究的办学特色，设有文、理、法、商、教育五个学院，发展为各项设施相当完备的"闽南最高学府"①，培养出著名生物学家伍献文、曾呈奎，著名化学家卢嘉锡、蔡启瑞，著名语言文学家虞愚、黄典诚、黄懿青，著名历史学家林惠祥、傅家麟，著名经济学家郭大力、吴亮平等一批精英人才，不仅在中国近代高等教育史上写下了浓墨重彩的一笔，而且在国际高等教育界获得认可，声誉日隆。1931年6月，法国巴黎学院举行400周年校庆纪念，邀厦大参加，厦大特地寄赠校庆祝词"猗欤盛欤！巴黎学府。遗大投艰，证今论古。巍巍焕焕，作育英贤。历四百载，如日中天。文教毕宣，声誉洋溢。纪念年年，一堂跄济"②。

然而，1929—1932年间，受世界经济危机重创和英国殖民当局的打压，加上日本借机报复陈嘉庚的抗日义举，趁火打劫，针对陈嘉庚公司的橡胶制品大举倾销，致使陈嘉庚在南洋的企业陷于困境，一向盈利甚丰的陈嘉庚公

---

① 宋秋蓉：《近代中国私立大学发展史》，陕西人民教育出版社2006年版，第116页。
② 《赠送法国巴黎学院四百周年纪念中英文祝词》，参见《厦大周刊》第257期。

司出现巨额损失。陈嘉庚咬紧牙关，毅然变卖产业，甚至将自己的三幢别墅卖掉，充作厦大办学经费，勉力支撑学校。1934年，陈嘉庚企业收盘[1]，林文庆不顾年迈之躯多次远赴南洋筹款，但是学校经费日形支绌、入不敷用。1936年，学校从五学院二十一学系减至三学院九学系，引起社会各界的关注，特别是4月撤销成绩卓著的教育学院，将其下属各系合为教育学系，并入文学院，震动全国教育界。[2]一时舆论谣传纷涌而出，某些报刊甚至刊发了"陈嘉庚辞董事长，林文庆辞校长""厦大停办"[3]等言论。

1936年5月17日，陈嘉庚致函福建省政府主席及国民政府教育部部长，"告以自愿无条件将厦门大学改为国立"，陈嘉庚说，"每念竭力兴学，期尽国民天职，不图经济竭蹶，为善不终，贻累政府，抱歉无似。回忆古语云善始者不必善终，亦聊以自解耳"[4]。私立厦大勉力支撑到1937年，实在不能再支撑，经林文庆多次赴教育部和省府商洽，1937年7月，"业经中央核定，由部决定自七月一日改为国立，并呈行政院转经国府备案。本部为纪念陈嘉庚独力创办大学功绩，特订纪念办法纲要。至该校校长人选，正由部慎重遴选中"[5]。

1937年，无论谁接掌国立厦门大学首任校长，显然都是受命于危难之际。正如历史学家汤因比所说，"同一个挑战在某一个场合可能引起创造性的应战，而在其他场合却不能"[6]。1937年4月，厦门大学曾委托台静农，拟聘胡适当校长，胡适打电报辞谢，电报内容十分简洁："干不了，谢谢！"[7]胡适所谓"干不了"可能是不愿相就的客套话，即有可能是出于处境困难、任务

---

[1] 陈少斌：《陈嘉庚研究文集》，厦门市集美陈嘉庚研究会，2002年编印，第171页。
[2] 洪永宏编著：《厦门大学校史》（第一卷）(1921—1949)，厦门大学出版社1990年版，第151页。
[3] 《申报》1936年6月7日第15版，《申报》1936年6月9日第13版。
[4] 陈嘉庚：《南侨回忆录》，新加坡南洋印刷社1946年版，第18页。
[5] 《申报》1937年7月1日第16版。
[6] 阿诺德·汤因比：《历史研究》，刘北成、郭小凌译，上海人民出版社2005年版，第91页。
[7] 《负责任的政治人物》，《中国时报》1991年1月13日。

艰巨、难以负责等现实原因。继而教育部又出面与出生于台湾的闽南籍文学家许地山商洽，许地山刚刚受聘香港大学文学院主任教授不久①，也未能就任厦大校长。林文庆为私立厦大兢兢业业奋斗了16年，熟悉校情且办学卓有成就，教育部也曾有意请林文庆继掌校印，然而，68岁高龄的他认为自己已经完成在厦大的使命，决意告老还乡。

经过一番周折，校长人选聚焦于曾赴美留学、科研教学成就突出且行事精干的萨本栋身上。据《厦门大学校史》(第一卷)载："五、六月间，国民政府教育部与陈嘉庚商讨厦门大学改归国办过程中，考虑到陈嘉庚喜用闽籍人主持校政，经反复研究后选中萨本栋，并征求其意见。"②陈嘉庚认为"校长人选问题关系至巨"③，他甚至认为办好一所学校最要紧的是"慎择校长"④，对萨本栋接任该职，他给予了积极认可。他说："接教育部长来函，并委派萨本栋君为校长，订暑假时接收，余即函知林校长预备交卸，交卸后而七七战事已发生矣。"⑤

萨本栋对陈嘉庚和厦门大学并不陌生，陈嘉庚倾资兴学的伟大事迹早已深深印在其脑海之中。早在萨本栋年幼时期，其父萨君陆赴南洋考察侨生教育状况时，就曾登门拜访陈嘉庚，深切感受到陈嘉庚对教育事业的满腔热情。后来，萨君陆在福建创办闽省华侨公学，得到陈嘉庚的主动赞助，萨本栋的哥哥萨本铁还曾直接受教、受益于闽省华侨公学。⑥受家庭熏陶，萨本栋从小就耳濡目染陈嘉庚的教育思想和办学实践。萨本栋认为，陈嘉庚在昔日国

---

① 宋益乔：《许地山传》，海峡文艺出版社1998年版。
② 洪永宏编著：《厦门大学校史》(第一卷)(1921—1949)，厦门大学出版社1990年版，第157页。
③ 《厦大改国立将实现》，《申报》1937年7月1日第16版。
④ 陈嘉庚对校长的具体要求：(1)有道德，志在为国家社会效力；(2)有毅力；(3)能虚怀善用人，任人唯贤，不徇私情；(4)有众多学友等相知者帮助；(5)有责任心，不图清闲；(6)有真才实学；(7)历事多、经验足，能对付各种局面；(8)年富力壮，意志刚强。参见王增炳编著：《教育事业家陈嘉庚》，教育科学出版社1989年版，第362页。
⑤ 陈嘉庚：《南侨回忆录》，新加坡南洋印刷社1946年版，第18页。
⑥ 参见本书第一章"名门之秀"。

人草昧未开之时，竟独具慧眼，明烛先知，毅然力倡"救国必自教育始"，并排除万难坚持兴办厦门大学，萨本栋对陈嘉庚和厦门大学怀有深切的"同情之理解"，在国家民族危机日益深重、厦门大学生死存亡的时刻，迸发出一介书生勇于任事、敢于担当的精神！当教育部希望萨本栋就任厦门大学校长时，萨本栋欣然同意，他说，我们"应勿忘先生之事业，先生之精神人格，以及先生之识力眼光，时时引为楷模，时时求所以副先生之期望，庶无负先生拳拳祖国之忱，亦即吾人所以报答先生于万一也"①。

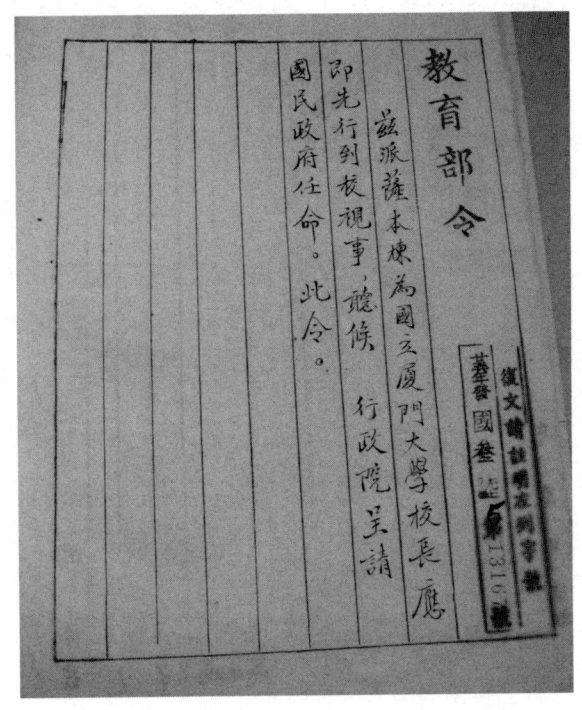

萨本栋校长任命令

1937年7月7日，萨本栋被任命为国立厦门大学校长第二天，"七七事变"爆发，日军大举入侵，严重国难突临。萨本栋在赶赴厦大就职的路途中，

---

① 萨本栋：《陈嘉庚先生莅汀欢迎词》，《厦大通讯》第2卷第9、10期，1940年11月9日。

紧张地思考复兴厦大的举措。私立转为国立过程中，厦大原有教师一半离校他就，专职负责学校行政事务的职工也严重紧缺。向教育部报到后，萨本栋以常人难以想象的全心投入、分秒必争的状态开始新的工作，频繁联系师友，想方设法为厦门大学"招兵买马"。据中央社北平16日电："厦门大学校长萨本栋，自奉到任令后，即于平津交通阻断之十一日夜，冒险离平赴京，接洽一切。顷获有电到平报告，业于十三日抵京，正向教育部接洽，并在京罗致教授，俟稍就绪，即赴厦就职。另闻关于接收厦大一事，将由教育部派员办理，俟接收后，再由教育部交萨主持。按萨系闽人，为萨镇冰侄孙……颇精干有为云。"①在他的积极努力下，学校很快新聘到如下职员：校秘书杨永修、彭传珍，校医廖超照，图书馆代主任曾郭棠，注册主任江再传，体育主任陈掌谔，文书股长何励生，会计股长高川梁。庶务股长正在联系拟聘中。②以上教职员都是一时之选，立马缓解了国立初期师资流失、校务停顿的紧张状况。以杨永修和彭传珍为例：杨永修毕业于日本东京明治大学商科，历任缅甸华侨中学校长、北京侨务局主事、福建罗源县县长、国立清华大学日文讲师，籍贯为福建海澄；彭传珍毕业于厦大教育学系，后赴美国哥伦比亚大学攻读师范，获硕士学位，历任福建省教育厅督学，福建省立第四中学、龙岩中学等校校长，籍贯为福建闽侯。

在艰苦的战争年代，萨本栋的老师梅贻琦也正肩负清华何去何从的历史重任。他对清华同仁说："在这风雨之秋，清华正好像一只船，漂流在惊涛骇浪之中，有人正赶上驾驶它的责任，此人必不应退却，必不应畏缩，只有鼓起勇气，坚忍前进。虽然此时使人有长夜漫漫之感，但我们相信，不久就要天明风定。到那时，我们把这条船好好开回清华园。到那时，他才能向清华的同仁校友敢告无罪。"③萨本栋此心此情与梅贻琦并无二致。萨本栋说："现

① 《厦大新校长萨本栋抵京》，《中央日报》1937年7月17日。
② 《改国立后之厦门大学》，《申报》1937年8月2日第11版。
③ 梅祖彦：《天南地北坐春风——怀念先父梅贻琦校长》，《永远的清华园——清华子弟眼中的父辈》，北京出版社2000年版。

在不是推诿责任的时代","事无大小,我都要亲为或与闻"。①他以高度的责任感满腔热忱地投入厦门大学繁重的行政事务中。

1939年1月2日,重庆《新华日报》发表《汪精卫叛国》,声讨汪精卫叛国降日罪行。萨本栋立即通电重庆中央社,发表《力辟汪氏谬论》和《怒斥汪逆》的通电:

萨校长暨全体教授通电力辟汪氏谬论②

本校萨校长暨全体教授,以汪兆铭通电主和,不胜骇异,特发出灰电,誓拥护中央既定国策抗战到底,兹录原电如下:(衔略)顷见报载,汪兆铭潜身异国,通电主和,不胜骇异,同人等职在教育,对于国是,深信主持有人,本不必多所论列,顾以汪电措辞悖谬,迫以义愤,如鲠在喉,区区芹曝,不能自已,窃以汪氏所为,其谬有三,迩来敌人身陷泥淖,无法自拔,外震于国际之危言谠论,内困于经济之捉襟见肘,故多方煽惑,诱我速和,而我则愈战愈强,愈得多助,以言国人,则团结愈固,以言友邦,则同情愈显,最后胜利,左券可操,不于此再接再厉,益求奋振,而乃肆其簧鼓,附和敌仇,昧厥时机,摇惑视听,其谬一也。敌人谋我,积数十年,虽口号屡更,而处心则一,苟有共存共荣之诚意,何来率兽食人之凶焰,试观近卫申明,一则曰:东亚协同体,再则曰:华北驻兵,内蒙设为特别区;三则曰:共同防共,以此较之广田所谓三原则,不但唯阿相从,抑且变本加厉,据此言和,则十八月之抗战,全属妄举,数百万之生灵,系于虚掷,理智不清,利害不明,其谬二也。大政治家对于国是有所主张,必当光明正大,挺身陈词,苟利于国,死生以之可也。况汪氏身膺党国重寄,有何难言,不敢详尽,乃必弃职潜逃,置身外人卵翼之下,然后发电,举动暧昧,行为卑怯,其谬三也。综此三点,同人认为汪氏此举,实属丧心病狂,置国家民族于不顾,用特电达,并誓拥护既定国策,抗战到底,伏祈垂察。国立厦门大学校长萨本栋暨全体

---

① 厦门大学校史编委会:《厦门大学校史资料》(第二辑),厦门大学出版社1988年版,第40页。
② 《厦大通讯》第1卷第2期,1939年2月1日。

教授叩灰。

此事为萨本栋提议，代表了当时大批爱国知识分子誓死捍卫国家主权、坚持抗战到底的决心，反映萨本栋"苟利以国，死生以之"的一贯主张。

二、延续文脉　选址长汀

"文脉"一词，最早源于语言学范畴，从狭义上解释即"一种文化的脉络"。美国人类学家克莱德·克拉柯亨对其定义是"历史上所创造的生存的式样系统"。陈嘉庚曾多次提及，之所以创办厦门大学，一个重要原因与发展福建高等教育有关，"本省（福建省——引者注）当时我看到不但省教育水准很低，即南洋的侨胞也不容易得到受教育的机会。我觉得祖国的同胞就使终身没有教育，到底还不失为中国人，而遥寄海外的侨胞则不然，他们不受教育（祖国的教育），他们就要被外人或土番所同化，这是一个多么可怕的危机，为着祖国前途，为着南侨的前途，倡办教育，这不是十分迫切的吗？"① 他认为，"吾闽僻处海隅，地瘠民贫，莘莘学子，难造高深者"②，相比之下，"念邻省如广东江浙公私立大学林立，医学校亦不少，闽省千余万人，公私立大学未有一所，不但专门人才短少，而中等教师亦无处可造就。乃决意创办厦门大学"。③ 厦门大学创校史揭示了其独特的文化脉络之源：一是私人捐资兴学，二是为东南特别是福建培养专门人才以及为南洋华侨接受高等教育服务。

萨本栋到任后，一方面"特设嘉庚奖学金若干名"以使陈嘉庚捐资兴学的精神"动垂久远"。同时，萨本栋呈请教育部"为纪念对本大学有特殊功绩者，并使其继续扶助以求发展起见"，特设"国立厦门大学咨询委员会"，他亲自拟定章程，明确规定"陈

---

① 戴光华：《嘉庚先生在母校演讲词》，《厦大通讯》第2卷第11期，1940年11月9日。
② 《陈嘉庚亲拟之筹办厦门大学通告》，《东方杂志》第16卷第12号，第198页，转引自《校史资料选辑》（第一辑），内部刊印，1986年，第4页。
③ 陈嘉庚：《南侨回忆录》，岳麓书社1998年版，第13页。

嘉庚、林文庆为永久咨询委员,教育部代表、福建省代表和厦大校长为普通委员",委员会有如下职责:"(1)议决本大学校长所提出陈嘉庚讲座之人选;(2)议决本大学校长所提出领受陈嘉庚奖学金学生之名额;(3)对于本大学校务得提出建议于学校;(4)对于处分厦大原有校产时行使同意权。"①厦大转为国立后,陈嘉庚创立的捐资兴学的"式样系统"得到了进一步强化。

私立时期,相比于清华、北大、复旦、浙大等高校,厦大受东南(主要是闽南)地域文化影响深远。一方面,呈现出自己独具特色的区域性特征:(1)生源特色:虽在全国招生,但历年学生统计,以东南各省特别是闽籍学生为主,其中闽籍占近2/3,其他依次为浙江、广东、江苏、江西等省。②(2)华侨特色:厦门地处东南沿海,是南洋华侨(多为闽粤两省人士)主要进出通道,厦门大学为其子弟接受教育提供了极大便利,办学水平也得到他们的广泛认可,"历年毕业生中华侨子弟居多"。③(3)学科特色:学科建设上厦大针对闽省特别缺乏师资和教育人才的现实,特别重视教育学科的设置,如在1930年教育学院设有教育原理、教育心理、教育行政、教育方法等四学系。另一方面,学校根据临海优势,设置生物学科,成就突出,其海洋生物研究所名闻中外。④20世纪30年代初期,厦门大学形成面向华侨、面向海洋、注重实用、注重研究的办学特色,发展为各项设施相当完备的"闽南最高学府"⑤。厦大打上了浓郁的"闽省"烙印,闽省文化孕育渗透成为厦大文脉的重要滋养。

萨本栋对私立厦大的创办史和陈嘉庚的教育理想有着深刻的理解。抗日

---

① 《国立厦门大学咨询委员会章程》,厦门大学档案馆,案卷目录号026-6。
② 《厦门大学教职员暨学生姓名录》(1936—1937),厦门大学档案馆,案卷目录号061-036,转引自石慧霞:《抗战时期的厦门大学——民族危机中的大学认同》,厦门大学出版社2012年版,第66页。
③ 曹天宇:《厦门大学与华侨之关系》,《厦大周刊》1932年第21期。
④ 厦门大学海洋生物研究室:《民国廿四年度工作报告》,《厦大校史资料》(第一辑),厦门大学出版社1987年版,第149页。
⑤ 宋秋蓉:《近代中国私立大学发展史》,陕西人民教育出版社2006年版,第116页。

战争全面爆发后，大部分高校纷纷计划或者已经迁往西南内地，厦门处于战火严重威胁之下，厦大校址又处战略要地，教育部也迅急发来电报①，内容如下：

>查国内一切最易受敌人攻击之地区，极应迅作准备。该校应斟酌情形，分别如下列之处置：受外敌轻微袭击时，应力持镇定，维持课务，必要时得为休课；即速择定比较安全之地区，预为简单临时校舍之布置，以便于战事发生或逼近时量为迁移或暂行归并或暂行附设于他校。必要时可暂行停闭。

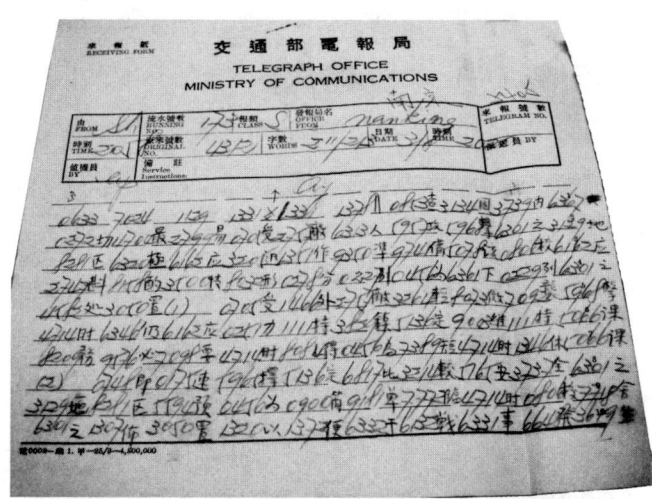

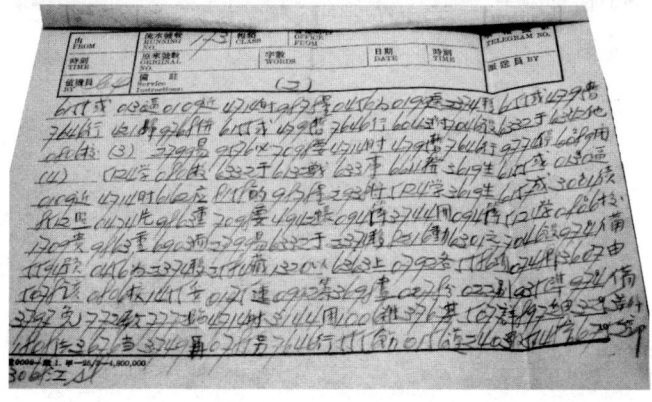

教育部部长王世杰发给萨本栋的电报（1937年8月3日）

---

① 1937年8月3日，教育部部长王世杰发给萨本栋的电报，厦门大学档案馆藏。

校内人心惶惶不安，师生议论纷呈，许多人认为抗战非短期所能结束，为求一劳永逸，厦门大学应随国内其他高校迁移到西部或西南大后方。萨本栋富有战略眼光与不畏艰难的魄力，他认为"东南半壁的高等教育，还需要维持，所以决定不随潮流远徙"。为了统一思想，在公开的报告和演说中，他经常谈到厦门大学选择校址的原则："要留在东南最偏远的福建省内，以免东南青年向隅；要设在交通比较通达的地点，以便利闽浙赣粤学生之负笈；新校址的环境，要比较优良，以使员生得安心于教导与求学。"①萨本栋选址迁校的原则与陈嘉庚创校之初历尽艰辛在福建创办厦大的设想一脉相承。

萨本栋嘱咐有关员工将图书、仪器、标本等尽快装箱，为迁校做准备。同时在鼓浪屿②借闽南职业学校部分楼屋设临时办事处，借英华中学的部分校舍作为学生宿舍和教室。在以维持学业为先之时，萨本栋也在时刻观察政局，他敏锐地注意到"敌人应付华北与淞沪方面，已有疲于奔命之势，厦门于军事上尚非必争之区"，故"决定一面维持上课，一面继续进行筹备内迁"。经与福建省政府商议并征求校内教师意见，特别是根据创校时即在校工作的教务长周辨明的建议，萨本栋派秘书杨永修随周辨明两次赴闽西长汀勘察校址。结果，发现"该地虽无现成校所可资应用，但若从事新盖，则城外空地尚多。至于临时校舍，则已承驻汀福建第七区秦专员允借其新修公署之一部分为本校暂时之用"。于是，"外察时局现势，内审地方情形，遂决定积极进行内迁长汀"③。

长汀，又名汀州，位于福建西部汀江上游，为闽赣两省的边陲要冲。这里气候宜人，物产丰富，丛山之中多盆地，粮食供应较充足。相传汉代置县后，从盛唐至清末均是州、郡、路、府的所在地，亦是福建客家首府。在悠久的历史中，长汀不仅留存了许多珍贵的文物古迹，还留下文化名人如张九

---

① 萨本栋：《开学词》，《厦大通讯》第 3 卷第 10 期，1941 年 10 月 25 日。
② 当年鼓浪屿是公共租界。
③ 《向教育部呈报内迁动机、筹划、经费等》，1937 年 11 月 7 日至 1939 年 7 月 22 日，厦门大学档案馆，案卷目录号 062-003。

龄、朱熹、文天祥、纪晓岚的足迹，民间流传着的许多文人轶事，也为长汀积聚了深厚的文化底蕴，它曾是闽西政治、经济、文化中心，有"东南小上海"之称。宋元丰六年（1083年），汀州太守陈轩的《咏汀诗》云："一川远汇三溪水，千嶂深围四面城。花继腊梅长不歇，鸟啼春谷半无名。"以汀州府处于千嶂之中，山峦叠翠，四周筑有城墙，又有"高城固壁"之称①。据人类学家、厦大教授林惠祥（1926届厦大毕业生）在长汀的考察，发现新石器时代文化遗址200多处，证明了远在4000年以前就有古闽越族人在长汀繁衍生息，是福建古老的文化摇篮之一。②

为了使迁汀工作能够顺利有序地完成，萨本栋多次召集校务会议。根据当时的记录统计，前后共召开四次校务会议（1937年11月7日—1938年1月11日），详尽讨论迁校的规划，从听取赴汀考察报告、确定迁汀时间、师生分组安排、申请经费补助到图书仪器搬运等问题广泛而细致地征求意见，③对各项事宜都做了周密的安排，最后迁汀计划获得师生一致赞同和认可。在此过程中，萨本栋表现出超乎寻常的镇定并付出艰苦卓绝的努力。仅以赴汀"通行证"的申请为例：特殊时期，为了保证师生、图书、仪器等在迁汀路途中的安全，人、财、物均须有省政府专门签发的"行旅护照"和"运行护照"，申请护照均需萨本栋亲笔书写的信函。护照需经多个机关审批，尤其是图书仪器等设备。当时厦大共计有1000多箱图书仪器由厦门经龙溪—南靖—和溪—适中—龙岩—新泉—朋口—河田，到达长汀。④萨本栋先后给第七十五师司令部、水警第二大队部、福建省第六区行政督察署、厦门海关监督署、厦门海关税务司、厦门警务司令部等十余个部门亲笔发函，请予以签发通行证并予以随行保护。由于交通不便，书信困难，有时领到通行证时，有效期已

---

① 长汀县地方志编纂委员会编：《长汀县志》，生活·读书·新知三联书店1993年版。
② 石慧霞：《抗战时期的厦门大学——民族危机中的大学认同》，厦门大学出版社2012年版，第100页。
③ 详见《厦门大学校务会议记录（一）》，1937年12月11日，厦门大学档案馆，案卷目录号055-20。
④ 《漳州至长汀路线图》，厦门大学档案馆，案卷目录号055-17。

过,需重新申请,仅此一项,查厦门大学的档案资料,萨本栋写给省、市政府和相关部门的亲笔信件就有厚厚的一本。①有些图书因故只能沿途寄放在私人住所,为避免"或有未知致生枝节",萨本栋多次写信给当地主管部门负责人,恳请支持和予以保护。不用说刚转为国立的厦门大学还有多少需要紧急协调之事,单此一项,不知耗去萨本栋多少精力和心血。

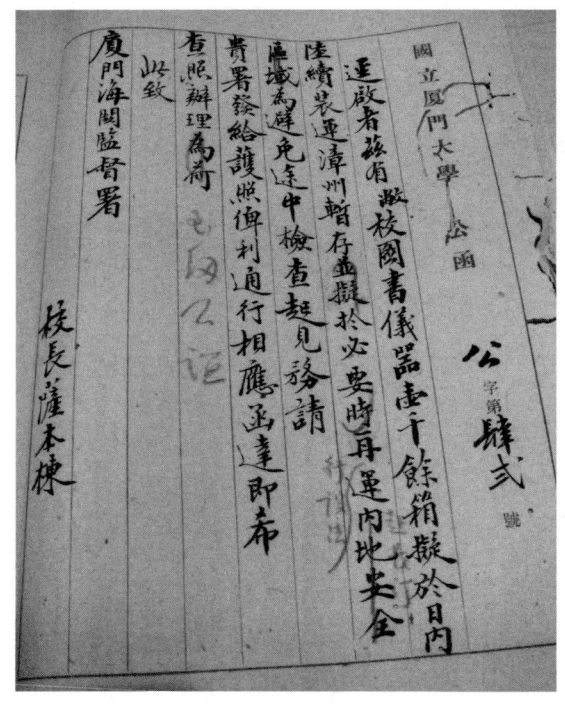

萨本栋修改写给厦门海关监督署信函的原稿

资料来源:厦门大学档案馆,案卷目录号 055-12。

为确保安全有序和大家的情绪振奋,萨本栋制定并颁布了系列"迁汀大纲",如"厦大教职员旅行团办法大纲"和"厦大教职员旅行团办法补遗"等,这些无声的档案文字,掷地有声、铿锵有力地述说着民族危机中一位大学校

---

① 《请发迁移护照》,厦门大学档案馆,案卷目录号 055-12。

长的人文关怀及对教育事业的坚守。

厦大教职员旅行团办法大纲（摘要）①

1. 行李每人限定两件随行，约共重45磅；
2. 不须随带之行李可交事务处代运长汀或寄存本校；
3. 教职员旅行团按车辆编为四组，每组以22人为限出发时按组号先后为序；
4. 每组人额满后即行召集开会加以组织，每组除举一负责人外，分膳食、卫生、住宿、行李（包括车辆）、娱乐五股，每股两人担任（可与他组同股人员商定办法）；
5. 为增加旅行期间之兴趣，各教职员务请充分预备娱乐节目，如游戏、笑话、猜谜、故事、歌诗等以便随时贡献；
6. 除请医药课代备救护及寻常药品外，尚望各人自备多少便药；
7. 上车时如能自备椅垫（或枕头），放于自己座位上，则车行时较觉舒适；
8. 此次全体同人作长途旅行实属难得机会，应多拍照片留为纪念。如同人中有像机随带者，可请总务处代办像机护照；
9. 各人随行行李自作特别标记，以便易于辨认。

举校内迁事务紧张而庞杂，然筹划工作系统而周密，就连非学校正式员工、私立时期②就开始在厦大开理发店的刘师傅，也听从萨本栋的建议，整理理发店工具器材，随同学校图书、教学仪器一起迁移长汀。在长汀，萨本栋设法给刘师傅安排了一间小屋作为理发店，满足了全校学生和教职工的理发需求，小小理发店与厦门大学同患难共命运，一起经历艰苦卓绝的抗战岁月，显示了厦门大学师生抗战必胜的坚强决心。

1937年12月24日，"重生"的厦门大学全体师生渡过鹭海、九龙江及十几条溪流，越过多座崇山峻岭，长途跋涉800里，于1938年1月12日先

---

① 《厦大教职员旅行团办法大纲》，厦门大学档案馆，案卷目录号055-19。
② 1932年厦大理发店成立。潘懋元（1940级教育系学生）访谈记录，2014年8月16日于潘先生家中。

后有序地抵达闽西长汀。"萨校长和教师们暂住在破旧的长汀饭店，学生宿舍安排在县孔庙旁一列一二十间平房（100多米长），每间宿舍住八人，通道中间置两张小桌。孔庙大堂的大成殿，成为学校的大礼堂，两旁的大走廊隔离成多间教室。"①厦门大学像一个"难产的婴儿"②，经历了不安的困苦遭遇，终于化险为夷地生长起来。内迁高校中，"平、津、京、沪各地之机关学校，均以变起仓卒，不及准备，其能将图书仪器设备择要移运内地者，仅属少数，其余大都随校舍毁于炮火，损失之重，实难数计"③。厦大是准备较为充分，从容地完成迁校过程的少数高校之一。

师生安全抵达长汀后，行装甫卸，便在长汀城内外展开抗敌宣传活动。1938年1月16日，全校近200位学生分成20队，出发到城关各大街小巷进行宣传演讲。同学们以激昂的感情，罗列形象的事例，运用通俗的话语、高昂的声音向长汀民众控诉日寇对我国的侵略罪行。这是自"七七事变"以来，古老的汀州首次发出抗战的声音。每一条较为热闹的街道都挤满了人，人们聚精会神地听着，人群中不时响起抗日救亡的口号声，使整个汀城内外充斥着"打倒日本、打倒日本……"的咆哮声。④1月17日，厦门大学即开始复课，2月28日起各系严格举行1937年度上学期的学期考试。⑤

1938年4月6日，全校师生迎来十七周年校庆。这是厦大改归国立、内迁长汀后的第一个校庆纪念日，当地军政党各界人士、校友、在校师生近千人参加了纪念大会。

---

① 陈诗启（1937级历史系学生）访谈录，2002年8月20日。
② 1939年，著名语言学家周辨明写道："有人说两年前厦大改为国立是一个重生的开始，我觉得这'重生'两字是十分有意义的。……假如我们把国立后的厦大喻为一个难产的婴儿，也未尝不可。"详见周辨明：《厦大迁汀两年来之变化》，《唯力》旬刊第2卷第7、8期合刊，1939年7月7日。
③ 教育年鉴编撰委员会：《第二次中国教育年鉴》（第一编），商务印书馆1948年版，第10页。
④ 陈诗启（1937级历史系学生）访谈录，2002年8月20日。
⑤ 洪永宏编著：《厦门大学校史》（第一卷）(1921—1949)，厦门大学出版社1990年版，第160页。

萨本栋与师生、来宾在长汀文庙大礼堂前合影（1938年4月6日）

萨本栋认为，在日军大举入侵我国的时刻坚持举办厦大校庆，一方面是向日本侵略者宣告厦大弦歌不辍的坚强决心和信心，另一方面也是凝聚人心、在山城长汀重振厦大的重要契机。他在校庆前做好充分的考虑和安排。这一天，他身着中国传统正式礼服，主持嘉庚楼奠基典礼。全体来宾和师生参加了在长汀文庙大礼堂举行的庆祝大会，萨本栋详述"陈嘉庚创办厦大的苦心，及其坚毅卓绝的伟大精神，号召全校师生更加努力，继承校主的精神，奋斗到底，以求本校的发展"[①]。校庆日，一系列抗战话剧上演，令山城人民热血沸腾，同仇敌忾。

校庆期间，萨本栋倡导一系列丰富多彩的文体活动，举办了厦大在长汀的首次体育运动大会。其时，厦大刚到长汀不足3个月，文体设施奇缺，开

---

① 《十七周年校庆与长汀嘉庚堂奠基》，《唯力》旬刊第4期，1938年4月13日。

运动会，没有跑道，没有沙坑，但这一切都难不倒萨本栋：田径以越野赛跑代替正规比赛。足球既没有场地，又没有对手，就在公园草坪上画下白灰线，树起"城门"，组成两队比赛，一队称"厦队"，另一队称"大队"，结果"大队"以4∶1胜"厦队"①。以后，厦大在长汀年年赛事不断，后来在长汀修建了正规的跑道、足球场等，活跃了学术生活。厦大内迁闽西长汀，在祖国东南最逼近前线的战区为师生创设了安谧自由的大学环境，延续了大学的文脉，使得厦大成为战时东南声誉卓著、特色鲜明的大学。

萨本栋积极发展华侨特色教育，鼓励华侨子弟归国就学。厦门大学"添收华侨特别生，其海外归来学年程度有未能适合试验规定者，令分科旁听，教授特为讲学，至相当时期，插入各系"②。为了保证华侨生的相关权益，在萨本栋的努力下，"酌收华侨特别生若干名"正式写入了《国立厦门大学组织大纲》和《国立厦门大学教务通则》。《通则》第九章规定：

第七三条　本大学为鼓励华侨子弟归国就学，并发展华侨高等教育起见，设华侨特别生，每年以十五名为限。

第七四条　凡华侨子弟最近两年侨居国外，并具有高中毕业之同等学历，经各侨居地所属之中华民国领事馆证明属实者，得请求为华侨特别生。

第七五条　请求为华侨特别生者，所应填缴之文件另定之。

第七六条　请求为华侨特别生之一切文件，应于每年八月一日前寄到本校，以便审核。逾期收到者，其申请书即归入下年度审查。

第七七条　华侨特别生入学后，在第一年内必须选修国文及中国通史。

第七八条　华侨特别生于修完第一学年全部课程悉数及格时，得免受入学试验改为正式生，其应编入之年级依其已得之学分定之。

第七九条　华侨特别生，应遵守本大学一切章则。

第八十条　华侨特别生，所受待遇及应纳之费用，除有特别规定者外，

---

① 《厦大通讯》第1卷第1期，1939年1月1日。
② 《国立厦门大学组织大纲》，厦门大学档案馆，案卷目录号026-6；《改国立后之厦门大学》，《申报》1937年8月2日第11版。

与正式学生同。

第八一条　华侨特别生肄业满两年,而仍未能改为正式生者,本大学得令其退学;其已修学程,如成绩及格,得发给成绩证明书,但不给其他证明书。

三、融入当地　共赴国难

抗战以前，我国大部分公私立院校都分布在经济较为发达的大都市，抗战开始后，高校纷纷内迁至经济文化相对落后的边远地区。内迁于福建长汀的厦门大学一度成为粤汉铁路线以东唯一的国立大学，也是最逼近战区的唯一国立大学。① 作为校长，萨本栋深谙办学环境的巨大变化无疑在师生心中产生重大的影响，顺利地适应新环境，是厦门大学内迁举措成功的关键。为了使师生尽快融入山区生活和社会环境，萨本栋号召师生以开放、接纳的心态了解、认识和亲近长汀，参与到建设长汀的行动中。萨本栋告诫师生，"到了一个新地方，要先了解当地的风土人情，要谋改革方法，不要自视太高，目空一切"；"移入乡村，不当常说'这地真糟，什么东西都没有'，应时时想'此处尚好，还有不少人物'"②。

迁汀之初，校内一直有各种各样的"同乡会""族亲会"等组织，对此，萨本栋公开表示反对，他在多次演说中讲道，"在本校内，绝对不容许有地域的成见，换言之，一切省县界在本校中都不存在"。他说，所有学生都应时刻提醒自己，是中华民国的国民，在现在外患未艾的时候，惟有"群策群力，不分疆域，才能恢复祖遗的河山。如因毫无意义的地域观念，自分派别，不相合作甚至于彼此攻讦，那不但是每个人自身成功的大阻碍，也将妨害我们恢复国土大事业"③。

---

① 洪永宏编著：《厦门大学校史》（第一卷）（1921—1949），厦门大学出版社1990年版，第176页。
② 洪永宏编著：《厦门大学校史》（第一卷）（1921—1949），厦门大学出版社1990年版，第162~164页。
③ 《萨校长开学词》，《厦大通讯》第3卷第10期，1941年10月25日。

萨本栋认为，师生产生不适应乃至不和谐的根本原因是地域偏见和家族观念，而这种思想观念同样存在于社会民众的心理中，"不是同族同姓的，就加以排斥"，"在一个家族之中，团结得像一粒沙颗那样的坚固；而对于整个的国家民族，都好像一粒一粒坚固的沙颗，散漫地放在盘里那样的不团结"。他赞同厦大刘丁教授的观点，"日本帝国主义是我们的敌人，和我们势不两立，我们认为好的，在他们的眼中看来，就是最碍眼不过的。'以华制华'的政策，是日本惯用的伎俩，过去的内战，多半都是受了这个狠毒的政策所支配。他们最怕的是我们携起手来……我们为达到民族解放的目标，偏要揣紧手儿。我们知道一松了手，横在我们面前的，只有死路一条"①。民族危亡关头，去除地域偏见和家族观念非常紧要，在萨本栋看来，于国，这关系到民族能否解放；于校，这关系到厦大师生能否齐心协力共渡难关。

然而，由于社会环境等多方面原因，同乡会组织在校内屡禁不止。1941年学生毕业典礼上，萨本栋再次表达了他对地域观念的担心："目前国人有两个通病，第一就是家乡的思想太深，与个人的利害看得太重。记得当着厦门陷落的时候，闽南的人们，惶惶不可终日，福州失守的时期，闽侯的人们，亦复如是。等到太平洋战事爆发，南洋的重要城市，相继陷于敌手，华侨与倚靠侨汇的人们，亦大为惊慌，在家乡未失陷之前，许多人还不认识我们的国家正在与极毒狠的敌人作生死存亡的战争，他们的生活和行动，仍是投机取巧，等到炮火燃烧到自己的门口，又复只顾一己的利害，这种思想与行为，若不改变，我们必定会弄到种灭国亡，以及于家散身死的地步。我们必须记得如果国亡，家于何有，国不亡，家虽毁，也有复兴的日子。"②

1943年10月，萨本栋特向全校师生发布了一项通告："查地域观念原属专制时代之遗毒，弊之所及大可陷国家于分裂之局，小之会滋私人间无谓之纠纷。且兹抗建期间，全国人民更应勠力同心共赴国难，安得巧立名目自相离

---

① 刘丁：《给长汀青年的一封信》，《唯力》旬刊第1卷第3期，1938年4月3日。
② 《萨校长开学词》，《厦大通讯》第3卷第10期，1941年10月25日。

析？本校对于有地域性质之组织向列为严禁，闻校中学生仍有在外加入或主持所属各地旅汀同乡会者，定属违反本校立校之精神，兹特郑重告诫本校学生不得参加此类团体，其已加入者务须立即退出，否则即以不受教导论。"①他号召同学们认清时代的变化，"帝国主义的践踏压迫，血和泪的教训，已经够你们警醒了。我们不要轻易摆脱掉这大时代所赋给我们的责任。我们要做个有血肉有骨气的人……和你们一样生长在乡村的青年，是占全国青年中的最多数，你们的力量最大，所以你们更要认清努力的目标，深入民间和到农村去！"②

在萨本栋坚持不懈地引导下，一届届同学逐渐摈弃地域局限，通过开放民主的方式参与社团活动。在长汀，每届学生通过投票选举，组织了在校内颇有影响的各学科学会和全校性的生活促进委员会。这些组织定期深入乡村宣传抗战、考察民情、调研实践。1938年3月，在萨本栋的支持下，厦门大学教育学会对长汀地区的教育情况进行了详细调查。调查后认为有必要组建一所民众训练班，在该地区推行战时教育。不久，即成立战时民众训练课程纲要起草委员会和战时民众训练教材编辑委员会，分如下各部：战时锻炼体格之部；合作课程之部；农事建设课程之部；战时前后方常识训练之部；义务征兵制课程之部；发扬国防文化课程之部；战时歌咏课程之部；战时妇女任务课程之部等。③此外，厦大司法学会为提高会员的服务意识和为长汀民众谋福利，特设立了"民众法询问处"，为"一般贫民"做法律顾问；1939年5月4日，为了纪念"五四"运动20周年，"厦大后方服务团领导全长汀的文化青年，于'五四'的夜晚，举行火的巡礼……队伍中不时透露出雄伟的大合唱，震彻了或近或远的山谷"④令长汀人民难以忘怀的是，1939年6月22日，"下午一时三架寇机窜入长汀市空，滥投炸弹。敌机遁去后，水东街一带忽发生火警，斯时也，警报尚未解除，情况万分恶劣。本校员生自萨校长以

① 厦门大学档案馆，案卷目录号032-3。
② 刘丁：《给长汀青年的一封信》，《唯力》旬刊第1卷第3期，1938年4月3日。
③ 《明耻教战求杀敌　教育学会设民校》，《唯力》旬刊第1卷第2期，1938年3月23日。
④ 莫凭栏：《青年节火的巡礼》，《唯力》旬刊第2卷第2期，1939年5月11日。

下，均奋不顾身，入火场抢救。赖当地军警通力合作，不二句钟，火势即杀，被灾同胞莫不表示感谢"①。

在理解百姓疾苦、融入民众生活的同时，萨本栋也鼓励师生切实解决现实问题。萨本栋观察"以前中国文人，常以劳心者治人自居。处在机械化时代，只能用脑而不会用手的人，在许多方面，他的机会和地位，都受限制"，"中国读书人最大的毛病，就是用脑不肯用手"②。在萨本栋的推动下，厦大教师更加紧迫地认识到人才培养要联系实际、服务当地，这对于民族兴旺、国家昌盛具有重要的基础性作用。迁汀不久，厦大化学系师生共同试制成一种新工艺，在土纸浆中调配松香皂液和明矾，成功研制"改良纸"。这种改良纸改进了原来长汀土纸只适宜墨汁毛笔书写，不适宜钢笔书写的不足，书写即干，胶性持久，不会透水，适宜钢笔书写和印刷。邻省争相来长汀购买，改良纸深受好评，适应了社会需要。③1938年12月，学校各院系呈报的实际问题研究达25项，其中，关于长汀等福建县市问题研究就达10项。

表3-2　1938年厦大师生研究长汀有关问题汇总

序号	院系	教师姓名	职别	研究问题	助理研究之学生数	研究计划及步骤	研究期限
1	文学院历史系	谷霁光	副教授	龙岩上杭之计口授田	3	1. 利用寒暑假时间往龙岩上杭实地考察并调阅卷宗，先做一精详报告 2. 龙岩上杭实行计口授田有地狭人殷之感，但江西各县则人少田多，故须予以比较研究 3. 历史上计口授田之例极多，亦可作为参考，为有系统地讨论于现代问题历史问题两者有益	一年

① 《抢救火中的长汀》，《唯力》旬刊第2卷第6期，1939年6月21日。
② 萨本栋：《开学词》，《厦大通讯》第3卷第10期，1941年10月25日。
③ 李阳民：《抗战时期长汀的工业与手工业》，《长汀文史资料》第26辑，1995年，第65页。

续表

序号	院系	教师姓名	职别	研究问题	助理研究之学生数	研究计划及步骤	研究期限
2	理学院数理系	黄启显	副教授	1. 土壤之物理学性 2. 长汀近边出产之木料之特性	2		一年
3	理学院土木系	俞浩鸣	副教授	改良长汀县容	13	长汀为旧日府城,街道狭小污秽,拟从调查与测量着手,以采用近代城市设计原理而能保留原有幽静为原则,使交通便利街容整洁,计划向长汀县府建议改良实行	两年
4	理学院化学系	刘椽	教授	1. 酒精为内燃机之燃料 2. 植物油为制汽油之原料	2		两年
5	理学院化学系	王宗和 陈允敦	教授 助教	福建长汀附近之硫磺能否为制造硫酸之原料	2		
6	理学院生物系	金德祥	讲师	1. 长汀动物寄生虫 2. 长汀竹蝗	1	1. 开始不久,希望在3～4年内告一段落 2. 对于除蝗的方法已详载于报告中	
7	理学院生物系	顾瑞岩	讲师	1. 长汀栗树害蛾之生活史及其防治的研究 2. 长汀樟树虫的生活史及其产丝利用改良之研究	2	1. 注重生态的防治及利用土产药剂;生活史与防治同时进行 2. 关于产丝利用改良之研究,拟与化学系同事合作	已研究半年,尚需年半可有结果
8	商学院商业系	黄雁秋	教授	县地方会计制度	10	拟以福建县地方为根据,参酌各省县地方情形,分别财务行政及会计审计诸端作有系统之研究	半年

资料来源:根据厦大档案馆资料卷宗号028-8汇总整理,转引自:石慧霞:《抗战时期的厦门大学——民族危机中的大学认同》,厦门大学出版社2012年版,第146~151页。

在古老的长汀城,厦大新建的教室和宿舍散落其中,长汀成了新兴的文化城。每逢厦大排演抗战话剧,长汀人辄扶老携幼,蜂拥而来,座无虚席。远在江浙一带的青年更是不怕长途跋涉,纷纷奔到长汀厦大来求学,一向寂寞的山城变得热闹而充满文化气息！一位当年在长汀读书的学生回忆道[①]：

> 母校于1937年12月开始迁来长汀。长汀虽昔为闽西首府，可是因为交通不便，以及民国改元后，经过几次的严重的兵燹，弄得社会秩序紊乱，一切生产、建设、文化等，都异常落后，但是最近两年来，长汀社会进步，却一日似有千里之势。这虽然是靠全社会每个有力分子共同努力的结果，可是，母校当此抗战建国，站在东南最高学府的岗位，曾经尽其最大的努力，为推进长汀社会各种因素中最有力量者之一，这是谁也不能否认的事实。现在把母校迁汀后，对于长汀社会的影响最大而且最显然可见的，约略分述如下，
>
> （一）教育：母校最初迁到此地的时候，长汀全县只有省立长汀初级中学一所，初级小学也极少数，其余的多是私塾。至于受高等教育的人，谅也有限，在母校里面读书的，即无一个长汀人。但是二年来，长汀教育的进步却极迅速。不但原有的省立初级中学加办高中，增多级数，而且去年还创办了一个朝气蓬勃的长汀县立初级中学，主持该校的第一任校长，即是母校毕业同学潘懋鼎先生。全县小学方面也增办了不少；私塾好象已经绝无仅有，不象我们初到时，随处列见，另外受高等教育的人数，谅也增加了好几倍，这从母校里面长汀籍的学生，由无而有，且逐年增多，可以为证。此外，教育学系，商学系还创办了许多民众夜校；各学系又时常举办公开的学术演讲会、辩论会、展览会、游艺会等，这些不但对于长汀民众一般的教育有相当的贡献，而且还会引起他们对于科学的研究发生很浓厚的兴趣。
>
> （二）出版：长汀在二年以前，根本没有出版物，连报纸也没有，母校迁汀之初，深感及此，乃由同学轮流从无线电收音机中听取时事新闻，抄写壁报公布于通衢大道，民众听闻为之一新。嗣由母校战时后方服务团主持出版定期刊物《唯力》，风行一时，突破了长汀出版界一向沉寂的空气。接着旅汀厦大同学会出刊《厦大通讯》月刊。后来更由母校各方面协力创立了汀江日报，消息灵通，畅销闽赣。最近该报改为中南日报，亦由毕业同学罗翰君主

[①] 《母校迁汀后对于长汀社会之影响》，《厦大通讯》第2卷第3、4期，1940年4月20日。

持，该报出版学术副刊多种，每周一期或一周数期，概由母校教授及各学会负责主编，以通俗文字表达典奥学理，深入浅出，机趣横生，极受一般社会人士之欢迎，兹特将各刊名称及主编者采志于后：

语言文字导刊	由教务长周辨明博士主编
教育周刊	由李培囿教授主编
科学	由谢院长玉铭主编
商学	由冯院长定璋主编
经济	由黄开禄教授主编
闽赣话余	由魏应祺先生主编
巨图	由中国文学会主编

（三）经济建设：母校每年二三十万的经常费，全数都消费在长汀，而全校同学三百六十余人，每人每年以三百元计算，全年十数万的金钱，也都在长汀的市场消费了，于是长汀的市场繁荣，各项崭新的建筑出现了，从断瓦颓垣的荒址上矗立起新式的洋房，在民众们古老因袭的中式建筑中，起了绝大的变化与影响，其他如新式公园之开辟，清整旅社之成立，旧式马路之改造，虽为县政当局之努力功绩，而母校之帮助与影响，亦为不可否认之事实。现在这七闽穷处的古老荒废的长汀，具备了新兴都市的气象了。

（四）体育：中国人向来是尚文轻武的，甚至小孩的游戏，也要加以禁止的，所以对于体育运动很不注意，长汀也不例外。记得在母校初迁长汀的时候，同学们穿起运动衣裤，到运动场上跑跳踢打的时候，路经街道的君子们，尚认为是奇装异服，为之摇头叹息不置，但是经母校在汀二年的提倡，多次举行球类比赛，越野赛跑等等，便引起长汀社会人士对体育运动的兴趣，尤其是女子体育运动方面，更是显而易见的突飞猛进。因为吾国女子，向来在重男轻女的气圈中，被压迫得喘不过气来，她们只能正正经经，规规矩矩守在闺房里，不准抛头露面，至跑跳运动，不消说她们无法尝试，所以母校初迁到长汀的时候，教职员先生们，同他们的太太，或男同学与女同学们，都是手拉着手，很亲热的在街道上并肩着跑，本地人士，大都认为有伤风化，太息不置，听说萨校长当时还接到许多匿名的警告信呢！然而经过二年来的努力，在萨校长太太领导之下，破天荒的举行多次竞赛运动之后，风气便大变了，女人在运动场跑跳并不觉得稀奇了，现在在长汀不管是男的女的，大人小孩，都很高兴在运动场上跳跑踢打了。因此长汀伟大的体育场，也在黄县长主持下建筑成功了。

其他如迷信风俗的革除，社会风气之改过，民众对抗战意识之唤起，工人待遇之提高，书局之增设等在在都是母校迁汀后所影响的，兹因篇幅关系，概不多述。

1940年寒假期间，厦大全校总动员，组织"战时后方服务团假期工作队"，出发进行抗日宣传。师生400余人组织了27个宣传队，深入河龙头、七里桥、画眉桥、李田、李岑口、草坪、大埔、师古田、十里铺、黄屋楼下、东街、倒角、罗坊、营背街、东关营、西山下等城乡，开展抗日救亡工作。"天下兴亡，匹夫有责"的警语，"一寸河山一寸血，亿万人民亿万兵"的口号，把抗日救国、救亡图存的活动深入到偏僻的山乡；写壁头标语，绘壁头漫画，演白话剧，组织晨呼队走村串户。林庚老师专门为同学们作了一首队歌，词曰：进，进，进，去看乡村的老百姓，带着光荣的使命，同走出厦大的门。大家一齐为工作，真快乐，这战时再接再厉要精神。战时是服务的好日子，我们是夏天的情人，同走出厦大的门，大家一齐为工作，真快乐，建筑起农村大众的长城。①

---

① 陈诗启（1937级历史系学生）访谈录，2008年6月24日于陈诗启先生家中。

四、苦心经营 顽强奋进

萨本栋外甥、清华大学教授杨福生曾回忆道:"1938年①,当我和妹妹长途跋涉到达长汀的当天下午,二舅舅②就把我们叫到他的家里,打着拍子一字一句地教我们唱《义勇军进行曲》,'起来,不愿做奴隶的人们……',并且说,如果我们不会唱这首歌,明天上学会让人耻笑的。当时的情景给我们留下的印象真是太深了,这不仅是因为这是我们第一次学唱这首《义勇军进行曲》,也不仅是因为不论以前在北京或是以后在长汀,这是唯一仅有的一次他教我们唱歌,更主要的原因是在于当他教唱这首歌时的那股严肃认真的劲儿,令人终身难忘。可以说我们真正对他有所了解也是从那次教唱《义勇军进行曲》开始的。"③

1939年上半年,抗战形势更加严峻。敌机频繁轰炸福建内地,厦大校舍多次被炸,从整个战略上看,福建已成为孤岛。1939年4月27日晨,两架日机经江西窜入长汀市区,"其目的纯在摧毁我文化机关,但图掩饰其暴行计,故先在北部投弹两枚,继即绕至母校校舍上空,作低空飞行,盘绕数匝,便向校长室总办公厅前后滥炸。十时四十五分,'兽机'观其目的已达,向西方飚去。此外,轰炸地点,计有校长室后落一弹,炸毁民房十余间。校长室总办公厅虽未中弹,但屋顶及墙壁全部被震倒塌。校长室前面一年级学生宿舍落重磅炸弹一枚,全座倒毁,波及邻近理化及生物实验室,亦受损伤。且敌机所投之重磅炸弹,震力颇强,母校第一院全部教室门窗玻璃,悉被震动破碎"。萨

---

① 杨福生当时年仅12岁。
② 指萨本栋。
③ 杨福生、杨平生:《我们的二舅舅——萨本栋》,陈武元主编:《萨本栋博士百年诞辰纪念文集》,厦门大学出版社2004年版,第155页。

本栋平日组织师生进行严格的防空训练并制定《防空要则》，其中包括"平时应有之准备""受突袭时应注意之事项""防避炸弹碎片之设备"等读来充满人文关怀的细则。① 每次警报响起他都临危若定，常常是最后一个进入防空洞，警报解除后第一个从防空洞里出来查看毁损情况。此次警报响起后，萨本栋立即"督全体教职员，指导学生先行疏散"，他自己来不及躲入防空洞，敌机离去后，大家发现萨本栋全身炮灰、满面尘土，所幸安然无恙。看到他淡定地指挥被毁校舍的善后事宜，师生无不百感交集。

长汀厦大尚未安稳，又传来"厦门原校生物化学两院均遭炸毁，男生宿舍亦损伤两座"的消息，师生"闻讯之余，不胜痛恨"。萨本栋无暇顾及自身安危，一面安抚校内师生，一面复信劝慰陈嘉庚："先生为本校创办人，旧日规模，既受暴敌横加摧毁。继往开来，本栋不敏，自有恢复建设之责任"，"尚望我公本为国牺牲之旨，达观顺变，勿加介意并恳时赐南针，俾资遵循，毋任盼祷！"② 在萨本栋的指挥若定下，抗战期间，厦大长汀校舍虽多次遭受敌机空袭，然并无人员伤亡，更没有发生急奔乱跑、自相踩踏的事故。

萨本栋在被敌机轰炸后的校舍旁（1939年4月27日）

① 《防空要则》，厦门大学档案馆，案卷目录号 004-5。
② 《校舍被炸函告陈嘉庚先生》，1938 年 5 月 24 日，厦门大学档案馆，案卷目录号 047-6。

萨本栋家人和熟悉他的朋友们都知道"跑警报"是常事，他们也明白执掌厦大是个"苦差"：选址迁校、重建校舍等一系列问题排山倒海地压过来。更令他们始料未及的是，由于厦门大学一度孤处东南①，处于"抗敌前线"，国民政府教育部给厦门大学的年度拨款常年位于国立大学最少之列，而且有限的拨款经常不能按时给付。在厦大改归国立时，时任教育部部长王世杰曾在电文中郑重向陈嘉庚保证："如先生赞成为国立暨以上纪念办法，本部当力求该校之充实与原议发展也。"②教育部并未完全践行其诺言。

1937年8月13日，日军猛袭淞沪，国民政府宣布全国抗战，刚改归国立的厦门大学直至8月下旬，尚未拨给经费。私立十六年从未欠过薪的厦大，首次出现薪俸未能如期照发。萨本栋焦灼之情，难以言喻。他一面催促教育部，一面设法左支右挪，勉凑俸款，赶在8月底之前发布《关于战时教职员薪俸分成预发数的通知》：

> 查本校自接收至今，国、省库经费迄未领到，兹因时局关系，为竭力维持各教职员生活起见，特定八月份薪俸得于九月一日起由各教职员亲自携带印章，到会计股照后列标准预支。一俟经费领到，即行通知补发全数；其未到校的教职员不得托人代领，又近年来本埠向外汇兑种种困难，凡请校汇寄者悉难照办，相应函达，即希
>
> 鉴照为荷。此致
>
> 各位教职员
>
> 萨本栋
1937年8月27日
>
> 预支标准列下：

---

① 抗战发生至1941年以前，厦门大学是唯一留在东南坚持办学的国立大学，后来，暨南大学等又陆续迁校到福建办学。转引自《萨校长开学词》，《厦大校史资料》（第二辑），厦门大学出版社1988年版，第54页。

② 洪永宏编著：《厦门大学校史》（第一卷）(1921—1949)，厦门大学出版社1990年版，第211页。

（一）校长薪俸按三成五支领；

（二）教授及高级职员薪俸在二百元以上者按六成支领；

（三）副教授、专任讲师、助教及其他职员薪俸：

（甲）在一百零一元至二百元者按七成五支领；

（乙）在五十一元至一百元者按九成支领；

（丙）在五十元以下者按全数支领。①

内迁长汀前，萨本栋多次"向教育部呈报学校近情及迁校计划"，"向教育部呈报内迁动机、筹划、经费等"，萨本栋写道："诚以值此职校经费青黄不接之时，省府补助费本学期又未发分文，目前支持经常日用，已觉竭蹶非常。此次搬运费用以及修建校舍，种种要需，均无着落……兹为详审支配临时费用起见，业经特编迁移长汀预算，以便进行。所有计划内迁长汀之动机及筹划经过各处情形，理合检同迁汀需用临时费预算六份，备文呈报，伏祈察核示遵，并恳迅赐拨款，俾克早见实行，尤感德便……"②教育部回文表示同意迁校方案，但迁汀经费一拖再拖，最终也未全额到位。

1937年7月—1938年6月，厦大改归国立的第一学年度，教育部核定厦大经常费20.3万元，此外，通过多次催要，追加部分迁校特别费1.7万元，共22万元。该经费数不仅为各国立大学中最少之列，而且一再缓拨、克扣，造成学校工作极端困难。至1938年6月30日决算，全校全年度经常费实支仅14.1万元，尚有应领经费7.9万元厦大没有领到。

1938年年初，全校历经千辛万苦抵达长汀后，萨本栋就迁校情况向教育部专文呈报：

---

① 《关于战时教职员薪俸分成预发数的通知》，厦门大学档案馆，案卷目录号047-1，1937年8月23日。

② 《向教育部呈报内迁动机、筹划、经费等》，厦门大学档案馆，案卷目录号055-20，1937年12月11日。

向教育部呈报迁移、复课事①

（1938年1月21日）

呈为呈报事。案查职校自去年十二月廿四日开始迁移长汀后，所有略情业于本年一月一日呈报在案。兹教职员学生，业经到汀，重要图书仪器业经陆续运到。惟尚有一部分因经费及车辆关系，现尚存鼓浪屿及龙岩。同时长汀方面赶修校舍，配备校具及布置一切，亦经大致就绪，本月十七日业已复课。谨将复课后各项情形分陈于下：

一、教职员陆续到汀者五十四人、事务员十人、雇员十四人（未移汀前教职员五十八人，事务员十三人、雇员二十二人）。

二、学生随校来汀共计一百九十五名（未移汀前学生总数为二百八十一名。金门失守后先后离校者二十名）。

三、各系所开课程数共计九十四门。

四、课室大小共七间、实验室三间，均经略加修改，勉强应付（查职校移汀校舍系暂假七区专员公署一部分房屋先资应用。公署建筑原与学校需要不同，况地位太狭，苟为比较上长期教学起见，势不能不另图搭盖）。

五、新购校具约六百八十余件。此外，购置较小校具甚多，兹不赘报。其正在购做者，现亦未能预行统计。

六、教职员工役因事实上不需要者已遵照部颁非常时期紧缩办法办理。

七、图书仪器，除重要者已分批运汀或寄存龙岩或暂贮鼓浪屿并经派员驻守外，至笨重不值钱及不易搬移之器具，于集中后仍存厦门原校，派员驻守。

八、查本学期初，职校自厦移鼓上课时，尚能按照校历规定时期上课（卅七年十月四日上课）。惟最近因迁移长汀关系，曾停课二十余天。为补足上课时间起见，本学期拟延至本年二月底结束（附改订校历）。右（现横书应为"上"，编者注）系职校迁汀后详情，除奉钧部删电、已将迁汀后员生人数

① 《向教育部呈报迁移、复课事》，厦门大学档案馆，案卷目录号055-13。

等于本月十六日电复外，所有迁移及复课后各情形，理合检同统计表三纸校历一纸备文呈报。钧鉴，实为公便。

  谨呈

教育部部长

三个月后，萨本栋收到教育部复函：

教育部指令廿七年国 369 第 828 号

  廿七年一月二十一日呈一件——为呈报校（厦门大学）迁汀及复课后情形，并呈统计表校历等，请钧鉴由。

  呈件均悉。该校二十六年度上学期校历准予补行备案。廿六年度下学期校历应即拟订呈部备核。再该校本学期开学较迟，本年暑假应酌量缩短，件存。此令。

中华民国二十七年四月二十日[①]
部长陈立夫

  面对如此避重就轻、不闻不问厦大师生生存都难以为继的回函，可以想象萨本栋无奈的心境。1938 学年度开始，厦大年度经常费仍为 20.3 万元，后经萨本栋一再争取，教育部才增拨 3 万元作为校舍建设专款。改归国立的第四年——1940 年，教育部下达给厦大的年度经常费为 25.8 万元。该年度国立中央大学经常费为 138 万元，西南联大为 143 万元，中山大学为 146 万元，武汉大学为 72.8 万元，浙江大学为 73.8 万元，四川大学为 60 万元；就连仅设师范一科七系的国立师范学院，年度经常费也有 29.4 万元。以每系平均经费额来比较，厦大也是各国立大学中最少者，仅及西南联大系平均经费的一半。1941 年 3 月，中央大学教育系"为求得相当确实统计数字以作研究之资料"，发来"全国各大学及独立学院经费调查表"，请厦大填写。该表数据反映，1937—1940 年，厦大每年的财政拨款均只到位七成。就"贵校编制

---

① 函件存厦门大学档案馆，案卷目录号 055-13。

预算，有何困难"之问，厦大写道："经费总额过少，不敷分配。"①

战事日趋严峻，情势所迫，萨本栋面临的校务愈加紧急。迁入长汀不久，萨本栋收到理学院院长陈子英、中文系副教授施蛰存、教育系副教授倪其焘、政治系教授陈烈甫四位老师来信，反映他们新搬入中山公园教员宿舍，虽"房间狭窄、居处不便"，但他们认为"兹非常时期，财政支绌，学校当局犹力为教员福利谋，至深钦迟"，他们也坦言，"在中山公园之内，惟周围四通八达，行人牲畜来往自如，此于居处安宁，已感不便。而黑夜茫茫，门窗既欠坚牢，尤觉威胁多端。抗战以来，教员生活清苦，每感难于维持，此中窘境，惟学校当局知之最稔。万一偷窃不吝，无顾择弱点而进攻，一有损失，无法添补。此岂仅生活不安，实间接影响教书效率也"。为此，他们考虑再三，一致向萨本栋写信，希望"于宿舍周围建筑五六尺高之竹篱一道"，使他们不致有"惶惶不可终夜之感"。

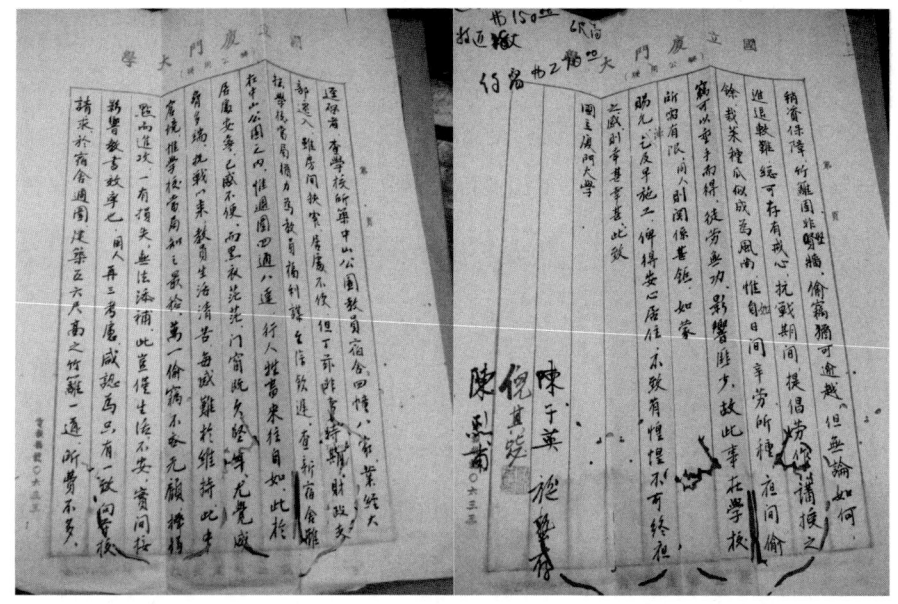

迁汀不久四位知名教员致信萨本栋

---

① 函件存厦门大学档案馆，案卷目录号 011-1。

四位教员是各系知名学者,在师生中影响广泛。这封信件,一方面真实反映了当时极端艰苦的物质生活条件,另一方面折射出萨本栋所处的捉襟见肘的窘境。

抗战前,中央大学校长罗家伦曾说,"办理大学的种种艰难,尤其在经费的落实上"。因"深知此中情形",1932年,他在接受中央大学校长的任命令之前,要求政府承诺:一是"经费应请继续予以切实之维持及保障,每月按照预算全数发给";二是"如有建设计划,并乞尽全力以督促其实现"①。1936年,竺可桢同意前往浙江大学就任校长前,向教育部提出三个条件:财政须源源接济;用人校长有全权,不受政党之干涉;时间则以半年为限。②罗家伦和竺可桢不约而同地以经费保障作为就任大学校长的前提条件,可见当时国立大学经费拮据到何程度。萨本栋因感于陈嘉庚"毁家兴学办厦大"的精神,同意就任国立厦门大学首任校长,他仅向教育部提出"以任期两年为限"的要求,希望两年后让他卸去校长职务,继续从事教学与科研。但他没料到受命的第二天就爆发了"七七事变",国家笼罩在一片硝烟战火中,他的任期遥遥无期。更没料到国家给予厦门大学的预算拨款总数排在国立大学倒数第二位,而这已属可怜的预算每年只是按七成给付,萨本栋推进厦大校务的艰难可想而知。来校时,萨本栋是一位"容光焕发、精力充沛的青年学者,还能打网球",在如此窘迫的境况下,萨本栋"把全副精力用于办学","繁重的校务和教学工作,使他心力交瘁,积劳成疾"③。

1941年5月中旬,萨本栋的好友、教育部次长顾毓琇参加"中央闽政视察团"到汀视察,殚精竭虑的萨本栋即以"求去心切相告,俾好友先有谅解,然得再向部请辞"。顾毓琇听后,不仅"未之谅","反责以友谊"。萨本栋当面无法坚持己见,乃于顾毓琇回重庆时,才致函诉说苦衷:"厦大问题,与他

---

① 陈明珠:《罗家伦传》,浙江人民出版社2006年版。
② 《竺可桢传》编辑组:《竺可桢传》,科学出版社1990年版,第55页。
③ 蔡启瑞等:《萨本栋与厦门大学》,许乔蓁、林鸿禧编:《萨本栋文集》,厦门大学出版社1995年版,第280页。

校较，实甚单纯。但年来员生生活之困苦，学校环境之变迁，在在均足使厦大每况愈下。弟固愿为事业而牺牲个人者，惟若于事无益，于己多害，则又何苦为之。"接着，他着重陈述经费紧缺所造成的困难，最后说："维持厦大，弟不但已竭其所有，尽其所能，实已透支吾之精力。中央与好友当不至认为弟不肯负责及不能负责者。况久戍之师，亦有瓜代之时，弟来厦大，原以两年为期，今服务已超过原定期间两倍，精力已花费了原定者之七倍，部长与诸公当亦能下体实情，予以解职休息之机会。"① 该函发出后，萨本栋不管顾毓琇是否同意，于7月15日正式致函教育部部长陈立夫，请辞去厦门大学校长职务，但未获准。他只好再次修书，要求陈立夫增拨经费，以缓解厦大的困难，信中强调："抗战军兴以来，物价之高涨与日俱增，员生之生活亦日趋困苦。自福建沿海发生战事后，此间物价顿时狂涨，为势之猛，有非常人意想所及者。据调查所得，长汀日用品及日食品，除米谷一项外，其余几无一不可与重庆并驾齐驱。因此员生益无以维其最低之生活，怨声渐起，以为学校当局未能代为设法解除困难，似此人心一动，则效率废弛，不审钧长何以教之。忆本年春间，本栋以审察时势，预计三十一年度（即1942年）本校经常费预算非七十万元（临时费在外）莫办，曾函请察准列编，想已邀钧鉴。现在为时未及数月，而各物狂涨已不下五倍，前项预算额衡以目前状况，实系维持本校之最低限度所需，务恳察情赐予设法照列，不胜感祷！"②

除了致函陈立夫，萨本栋还写信给国民参政会秘书长王世杰、行政院政务处长蒋廷黻，请他们帮助解决厦大的经费困难，但时过一个月，陈立夫复函婉拒："国立各专科以上学校三十一年度经费，正按照实际需要，依据客观标准，筹划请增。厦大增列明年经费一节，当于编造预算时注意。"③

1942年，厦门大学办学经费更加紧张。春季，学校奉教育部指令积极收

① 《萨本栋致顾毓琇信函》，厦门大学档案馆，案卷目录号055-12。
② 函件存厦门大学档案馆，案卷目录号055-12。
③ 函件存厦门大学档案馆，案卷目录号015-14。

容港、沪撤退的学生，仅上海籍学生就收容 84 名，部里却没增加分文补助，学校靠所剩无几的经费勉强维持新增学生的食宿。4月6日，适逢厦大建校二十一周年纪念日，建校以来学校第一次不举行校庆庆祝大会，① 通过《厦大通讯》向全体师生及校友公布通告："本年4月6日，为母校二十一周年纪念之期，依照成例，纪念典礼，甚为隆重。本届为节省物力，并因交通困难，未便招待外地来宾，业经决定是日仅放假一天，不举行仪式。"②

办学过程无时无刻不面临艰难、困境重重，但萨本栋从未放弃努力、停止作为。为了渡过难关，萨本栋率领全校师生，一面尽力节流——减少学校正常支出，一面设法开源——增辟经费来源渠道。在节流方面，萨本栋自降校长薪俸，按七成领其工资。③ 同时，他在全校大会上提倡"自奉应俭约，工作应紧张"，号召全校师生，"欲谋充实，舍生产与节约而外无他"。他说，"节约等于生产"，"人力固不许，须一身兼负二人之重任，一日急就二日之操作；物力更应爱惜，不遗弃一草一木，不虚掷片铜寸铁。一方储积人力物力，一方贡献人力物力，夫如是始足以言节约。兹事轻而易举，要在各自实践"④。他派人到产粮区采购大米、黄豆，提倡吃糙米饭，由学校自制豆腐，节省开支且增加营养。萨本栋衣着简朴，"常身穿布质中山服，脚着双钱牌球鞋在校内奔忙，新来的同学往往以为是校内工友"。长汀没有电灯，他亲自拆了自己的旧轿车，改造发动机，解决了学校部分照明用电。⑤ 他曾语重心长地对同学说："在现阶段，物资与资源，还未到十二分困难的地步，我们对于物资，要特别爱惜，以免在物资更缺乏的时候，因无准备而感到意外的苦痛。平日习于刻苦俭朴的生活，即使经济来源中断，也不至觉得太苦，这是退几百步由

---

① 厦门大学自建校始，每年校庆日召开庆祝大会，1942年是唯一没有举行校庆大会的年度。
② 洪永宏编著：《厦门大学校史》（第一卷）(1921—1949)，厦门大学出版社1990年版，第215~216页。
③ 函件存厦门大学档案馆，案卷目录号011-1。
④ 萨本栋：《"七七"二周年纪念与节约运动》，《唯力》旬刊第2卷第7、8期合刊，1939年7月7日。
⑤ 许乔蓁、林鸿禧编：《萨本栋文集》，厦门大学出版社1995年版。

各人个别利害着想而言。至若眼光稍放大一点，则我们在各方面的节约，直接间接都有助于抗战与建国，这尤其是我们大家所应时刻牢记的。"①

在开源方面，萨本栋从三个方面设法。

一是坚持向教育部力陈学校办学困难，不断为厦大争取经费。以下是他向教育部要求增加经费的信函内容摘要：

1940年度学校经费只有20.3万元。平均每月只有16000多元，而人员薪水就占14000多元。"物价暴涨，尽人知之。"他要求增加经费，今年需要27万元。

1941年米价：2月1日每市石44元，3月1日56元，3月31日86元，4月139元。他将全校员工直系眷属人数、消费食粮数、所需经费、应领津贴数以及领取膳食贷金的学生名册，一一上报，要求增加粮食补贴。

1941年4月报告：上月糙米每市石80元，本月起由90元涨至180元。教职员及直系眷属、工友等650人。学生465人，每生食米需37.8元，蔬菜、柴炭、油盐10元，膳食共47.8元，原缴18元，余下29.8元需要由学校垫贷。"员工生活早已无法维持。人心惶惶，生活顿现恐慌。"②

在萨本栋的不懈努力下，学校的办学困境得到社会舆论的广泛理解和支持，而高质量的教学成果更为厦大赢得良好的社会声誉。

二是积极设法争取长汀县政府及周边地区人民的支持。由于迁汀以后学校一直拥有较强的师资力量，并着力于教学质量的提高，厦门大学的声誉越来越好，每年前来投考的生数急剧增加，经严格考试录取之后，每年在校生数依然高速增长。1938年1月迁汀复课时学生仅195人，至1944年第一学期增至926人。为了安顿逐年增加的学生，保证他们有较好的学习和生活环境，学校向长汀县政府申拨虎背山南麓旧中山公园大片荒地，工科出身的萨

① 《萨校长开学词》，《厦大通讯》第3卷第10期，1941年10月25日。
② 陈孔立：《谈本栋精神》，陈武元主编：《萨本栋博士百年诞辰纪念文集》，厦门大学出版社2004年版，第5页。

本栋亲自设计、督建校舍。他在家里腾出一个专门房间作为校舍设计室，四周墙上贴满了校园规划和建筑设计图，夜深人静之时常常是萨本栋静心设计图纸的最佳时间。数年间厦大陆续兴建了各类教室、阅览室、实验室、实习工厂、教员宿舍、学生宿舍等大批校舍和生活文体设施。①

三是争取社会力量和校友的广泛支持。萨本栋每年都从庚款董事会、闽西救济委员会等社会团体或机关，为学校申请辅助经费。最困难时期，此项收入达到全校年收入的20%。1937年和1938年，厦大合计收到中英庚款补助4万元，解决了各院系"最低限度必需之书籍杂志而免精神粮食缺乏之恐慌"。1940年2月，萨本栋专程写信感谢中英庚款负责人杭立武："查图书一项，实为大学命脉之所系。敝校改归国立以来，经费有限，原无余力增加设备。抗战军兴以还，外汇高涨，添购图书更不可能。幸得我兄鼎力帮忙，高谊隆情，铭感实深！"感谢之余，萨本栋不忘续请协助："抗战以来，厦大以最少之经费支撑东南一带之高教，能否不辱使命，更有赖各方予以精神及物质上之扶助。此款继续申请补助，如蒙核准，则本人等定当矢忠矢劲以实现原定计划，而期无负贵会促进教育之至意。事关东南文化前途，谅已早在垂注之中，用特缕陈情形，请赐协助！"②

萨本栋特别重视校友的力量，在学校校务会议都没有固定开会场所的情况下，他指拨图书馆斜对面刘家祠堂为旅汀毕业同学会会所，拨专款兴工修葺。在萨本栋直接关心和支持下，厦门大学校友总会正式成立，总会协助母校组织各种文娱、体育活动，发起对在校贫困生的"献金"活动等，成为学校最得力的"助手"。校友总会还组织了考生招待委员会，专门接待前来长汀投考厦大的青年，为他们提供种种方便。在抗战进入最艰苦时期，一位校友写信给萨本栋："兹谨认捐本年度银行系优秀贫寒奖学金一名国币一百元整。

---

① 洪永宏编著：《厦门大学校史》（第一卷）（1921—1949），厦门大学出版社1990年版，第220页。
② 函件存于厦门大学档案馆，案卷目录号015-14。

生初出校门,所入未几,兼之毕业之际,先父弃养,又遇榕市失陷,东奔西走,耗费不菲,故至今乏有余裕,未能多多认捐,至感抱憾。容俟所得略丰,生活较定,当再酌情认捐或储存些小基金,逐期捐助也。兹谨将该款分二期寄奉,本期之数,托由在汀同学×××君执交钧长,至请将款交得奖同学,并乞赐教为幸。"①

在萨本栋的努力下,厦门大学还收到美国波士顿大学、斯坦福大学等师生的赞助款项。此外,萨本栋极力为厦大学生申请战区膳食贷金,把定额的嘉庚奖学金改变为供应全年的膳食费,增加免费生和贷金名额,为家庭困难的学生介绍校外兼职工作等等。说来有些可笑,当年校务会成员之一邹文海教授回忆,萨本栋为了筹集学校必要的宴请和聚餐费用,想方设法筹集"独立财源,以资应付"。他说:"这个独立财源乃全校粪便经人承包后所得的价款,每年都有可观的数字,足以肆应宴请、聚餐等支出。同仁们佩服萨本栋涓滴归公的精神,而又调侃我们的聚餐为粪便宴。"②

---

① 函件存于厦门大学档案馆,案卷目录号015-14。
② 《物质精神种种资助贫穷学生不愁辍学》,《厦大通讯》第2卷第3、4期,1940年4月20日。

第四章 治学之道

 萨本栋传

一、敦聘名师 专注教学

大学校长的管理理念主要体现于两大类事务中，一类是行政事务，一类是学术事务，核心是学术事务。校长对学术事务的理念包括教师观、教学观、人才观、质量观等等，这些对于一所大学教风学风的形成影响深远。厦门大学陈孔立教授认为："萨本栋是20世纪前期由传统中国文化培育出来的知识分子，同时他也受过西方教育，他的思想中留下了中西文化融合的烙印。他在强调治学严谨的同时，更加强调联系实际，在注重理论学习的同时，也鼓励学生学会动手的本领。他出身于清华，'耻不如人''讲究科学''重视实干'的清华精神对他产生了重大的影响。他本人是学习理工科的，但他从来没有'重理轻文'的倾向，他懂得人文精神、人文教育对高等教育的重要意义。此外，由于他受命于大敌当前、祖国危难之时，教育救国、提高我国的学术和技能成为他的神圣使命，而他个人的奉献精神，更是在战争条件下，中国优秀知识分子精神风貌的一种反映。"[1]

1937年7月，刚转为国立的厦门大学百废待兴。由于战争影响、人事变动、举校迁移等因素，私立时期的49位教师有一半先后离开学校。[2] 萨本栋秉持"大学之良窳，几全系于师资与设备之充实与否"的理念，在接受任命伊始，他就把延揽著名教授作为自己的重要任务。通过留美关系、清华师友的帮助以及在校教授、院长引荐等各种渠道，萨本栋抓住一切可能的机会网罗

---

[1] 陈孔立：《谈本栋精神》，陈武元主编：《萨本栋博士百年诞辰纪念文集》，厦门大学出版社2004年版，第14页。
[2] 根据厦门大学档案馆案卷目录号061全卷整理，转引自石慧霞：《抗战时期的厦门大学：民族危机中的大学认同》，厦门大学出版社2012年版，第97页。

教师。在其上任的第一年(1937—1938年度)，就新聘到校教师24名(教授10名、副教授3名、讲师2名、助教9名)，其中不乏一批知名学者①：

文学院：

  中国文学系 副教授：林庚

        助教：郑朝宗、黄典诚、陈荣真

  教育学系   教授：彭传珍、李培囿

        讲师：杨希纯

  历史学系   副教授：谷霁光

理工学院：

  化 学 系   教授：蔡镏生、王宗和

        助教：蔡启瑞、陈允敦

  数 理 系   教授：陈世昌

        助教：杨龙生、郑曾同

  土木工程系 副教授：俞浩鸣

商学院：

  经济系   教授：孙越、曾克熙

        讲师：李祥麟

  会计系   教授：萧贞昌、黄雁秋

        助教：周国珍

体育部：   主任/教授：陈掌谔

        助教：周天民

  以上教师都是一时之选，很快缓解了国立厦大初期师资异常紧张的状况。然而，战争时期，人如浮萍，教师流动异常频繁，萨本栋敦聘教师的努力贯穿其任职始终。根据厦门大学档案馆藏《国立厦门大学教员各年度概况简表》《长汀时期厦门大学历年概况》《厦大通讯》《厦大组织机构沿革暨教职员工

---

① 教师概况统计，根据厦门大学档案馆案卷目录号011全卷、012全卷汇总整理。

名录》的统计比对，除 1945 年教师资料缺失外（其时萨本栋赴美讲学一年），1937—1944 年，萨本栋共新聘教师 158 人。

表4-1　1937—1944年厦大新聘教师数量统计

学年度	教授	副教授	讲师	助教	合计
1937	6	1	1	3	11
1938	5	2	1	6	14
1939	14	0	1	4	19
1940	8	1	2	8	19
1941	4	3	3	9	19
1942	8	3	3	9	23
1943	6	4	6	15	31
1944	6	1	0	12	19
不详	0	0	1	2	3
合计	57	15	18	68	158

综合考察以上教师专长可知，萨本栋掌校后，学校聘请到一批曾在国外一流大学读书、深受多种文化熏陶、精通外语、学有专长的知名教授。

文学院：李培囿、李笠、杜佐周、刘天予、阮康成、施蛰存、郭宣霖、张文昌、陈景磐、谷霁光、林庚。

理（工）学院：傅鹰、朱家炘、谢玉铭、蔡镏生、李琮池、陈旭、刘晋柽、黄文炜、徐仁铣、黄中、王敬立、李厚田、周长宁、徐人寿、张稼益、汪德耀、黄苍林。

商学院：黄开禄、萧贞昌、曾克熙、萧伟信、陈德恒、郭尚文、郑健峰、周覃祓。

法学院：高梦熊、吴芷芳、何炳梁、陈文藻、邹文海、周楠。

新聘教授大多受过很好的专业训练，73% 以上的教授有留学经历，多留学欧美，特别是以留美的居多。如 1937—1944 年，根据目前确凿史料查证，新聘的55位教授中，39位教授有留学经历，其中35位留学欧美，获博士学位的有23位。

表4-2　1937—1944年厦大新聘教授统计

姓　名	籍贯	院系别	到校年份	学历	留学国家
蔡镏生	福建	理/化学系	1937	博士	美
彭传珍	福建	教育学系	1937	硕士	美
陈掌谔	福建	体育部	1937	不详	/
李培囷	福建	教育学系	1937	博士	美
孙　越	浙江	经济系	1937	硕士	美
萧贞昌	湖北	会计系	1938	博士	德
曾克熙	福建	经济系	1938	硕士	美
陈世昌	江苏	数理系	1938	博士	美
王宗和	福建	化学系	1938	硕士	美
黄雁秋	福建	会计系	1938	学士	日本
傅　鹰	福建	化学系	1939	博士	美
黄开禄	广东	经济系	1939	博士	美
朱家炘	湖北	机电系	1939	博士	美
李琮池	湖南	生物系	1939	博士	美
萧伟信	广东	经济系	1939	博士	瑞士
黄文炜	不详	土木工程系	1939	博士	美
叶明升	不详	土木工程系	1939	不详	/
张　熙	不详	土木工程系	1939	博士	美
刘汝强	不详	生物系	1939	博士	美
杜佐周	不详	教育学系	1939	博士	美
高梦熊	福建	法律系	1939	学士	日本
刘晋柽	福建	土木工程系	1939	不详	/
谢玉铭	福建	数理系	1939	博士	美
刘天予	安徽	文学院	1940	学士	/

续表

姓 名	籍贯	院系别	到校年份	学历	留学国家
阮康成	广东	教育学系	1940	博士	美
徐仁铣	江苏	数理系	1940	博士	美
黄 中	四川	土木工程系	1940	硕士	美
王敬立	浙江	土木工程系	1940	硕士	美
李厚田	浙江	土木工程系	1940	硕士	美
吴芷芳	浙江	法律系	1940	硕士	美
何炳梁	广东	法律系	1940	博士	美
周 楠	江苏	法律系	1940	博士	比利时
时昭涵	湖北	化学系	1941	博士	美
周长宁	广东	数理系	1941	博士	美
徐人寿	浙江	土木工程系	1941	不详	/
陈德恒	江苏	会计系	1941	硕士	美
张稼益	广东	机电工程系	1942	硕士	德
邵尚文	福建	经济系	1942	不详	/
陈景磐	福建	教育学系	1942	博士	加拿大
陈文藻	浙江	法律系	1942	硕士	/
李 笠	浙江	中国文学系	1942	中学	/
邹文海	江苏	政治系	1942	硕士	美
陈掖神	福建	政治系	1942	不详	/
郑健峰	福建	银行系	1942	硕士	美
盛希音	浙江	数理系	1943	不详	/
陈朝璧	江苏	法律系	1943	博士	比利时
方德植	浙江	数理系	1943	学士	/
罗孝登	福建	土木工程系	1943	学士	/
陈烈甫	福建	政治学系	1943	硕士	美
汪德耀	江苏	生物系	1943	博士	法

续表

姓　名	籍贯	院系别	到校年份	学历	留学国家
陈福习	福建	机电工程系	1944	不详	/
林镕	江苏	生物系	1944	不详	/
翁郁文	浙江	不详	1944	不详	/
戴锡康	福建	化学系	1944	不详	/
黄苍林	福建	理工学院	1944	硕士	新加坡

资料来源：根据厦门大学档案馆，案卷目录号011全卷、案卷目录号012全卷汇总整理。

萨本栋延聘的教师中，有继任厦大校长汪德耀、王亚南，有著名文学家施蛰存、林庚、李笠，教育家陈掌谔、李培囿、陈景磐，科学家傅鹰、谢玉铭、朱家炘，经济学家陈德恒、黄开禄、萧贞昌，法学家吴芷芳、邹文海、周楠等等。即使在今天，这么短的时间内引聘如此雄厚的师资也是非常不易的。萨本栋多次写信给梅贻琦、顾毓琇、朱自清、黄开禄、傅鹰等师友，聘请他们推荐学者或者直接请其来汀任教。1939年8月5日，萨本栋发信洽聘经济学家黄开禄教授从重庆前来执教，信中萨本栋求贤若渴的心情和诚恳相邀的姿态力透纸背，我们不得不感叹有此"伯乐"，何愁无"千里马"？

开禄先生：

顷接七月九日手示，欣慰莫名，承不我遐弃，惠允赐临，此不独敝校之荣，实东南学子之幸也。

关于吾兄摆脱现职事，昨经电达钱端升兄，请为关照，顷又专函钱一黎兄，说明目前东南高教现状及维持之重要，想一黎兄素重教育，关怀国本，对此定无不允，寄望毅然早来，庶慰饥渴，是所企盼！

来汀路线，现在海道被敌封锁，较不易行。弟意似以遵陆为佳，闻自渝而黔而湘而赣而汀，通行颇畅，秩序亦好，上月有同人自湘挈眷来汀者五日而达，则此路似比较安全，兹附路线表一纸，乞察阅为荷！

弟赴渝之行，现尚未定，盖一因值此时局，未便久离职守，二则校务纷

繁，亦复不易脱身，然能否成行，本月可决，倘能如愿，则届时定当躬亲奉迎也。又湖大数理系主任谢玉铭接受敝校聘请，决来此担任数理系教授兼理学院院长，渠现已返贵阳料理家务，事毕即可来汀（其现在通讯处为贵阳医学院李贵真转）。重庆大学化学教授傅鹰（肖鸿）兄亦于此次惠允来汀，设帐敝校，吾兄倘能觅此二君结伴同行，则一路不惟互获照应，且不寂寞，岂不大妙？

二君处弟均已有函告知之，请兄就近再行接洽如何？（如弟能前往，则自当一路邀请同行）把晤有期，喜幸无似！何时动身？尚望预赐电示为盼！

专泐

祗祝

时祺

弟萨本栋[1]

信发出不久，萨本栋收到黄开禄同意来校执教并想了解赴汀行程的函件，萨本栋马上又复函给黄开禄：

兄惠赐指示，不胜感盼！自渝来汀，目下水陆均可通行（水行经昆明港福州或汕头到汀，陆行经贵阳桂林赣州瑞金到汀）。惟兄择之，开学之期，约在九十月间，至于旅费一节，敝校虽无此项负担之规定，但值此时，消耗甚重，弟决设法将兄之薪俸自七月份起致送，如此无形中当可减免吾兄远道跋涉之盘费损失，总之，无论如何，凡弟绵力所能及者，决当尽力为远道前来之教授谋其便利，尚望察谅惠允，无任翘企！倘蒙慨诺，并希先以一电赐慰为祷！临颖神驰，伫盼嘉音！专泐

祗祝

台祺

栋[2]

---

[1] 《萨本栋给黄开禄的信函》，厦门大学档案馆，案卷目录号015-14。
[2] 《萨本栋给黄开禄的信函》，厦门大学档案馆，案卷目录号015-14。

1942年开学式上,萨本栋讲道:"由去年开学时起,到现在止,学校所接洽的教员人数在二十人以上,而今天所能介绍的到校教员,只有十余位。不过就各系说,这十余位的分配,尚相当均匀。在这一点,我要感谢继续在校服务、不计较待遇的教员们。他们各位为东南高等教育和厦大服务的精神,实在是我们十二分钦佩的。对于今年新教员不怕冒险、不辞跋涉而来此过这艰苦的生活,我们也致最热烈的欢迎与最诚恳的致意。如果我们把这几年的教员名单看一看,如果我们了解各校聘请教员的状况,我们今年在这里能够留住并且聘到这样多的国内知名的学者给大家讲学,岂不是一件极幸运的事吗?"①

教师们有感于萨本栋礼贤下士和同情校务,常常主动为萨本栋举荐优秀教师。1942年,时任法学院院长黄开禄告诉萨本栋,长于西方政治思想及制度研究的学者邹文海将自崇安赴中正大学,途经长汀。邹文海原系清华法学教授、钱锺书挚友,曾著《自由与权力》一书,影响甚广,萨本栋在清华任教时就已相识。萨本栋闻讯精神为之一振,立即请黄开禄邀请邹文海共进晚宴。席间,萨本栋坦言厦门大学政治学系师资已是"真空"状态,老师极度匮乏,他诚恳地邀请邹文海留汀任教。邹文海本已答应中正大学之

邹文海教授

约,"不愿爽胡步曾先生的约,故踌躇不知如何答复"。萨本栋见其犹豫,半开玩笑且自担责任道:"胡步曾拉去我的陈耀庭,我就扣住他的邹文海,两不

---

① 《萨校长开学词》,《厦大通讯》第3卷第10期,1941年10月25日。

吃亏，就这样好了。"①黄开禄在旁力劝，告诉他厦大政治系确实没有一位先生，从需要来说，厦大实远超过中正大学。萨本栋和黄开禄的一席话，使得邹文海"大有义不容辞之感，只有留长汀一途了"。于是，邹文海受聘为厦门大学政治学教授兼政治学系主任。多年以后，回想在厦大的工作经历，邹文海感叹"能在萨先生领导下任教是一生中最大的幸事"②。

萨本栋绞尽脑汁聘请知名教授，主要目的是提高学校课程的讲授质量。教授、副教授没有硬性科研要求，主要任务就是集中全力备课、授课。教师最关心的是能否在课堂上得到学生的认可，引聘到厦大来的知名学者都以给学生上基础课为荣。萨本栋规定，学生一年级不分系：国文、英文、中国通史、高等数学及一门社会科学课为全校一年级必修课，且这些课程绝大部分由学校教授、副教授担任。英文课主要由周辨明、李庆云、林玉霖三位教授担任，中国通史由叶国庆副教授授课，西洋通史由吴士栋教授讲授，社会学、哲学概论由刘天予教授开设等。萨本栋说："从事教育的人不能在学问上获得学生的信任，所有的话都是白费。"③可以说，当时厦大教师队伍是一支教学生力军。学生进入二年级分专业后，萨本栋要求各系都要把最强的阵容安排在专业基础课第一线。在他的倡导下，谢玉铭④讲授的普通物理课，傅鹰⑤讲授的普通化学课，都深受同学们欢迎，使他们从选定专业起，就培养起对专业的深远眼光和浓厚兴趣，打下了牢固的专业基础。1944级学生、中科院院士张存浩回忆说，即使今天看来，当时厦大的基础课讲授阵容亦非常强大。厦大基础课的讲授阵容不仅为当时国内所仅有，而且从60多年后的今天来看，

---

① 邹文海：《怀念萨本栋校长》，《传记文学》第1卷第3期，1962年。胡步曾，生物学家，时任中正大学校长，陈耀庭曾任厦门大学政治学系副教授，教授宪法、行政法等课程。
② 邹文海：《怀念萨本栋校长》，《传记文学》第1卷第3期，1962年。
③ 邹文海：《怀念萨本栋校长》，《传记文学》第1卷第3期，1962年。
④ 谢玉铭，著名物理学家、教育家，复旦大学故校长谢希德之父。
⑤ 傅鹰，著名物理化学家、中国胶体科学的主要奠基人。

也是很难找到的。①

然而，包括萨本栋在内，教师专注教学付出的努力和艰辛是巨大的。萨本栋行政事务庞杂繁重，但他主动承担大量教学任务。他先后讲授"普通物理""微积分""交流电路""电工原理""交流电机""直流电机""无线电工程"等课，代开过"普通制图学""机械制图学"，还曾给学生上过"大一英文"。人们称他为"O型"代课者。有一次，土木系缺少"结构学"教授，萨本栋写信向好友、清华大学吴有训教授求助，希望能够代为物色教师，同时向他打听清华该课程所用课本，请代为购买，萨本栋写道，"如无法找人担任此课，或将由弟自授也"。萨本栋的学生张存浩院士回忆："萨师治学严谨，即使讲授初等微积分这样的基础课程，他也是堂堂精心备课，他讲课逻辑严密，结构紧凑，并非常珍惜时间，课堂上不说一句闲话或无用的话。每课开始，必提出一个，最多两个主题，写在黑板上方，然后围绕此主题展开论证、推导，到学生明了要点之后，才进一步讲到实例和应用。到每堂下课前五分钟，又重新回到主题，进行简短的总结，并再次强调重点。他每堂课犹如一首交响诗，浑然一体，一气呵成，并层层引人入胜。"② 萨本栋的学生潘懋元教授说："萨校长善于应用简单的仪器来讲解物理，在普及性的讲座上尤其如此。我曾听过他一次共振原理的讲座，他就在一根绳子上悬两个钟摆，推动一个，另一个也同样振动。既有趣，又容易理解，并能记住不忘。"③

萨本栋的身先士卒和勇于担当带动了一大批教授投入教学一线。迁汀初期，商学院教师人数少，院长冯定璋教授一个人开设"汇兑学""金融市场""银行实践""经济学说史""财政学""银行货币学""会计学""成本会计""官厅会计""审计学"等十门课程，教学工作量远远超过常规。周辨明

---

① 张存浩：《回忆杰出的科学家、教育家萨本栋》，许乔蓁、林鸿禧编：《萨本栋文集》，厦门大学出版社1995年版，第281页。
② 张存浩：《回忆杰出的科学家、教育家萨本栋》，许乔蓁、林鸿禧编：《萨本栋文集》，厦门大学出版社1995年版，第281页。
③ 潘懋元访谈记录，2010年1月16日于潘先生家中。

教授任教务长，同时为学生开设四五门课程。1938学年下学期，周辨明每周承担17课时，乘以各课程修习的学生数，每周人时总数达693。理学院院长兼数理学系主任谢玉铭教授于1939年到任后，第一学期就开设5门课程，每周承担25课时，每周人时总数为485。其他教授、副教授每周承担的课时，绝大部分都在10课时以上，其中相当部分超过20课时。[①]教学质量的高低，除了教师的教学水平外，更取决于教师的事业心和责任感，我们从1945年1月经济系黄开禄教授一周的主要工作和活动[②]可略见一二。

表4-3 黄开禄教授一周的主要工作和活动（1945年1月）

日期	课程及有关活动
1月15日（星期一）	上午："经济学"课程（因中途警报，上课时间前后3小时） 中午：木屋学会学生来谈活动计划 下午：陈烈甫教授夫人家访
1月16日（星期二）	上午："经济地理学"课程 下午：警报历时3小时 傍晚：行政会议
1月17日（星期三）	上午：上课（课程名称不详）、写学报论文
1月18日（星期四）	下午："经济地理学"课程 傍晚：与学生在虎背山散步谈心
1月19日（星期五）	上午："经济学"课程
1月20日（星期六）	上午：上课（课程名称不详）、写学报论文 下午：校务会议
1月21日（星期日）	木屋学会之月会活动

研读抗战时期大学的档案资料，不难发现：20世纪40年代，大学硬件设施普遍简陋、科研实验设备匮乏，厦门大学也不例外。但是，厦大教师与学生频繁地交流和互动，反而激发了师生自由自主开展科学研究的兴趣，营

---

① 洪永宏编著：《厦门大学校史》（第一卷）(1921—1949)，厦门大学出版社1990年版，第201~202页。
② 黄开禄：《风声鹤唳忆厦大——摘自一九四五年初四十八天在长汀之日记》，《国立厦门大学六十周年纪念特刊》，厦门大学台湾校友会1981年编印。

造出教师自由教、学生自由学的可贵氛围。有的教师将自己的新发现"带入"课堂，引导学生共同探索新的研究课题，将研究融入教学当中。有的教师带领志趣相投的学生开展个性化研究。理学院师生就开展了多项科学研究：陈子英教授与学生喂养当时中国最好的果蝇族系（用红薯代替香蕉以充饲料）；年轻的生物学教师廖翔华带领学生开展关于等脚类寄生虫的研究，他们注意到一种很奇异的怪鱼，学名叫做 Ichthyoxenus chengi，它寄生在缨口鳅（学名 Crssostoma stigmata）的肚子里，形成一个硕大的囊；物理学方面，周长宁博士在信息隔绝的环境下，做着宇宙线的理论研究；地质学老师陈允敦基于教学需要，自制计算尺、对数坐标纸和别种图表纸；化学系教师蔡启瑞和同学们利用脂肪酸的镉盐加水分解后所生的电动势，借着一种分布系数的方法，测定低分子量的脂肪酸的混合物——直到撷草酸为止。①文学系施蛰存看到图书馆期刊部书库里的许多美国版戏剧杂志《舞台》，对戏剧产生兴趣，尤偏好独幕剧，择优移译，陆续译成不下 30 部剧作，成为他后来编著《外国独幕剧选》的发端。在图书馆阅读之余，施蛰存还翻译了保加利亚和匈牙利作家的小说作品，读了英译版的尼采全集和几本希腊诗集，选译了几十首希腊诗。图书馆还存有不少法国近代诗人雷米·特·古尔蒙的作品，施蛰存看后大喜，陆续将其译出，后来他发表在《文艺春秋》上的译作《女体礼赞》就选译自当时从校图书馆找到的古尔蒙《给女人的书简》一书。施蛰存尽读校图书馆中所藏宋元人笔记杂著和有关词学之评论琐记，也辑为一书，题为《宋元词话》。据此研究成果，1942 年，施蛰存给学生开过一门跨系的国文课"专书选读"，当年听课的学生说，"施先生的课上得非常精彩"，这是施蛰存在闲暇研究所得基础上结出的丰硕果实。施蛰存还整理其备课讲义，出版了《读太史公自序旁札》②。周辨明、李庆云教授研究大学英文教学问题，出版了

---

① 李约瑟：《战时中国之科学》，徐贤泰、刘建康译，中华书局 1947 年版，第 77~78 页。
② 沈建中：《遗留韵事：施蛰存游踪》，文汇出版社 2007 年版，第 192~209 页。

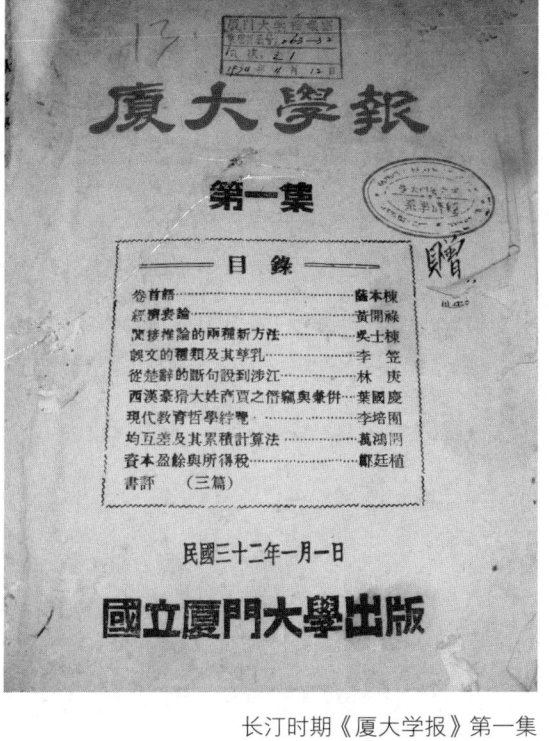

长汀时期《厦大学报》第一集

相应的教学用书——《英文一选读》和《英文二选读》[①]，周辨明还带领学生研究长汀方言，出版《长汀方言与国语》。

1942年12月，教师建议"刊行学报"交流彼此"教研成果"，萨本栋欣然应允。1943年1月1日，《厦大学报》第一集于战火声中问世。萨本栋在卷首语中写道："本校在私立时代，原发刊有厦大学报。二十六年（1937年）改为国立，不数日即值抗战军兴；鹭岛居国防前线遂于炮火声中内迁长汀。举凡大学所应具之最低基本设备，一切均待草创，学术刊物之发行仍归停顿。本年鉴于长汀校舍雏形粗具，校基较固，爰有赓续刊行学报之议。事定之日决仍沿用原有厦大学报之名称，惟将'卷''期'改为'集'，以资区别，内容

---

① 厦门大学档案馆，案卷目录号 028-8。

方面则先刊登文法商各部门之论文，以其性质较相近也。至于理工文献则期于将来另出特刊。"

值得注意的是，《厦大学报》刊印的是教师原创性的"教研成果"，它是围绕教学展开的学术探讨，不同于今天以量化为导向、以课题为目标的科研活动。"教研成果"服务于大学的知识传授，目的在于追求卓越，全方位提高学校人才培养质量，这是萨本栋不畏经费拮据窘迫、排除万难刊行学报的根本原因。某种意义上，这恰恰解释了抗战时期厦大、西南联大等大学培养出一大批精英人才的原因所在。

二、建国育才　创设工科

抗战时期，创办一所大学，难在要创造一种新的精神，养成一种新的学风，以实现一所大学对于民族使命的承担。关于"民族危亡关头青年需不需要接受教育"，"需要什么样的教育"，是当时教育界热烈争论和急需解决的问题。一些激进分子主张"停课搞军事训练，开到前线杀敌"。萨本栋的观点是教育的着眼点，不仅在战时，还在战后。他认为，不能因战争而破坏教育的既有规律和正常的教育秩序，盲目地去做一些应急的工作。抗战需要战士，但同时也需要各类高级人才与学者。萨本栋给厦大设定的目标是为战后建国储备人才。他说："大学的任务就是科学研究的任务。科学研究是为着后代，所以大学的存在也是为着后代。"① 萨本栋希望学生努力学习："时刻不忘救国的责任，下一个最大的决心，就学业方面、做人方面，以及后来就业方面，总之要在终身事业方面，立一个宏大的志愿，不要辜负国家和各师长的殷望。"②

正如国学大师钱穆的主张，"书生报国，当不负一己之才性与能力"，萨本栋认为学生应以所学报国，而不应纷纷参战，大学百年树人，政策设施宜常不宜变，一切应以教育和学术的发展为准绳。

抗战前，我国高校院系科目设置因传统文化、师资、办学成本等因素，多以文、理等基础学科为主，工科等实用学科发展缓慢。当时社会上还有一种传统教育观念作怪，认为："工是一种不入流的东西，惟其不入流品，所以，工的地位才江河日下。"③ 到

---

① 萨本栋：《科学研究》，香港《大公报》1948年12月28日第3版。
② 萨本栋：《开学词》，《厦大通讯》第3卷第10期，1941年10月25日。
③ 刘述礼、黄延复编：《梅贻琦教育论著选》，人民教育出版社1993年版，第181页。

了抗战时期，随着高校的联合和合并，特别是由于国防和建设的紧迫之需，工、农、商、医等人才紧缺日显严重。国民政府虽然经费紧张，却不得不投入相应的设备经费在高等院校扶持农、工、医的发展，创设或增设机械、电机、土木等系。1936年全国共有实科科系99个，到1944年已经发展到164个，增长65.7%。其他实科工、农、商、法增长也均在50%以上①，抗战期间学习工、法、医、农、师范的学生人数，超越了文理科的人数，为抗战提供了大量急需的技术人才。与此形成鲜明反差的是，理论基础学科呈现负增长的趋势。②

萨本栋在培养建国人才方面，重点抓住工科的创设。1940年，在萨本栋掌校不到三年的时间里，厦大先后增设土木系、机电系和航空系，理学院扩充为理工学院，在校生从内迁时195人，到1944年时发展成为926人。厦门大学从抗战前的三学院九学系到1945年发展到四学院十五学系。抗战时期，厦门大学理工学院学生数占全校学生总数的近1/2。

表4-4 抗战前（1921—1936年）厦门大学新生数年度分布

年度	1921—1924	1925	1926	1927	1928	1929	1930
学生数	215	19	0	40	45	75	115
年度	1931	1932	1933	1934	1935	1936	合计
学生数	135	183	151	157	53	99	1287

资料来源：厦门大学校史编委会：《厦大校史资料》（第六辑）（学生毕业生名录），厦门大学出版社1990年版，第75~172页。

表4-5 抗战时期（1937—1945年）厦门大学新生数年度分布

年度	1937	1938	1939	1940	1941	1942	1943	1944	1945	合计
学生数	129	102	125	220	217	292	256	304	401	2046
理工学生数	40	52	60	32	105	129	124	174	155	871

资料来源：厦门大学校史编委会：《厦大校史资料》（第六辑）（学生毕业生名录），厦门大学出版社1990年版，第75~172页。

① 根据《第二次中国教育年鉴》1936—1944年统计表"高等教育"统计。
② 陈立夫：《战时教育行政回忆》，台湾商务印书馆1973年版，第19~20页。

事实上，无论在战时还是和平时期，相比于其他学科，创办工科的难度都更大些，费时、费力且周期较长。萨本栋一方面四处奔走，向上级主管部门游说创办工科的意义，另一方面以超乎常人的坚韧和毅力狠抓教学质量，用事实证明工科人才培养急应社会所需。1937年，萨本栋写信给时任福建省主席陈仪，力陈厦大创办土木工程系的重要意义。

办土木工程系辩[①]

（1937年9月25日）

公洽主席先生钧鉴：

奉本月十六日大函祗悉一一。承示际此非常时期应裁减一切不必需要之费以充后方设备。盖筹硕划曷任钦佩。惟念培育土木工程人才在此非常时期似非不必需要之举。吾闽高等教育机关苟能早注意及此，则此次国难时期，于一切土木工事当不无若干裨益。况值兹长期抗战尤赖后方人才续出庶足以固根本而宏力量。设战局甫经发生即因军需而停教育，甚恐非谋国贤能如先生者所肯出此也。质之高明以为然否。敝校前奉教育部训令，以前经咨请省政府每年拨给敝校经费六万元。嗣经省府余午世府教丙61740号咨复以廿六年度仅能照旧每年拨付敝校五万四千元云云。方以为此数尚恐不敷分配，岂料现竟将并此而无之。似此应付万难奈何！查敝校本年度土木工程科前因奉令开办，业经招考完竣，各界周知，无不热烈赞成。即校董陈嘉庚亦极为赞许。现在一切仪器设备早经进行订购。若一旦骤告中止，将何以维信用而对社会？无已，惟有仍恳先生体念实情力赐维持而已。设省方实在无法维持原额，亦望与他项机关一视同仁。一面敝校亦当仰体时艰，将教室建筑暂缓进行，并酌减一二教授以资维持。万望勿遽将全数停付，则敝校幸甚，学子幸甚！临楮不胜惶悚，盼望之至。专肃敬祝

勋祉

萨本栋

[①] 厦门大学档案馆，案卷目录号040-66。

对于如何办好工科，萨本栋是熟悉而有主见的。他认为，大学工科应该将基础知识与专业知识并重，专业方面应理论与实践并重。1937年8月，厦大创设土木工程系时，虽然只聘到两名兼职的土木工程学教师，但他胸有成竹，大胆招生，不因条件尚未完全具备而拖延。10月开学时，学校先安排土木系入学新生修习"国文一（6学分）""英文一（8学分）""经济学（6学分）""普通物理（8学分）""初等微积分（8学分）"等基础课，共36学分；专业课只安排"投影几何及工程画""实习"两门，各2学分；专业课的比重仅占全学年40学分的1/10。对基础课的任课教师，萨本栋则尽量择优配备，如"英文一"由周辨明教授担任，"经济学"由杨振先教授担任，"普通物理"由黄启显副教授担任。这样，既保证了基础课的质量，又解决了暂时缺乏专业教师的困难。很快，萨本栋引聘了黄中、王敬立、李厚田等土木工程学方面的知名教授，加上原聘的刘晋桎教授、朱家炘教授、俞浩鸣副教授，及后来成为闻名的土壤力学专家陈梁生助教，土木工程系拥有一支力量相当雄厚的师资队伍，这使课程进一步系统化，除"英文二""普通化学""微分方程"等基础课外，专业必修课及其学分数为："工程画（2）""应用力学（6）""材料力学（4）""平面测量（10）""机动学（3）""热机学（3）""材料试验（1）""工程材料（2）""大地测量（3）""铁路测量及土工（3）""水力学（3）""水力试验（1）""水文学（2）""结构学（6）""钢筋混凝土（3）""道路工程（3）""地质学（3）""电工原理（4）""结构计划（2）""土石结构及基础（3）""钢筋混凝土计划（3）""铁道工学（3）""契约及规范（1）"。专业选修课及其学分数为："高等材料力学（3）""河工学（3）""水工计划（2）""灌溉工程（2）""都市给水（3）""污水工程（3）""水力发电工程（3）""高等结构计划（3）""高等结构学（4）""钢桥计划（2）""房屋建筑（3）""道路计划（2）"。

从开设的课程可以看出，土木工程系培养了公路、铁道、桥梁、水工、房屋、城建等方面的建筑工程人才。为了保证教学质量，萨本栋在经费十分困难的情况下，为土木系添置了大批图书及仪器设备，特别是在原长汀中山公园北侧、虎背山南麓修建土木工程系办公室、教室、制图室及水力实验室，更为该系的扩展提供了新的条件。经过三年的努力，土木工程系已粗具规模。

在扩展土木工程系的同时，萨本栋多方争取，积极为创设机电工程学系做准备。1939年延聘机械工程学教授朱家炘来校，起先在土木工程系任教。1940年秋，教育部批准厦大设立机电工程学系后，他即任命朱家炘为系主任，萨本栋亲自为该系开设"初等微积分""电工原理"等课程。1942年3月，学校新聘德国但泽工业大学机械工程师、交通部造船处主任、同济大学教授张稼益为机电工程学系教授，萨、朱、张三人构成该系的教学主干，使其成为全校师资水准最高、对新生最具吸引力的学系。初创时生数仅9人的机电工程学系，至1944学年度，生数猛增至202人，成为全校第一大系。

课程设置方面，除工科公共必修课"国文""英文""经济学""普通物理""普通化学""微积分"等6门课共44学分外，机电工程学系专业课程包括机械及电机（电气）两大类，计有"微分方程"、"投影几何及工程画"、"工厂实习一、二、三"、"机械画"、"工程力学"、"机动学"、"热工学"、"电工原理及电磁测验"、"材料力学"、"工程材料及试验"、"热力工程"、"机械设计及制图一、二"、"直流电机及试验"、"交流电机及试验"、"交流电路"、"水力学及试验"、"热工试验"、"动力厂及设计"（或"发电厂及设计"）、"电报电话学及试验"（或"实用无线电及试验"）、"工业组织及管理"等25门课，共100学分，连同毕业论文3学分；学生必须修满147学分方得毕业，比土木工程系须多修5学分，比数理、化学、生物等系须多修15学分。①

增设了土木系、机电系后，萨本栋积极筹建航空系，同时，理学院扩充为理工学院，下设数理、化学、生物、土木工程、机电工程等五学系。

创设工科的同时，萨本栋全面考量社会所急需人才，拓展了商科。他认为："自抗建以还，国内经济建设事业突飞猛进，管理方面需人最殷，尤以闽

---

① 洪永宏编著：《厦门大学校史》（第一卷）（1921—1949），厦门大学出版社1990年版，第193~196页。

省为然。一面则年来会计制度确立,各方对于缺乏会计人才之感觉,几成普遍现象。故盱衡时势为培才以备社会之需要起见,实有改笼统空泛之商业系为比较专门且切合实际之工商管理及会计银行二系之必要。况复闽省地邻南洋群岛,将来华侨子弟回国就学者必众。是则,训练侨胞子弟使具有管理工商业之学识,以谋增其事业,于我国家发展海外经济似亦不无裨益。"①1941年,厦门大学商业系分为会计、银行二系。银行学系主任为朱保训教授,会计学系主任为萧贞昌教授,萨本栋又聘请原国立云南大学副教授周覃被(英国爱丁堡大学商学士)为会计学系教授,厦大校友、原福建省财政厅秘书童国瑆为银行学系副教授,两系组成商学院,加上原专任教授黄雁秋,全学院共有教授五名、副教授一名,院长由冯定璋教授担任。不久,萨本栋聘请到私立时期商学院院长陈德恒教授返校执教,同时,新聘吴崇泉为会计学系副教授;聘美国哥伦比亚大学商学硕士、原经济部物资局专门委员兼农本局经济顾问郑健峰为商学院院长,美国南加州大学商学硕士、原国立中山大学副教授燕夔为银行学系副教授,商学院的师资力量得到了大大加强。

萨本栋于战火中有条不紊地创设工科、拓展商科,其"抗战必胜"的信念鼓舞着全校师生奋发向上。潘懋元于1941年考进厦门大学,当时福州沦陷,战况紧急、烽火连天,新生很难准时到校,他记得自己是在中秋节这一天赶到长汀报到。令他难以忘怀的是萨本栋所做的开学报告,"为什么不只是维持现状,还要增设会计、银行、机电等系并比往年多增收学生?因为抗战必胜是毫无问题的,许多国家战时大学停办去参战,我们却要准备建国人才",厦门大学要"为建国而育才","说者激昂、听者感奋"②,直到今天,潘懋元对当时的情形仍难以忘怀。

抗战胜利后,刚刚光复的台湾面临着重建政治、经济、文化的繁重任务。

① 《向教育部申请增设系数函》,许乔蓁、林鸿禧编:《萨本栋文集》,厦门大学出版社1995年版,第241页。
② 潘懋元:《厦门大学应当弘扬本栋精神——在萨校长诞辰100周年纪念会上的发言》,陈武元主编:《萨本栋博士百年诞辰纪念文集》,厦门大学出版社2004年版,第1页。

大陆具有各种专业知识的人才纷纷赴台工作，一水之隔的厦大大批毕业生踊跃报名，仅1941—1945级厦大赴台毕业生就达300多人①，占其时毕业生总数的35%。1945年，政府负责接收台湾的百余位中高级要员中，厦大学生占十多位。②1939级厦大毕业生、在台湾化工及塑胶业界颇负声望的沈祖馨回忆道："光复后，台湾由稳定而繁荣，贸易发达，经济蓬勃，使世界认为奇迹，其中亦至多我校校友之心血与精力在：如培育新一代的教育，参与教政、开创及执掌学校均成绩斐然，如粮政措施，充裕军糈民生，繁荣农村经济；工业有廉价之员，亦多出我数位校友之筹谋；财政收益，初期实赖于公卖之支撑，而有我校友侧身帷幄；沟通侨情，引导侨胞投资促进工业发展，有我校友辛劳奔走其间；创造对外贸易突飞猛进有利条件之港口，电力电信及加工区之建设，更多校友是居于关键性地位；投身工商企业界之翘楚者更多，不胜枚举。"③据对厦大赴台学生所学的专业统计，以工科、经法类等系毕业生为主，占67%，文科占22%，理科占11%，机电、土木、银行、会计四系所占人数达44%。他们分别到台湾电力、电信、高科技、交通、水利、钢铁、造船、石油、石化、粮食、糖业、保险、财税、银行、侨务等行业领域，成为该领域的主要负责人和业务骨干。以机电系第一届（1940级）毕业生为例，当时有3位学生赴台：一位是何宜慈，台湾新竹科技园区创始人；一位是欧阳谥，台电高级工程师，在国际电力研究方面享有盛誉；一位是陈中柱，也是台湾机电领域赫赫有名的工程师。④1973年，台湾宣布推动十大建设的重大计划⑤，其中有六项工程建设由抗战时期厦大毕业生主持。⑥

---

① 史习培：《台湾光复后两岸交流专家学子》，《炎黄春秋》2001年第12期。
② 沈祖馨：《付梓感言：母校之光芒无涯》，《国立厦门大学六十周年纪念特刊》1981年，第14页。
③ 沈祖馨：《付梓感言：母校之光芒无涯》，《国立厦门大学六十周年纪念特刊》1981年，第14页。
④ 石慧霞：《抗战时期的厦门大学——民族危机中的大学认同》，厦门大学出版社2012年版，第195页。
⑤ 林忠编著：《台湾光复前后史料概述》，皇极出版社1983年版，第102页。
⑥ 石慧霞：《抗战时期的厦门大学——民族危机中的大学认同》，厦门大学出版社2012年版，第199页。

三、以质为先　培养通才

厦大毕业生得到社会广泛认可,这与萨本栋的"质量观"和"培养通才"的理念息息相关。当学校遇到"质量与数量"的矛盾时,萨本栋始终坚持把"质量"放在第一位,"一定要培养出合格的人才,宁缺毋滥"。萨本栋说:"本校一向对于学生程度之提高,非常注意。在量与质不能兼顾情形之下,对于质的改良,比起量的增加,尤其重视。"

对战时处境中"以质为先"的质量观,萨本栋有其独到的认识:

> 一则抗战后各大学学生人数都在激增之中,大学生数量之增加,亦有许多学校都做到了,但是因为受抗战的影响,限于设备,学生程度不免降落。本校所受抗战影响比较少,所以对于学生程度的维持,较有办法。
>
> 二则本校在国立各大学中,经费是最少的一个,如果要顾到量,就不能顾到质,所以宁可放弃量的发展,以谋质的改进。
>
> 三则一个学校的程度,一旦降低之后,要想恢复就需要很大的力量。至于标准相当高的学校,到了适当时期,很容易增加他的学生的数目。根据以上所说的各种原因,所以本校人数虽然每年都有增加,但是还没有到恶性膨胀的地步。[①]

事实上,在提高质量、确保学生成为"合格人才"方面,萨本栋深受清华通识教育思想的影响,坚持主张培养通才。他认为,文理必须沟通,文科学生要有一定的自然科学知识,理工科学生不能没有社会科学知识。全校一年级学生都要修国文、英

---

① 《廿九年度毕业典礼校长训词》,《厦大通讯》第3卷第7期,1941年7月25日。

文，不及格的要重修，重修不及格则予以退学。为了让学生充分理解学校培养通才的教学计划，新生入学时，萨本栋常勖勉同学"要思想纪律化，最好去研读数理；要知道祖国的可爱，应当温习史地；语文不通顺的人，在学术界不会有地位；不动手做实验的人，休想控制大自然，以造福于国家及人群；这些是厘订本大学第一年课程的基本哲理，同学其善喻斯意！"①

多年的从教经验和观察思考，使萨本栋认识到，近代以来中国各类大学课程除医学院外，虽然"向由各校自行规定"，"因人地制宜，自由发展"，但也带来不少问题，尤其是"若干大学，分系过早。各系所设专门科目，又或流于繁琐，一般学生缺乏良好之基本训练，所得知识，难免支离破碎，不能融会一科学术之要旨"②，所以，在基础课程中，萨本栋特别重视语文（包含国文、英文）。他认为要开展学术研究，除专业知识本领过硬外，还必须有广泛的基础知识。他要求厦大学生除能熟练地掌握本国语言外，还要较熟练地掌握一门以上的外语。国文、英文成绩如不及格者就要重修，重修不及格就要退学。萨本栋说："本栋从事教育十数年来，每觉一班大学毕业生姑勿问对其所习专门知识成就如何，而甚有内不能以国文自达其怀蓄，外不能由外文吸取新鲜之知识者为数殊伙。自谬膺简命妄长厦大以来发现本校之具有此种现象者其势更甚。念本身职责之所在思国家属望之殷重，以为若不亟起从质的方面力谋改进，则国家年费巨帑岂非虚掷？夫青年为国家基本，大学为教育青年之最高学府，绝不容委蛇敷衍，仅以一纸毕业文凭之授受为完事。爰于严格施行考核学业成绩之外，并订定本校语文特殊试验暂行办法数条，提经校务会议讨论通过。"③1939年，厦大在校内实施"语文特殊试验办法"，以"鼓励学生研读语文以为进修高深学问之工具"。

---

① 洪永宏编著：《厦门大学校史》（第一卷）(1921—1949)，厦门大学出版社1990年版，第162~164页。
② 《教育部训令》(1938年9月23日)，《川大档案》第52卷。
③ 《向教育部汇报特殊试验事》，厦门大学档案馆，案卷目录号015-12，1942年。

国立厦门大学语文特殊试验办法[①]

（1941年2月27日第六十六次校务会议修正通过）

一、本大学为鼓励学生研读语文以为进修高深学问之工具起见，设置语文特殊试验。其办法依次列各条办理之。

二、应语文特殊试验之学生，须已经修过本大学国文一及英文一或同等学程者。

三、此项特殊试验每学期于始业后第四星期中举行一次。

四、每学期由本大学校长聘请本大学教务长及教员若干人组织委员会主持此项试验事宜，教务长为当然主席。

五、应试学生须于考试前一星期向教务处报名依期与考。

六、此项特殊试验分为国文及英文两科，其考试方法及内容如下：

（甲）国文：当场作文一篇（文言语体均可）。

（乙）英文：考试方法分为下列二式，应试生得选择一式参加考试：

（1）商得委员会同意选定英文读物先行阅读（读物字数不得少于五万字），于报名应考时呈交约三百字之阅读报告备核，考试时由主试人就考生所选读考试其阅读能力。

（2）不选定书籍并勿须呈交阅读报告，于应考时由主试人任选英文读物考试其阅读能力。

七、此项特殊试验成绩之评定，每科各分为"优""可"及"劣"三等，不给分数不计学分，由主试人分别评定后依多数意见决定之，列"劣"等者为不及格。

八、应试三次其成绩仍未及格者不得再行与试。

九、每年委员会就得应试生国文与英文成绩之特优者每科各甄选三人荐出校，校酌给奖金及奖状。

十、本办法如有未尽事宜，得由本大学校务会议议决修改之。

[①] 《向教育部汇报特殊试验事》，厦门大学档案馆，案卷目录号015-12，1942年。

十一、本办法经校务会议通过。由校长批准公布日施行。

该项语文特殊试验办法自实行之后，对学生中、外文程度的提高，起到了积极的推进作用。

为了进一步拓宽学生知识面、完善学生知识结构，学校在学院间引文入理，引理入文，推行文理渗透。规定商学院各系学生必须修习高等数学；文、法学院各系学生必须在数学及自然科学课程（高等数学、初等微积分、物理、化学、生物等）中选修一门；理科学生必须修习中国通史及社会科学（社会学、政治学、经济学、民法概论选一），工科学生则必须修习经济学。1938级学生雷世懋说："我入学时开始读的是土木系，后来转入数理系。在整个一年级阶段，除读理工方面基础课外，还学了一年的国文课（黄典诚先生讲授）与中国通史课（叶国庆先生讲授），两位教师都像教中文系、历史系学生那样严格要求我们。这一举措不但提高了学生文史知识水平，更通过文史课进行了人文素质教育。对学生在学习现代科学知识的同时不忘传统文化，在学文化的同时学做人，起到了潜移默化的作用。"①

专业课是培育专门人才的关键课程。1940学年度以来，随着师资力量的充实，厦大不仅在工科两系增设专业课程，其他各系也建立起较完备的专业学程体系。如教育学系的专业课包括教育学（教育视导、教育哲学、教育统计、比较教育、职业教育、教育社会学）、心理学（普通心理学、教育心理学、学科心理学、现代心理学派别）、教学法（测验概要、课程编制、普通教学法、教学实习）、教育管理（教育行政、学校行政、中等教育、社会教育、中学教务、中学训导）、教育史（西洋教育史、中国教育史）五个部分。法律学系的专业课，则包括总类（法理学、中国法制学、宪法、行政法、法院组织法、诉讼实习）、民法（民法总则、民法债编、民法物权、民事诉讼法、亲属法、继承法、强制执行法）、刑法（刑法总则、刑法分则、刑事诉讼法）、

---

① 雷世懋：《高山仰止饮水思源》，陈武元主编：《萨本栋博士百年诞辰纪念文集》，厦门大学出版社2004年版，第169~170页。

商法（公司法、票据法、保险法、破产法、劳工法、海商法）、国际法（国际公法、国际私法）五大类。①

1941年以前，内迁至长汀的厦大一直是东南诸省中唯一的国立大学，许多青年大学生就读的学校因交通阻隔或停办、迁徙等，要求转入厦大或在厦大借读。1939年，学校召开招生委员会会议时，正在出差的萨本栋专门发电报来，请招生委员会尽最大可能收留转学生。1940年，厦大一次性接收了30名要求转入厦大读书的其他高校学生。②转学生和借读生的加入给学校正常教学秩序、教风学风和人才培养目标等带来很多挑战，为此，萨本栋从每一个教学环节着手，明确规章制度并带头严格遵守。可以说，高规格、高品质的通识人才培养是建立在萨本栋不折不扣"严把"每一个教学环节的基础之上。

首先，严把注册关。学校规定每学期开学，学生必须按时注册，迟到就算逾期，一概以休学论，绝不通融。当时交通不便，有的学生担心买不到车票，宁可提前步行来校。注册时，萨本栋会与每个报到的学生亲切地话家常，但是，只要报到时间截止，该学年的注册工作就马上结束。一般来说，每学年初，校务会议会明确规定本学年注册截止日期为何日几时，一旦订定，全校师生"一开学马上投入到学习工作中形成惯例"③，以至于半个多世纪以后，年过八旬的1940级机电系学生、台湾新竹科技园区创始人何宜慈对此仍记忆犹新："萨师办学以严格闻名。他令出必行，建立诚信。开学注册日期绝对不能通融，是长汀厦门大学同学都清楚记得的例子。抗日战争期间，交通极为不便，有些同学在注册截止后才赶到，不管什么理由，都不能例外注册。他是借此训练学生们未雨绸缪，不存侥幸之心的。"④这项规定确保了战乱年

---

① 洪永宏编著：《厦门大学校史》（第一卷）(1921—1949)，厦门大学出版社1990年版，第203~204页。
② 《招生会议记录》，厦门大学档案馆，案卷目录号062-26。
③ 潘懋元先生访谈记录，2008年8月27日。
④ 何宜慈：《永怀恩师萨公本栋校长》，陈武元主编：《萨本栋博士百年诞辰纪念文集》，厦门大学出版社2004年版，第142页。

代学校的正常教学秩序。在校务会议记录中，笔者意外发现三个例外的案例：1938年12月12日，第25次校务会议上，萨本栋提请会议讨论浙江新生杨学耕逾期注册案。萨本栋收到该生一封信，内容摘略如下：该生11月17日接到浙江省教育厅发来的录取通知，19日由浙入闽，26日晚到达长汀厦大。27日获悉注册逾期，教务处不予通融。该生家乡沦陷，幸蒙厦大录取，免于失学苦痛，然接通知太迟，无法按期报到，所筹措的旅费已用尽，万一不予通融入学，"则不啻置于绝境矣"。会议提请是否准予补注册，由会员公决：10位校务会议会员，8位赞成2位反对，通过。①1939年4月23日，第31次校务会议上，学生姚士聪、吴汝震呈称因种种阻碍，致误注册日期，恳请通融准予入学案。议决：准先随班旁听，并参与第一月月考，如及格学程达12学分时，可准予补行注册。②1942年1月31日，第80次校务会议上，教务长反映，学生陈茂铨呈称拟遵校医劝告前赴永安割治鼻瘤，请准予注册截止后给假二星期可否照准案，议决照准，并规定从该学年下学期，凡由校医证明有关身体健康问题或遇亲丧等大故经教务长认为确实者，得准其于开学后两星期来校注册。③这三个案例忠实反映了"铁面"的注册规定，更体现了规则背后人性的理念和精神，那就是管理者制定规则的目的在于为服从规则的人更好地服务。

其次，建立严密学制。第一，学制四年，凡学完四学年并修满应修学分者，授予毕业证书及学士学位。第二，按照各系不同情况，规定毕业须修满的学分数，最高为法律学系，学生须修满153学分方得毕业；以下依序为机电工程系，147学分，土木工程系，142学分，教育系、政治系，134学分，中文、历史、数理、化学、生物、经济、会计、银行等8系，均为132学分。学分标准为学生上课及课外预备时间，每星期平均需三小时之学程，每学期

---

① 第25次校务会议记录，参见厦门大学档案馆，案卷目录号062-003。
② 第31次校务会议记录，参见厦门大学档案馆，案卷目录号062-003。
③ 第80次校务会议记录，参见厦门大学档案馆，案卷目录号062-004。

以一学分计算。第三，规定各专业课的先修学程。如历史系学生要修习中国断代史，必须先修毕中国通史，要修习西洋近代史，必须先修毕西洋通史。化学系学生要修习理论化学，必须先修毕定量分析，要修习定量分析，必须先修毕定性分析。银行系学生要修习银行会计，必须先修毕会计学及货币银行学，要修习商法（二），必须先修毕商法（一）及法学通论。第四，允许学生在主系之外增修辅系，并规定辅系必修科目及应修满的学分数。如增修中文系为辅系者，必修历代文选、各体文习作（一）、中国文学史、文字学概要等四门课程，并选修其他一门专业学程，共应修满 24～26 学分。增修会计系为辅系者，必须修习经济学、商业史、会计学、统计学、货币银行学、商法六门课程，共应修满 33 学分。①

  再次，严格考查考试制度。学校制定了严格的考试制度。考试分平时试验、学期试验及毕业试验三种。平时试验由教员随时举行之，每学期至少须举行一次；学期试验，于每学期终了时举行之；毕业试验，于修业期满时举行之。学生成绩以 100 分为满分，60 分为及格。学生一学期内无论任何学程缺课逾上课总时数 1/4 者，不得参与该学程之学期试验，其成绩以 0 分论。学生每学年所选学程成绩，有 1/3 不及 50 分，或 1/2 不及 60 分者，以自动退学论。各学程成绩不及 60 分但已满 50 分者，得补考一次，学生因故请假，经教务长核准，未参与学期试验者，得补考一次，学生无故不参与某学程学期试验者，不得补考，该学程之成绩以零分论。学生选修任何学程三次尚未及格者，不得再选该学程，如该学程为共同必修课，此类学生以自动退学论，如该学程为某系必修课，则不得以该系为主系。

  关于学生是否达到学校预期培养目标，准予毕业，学校组织了专门的毕业生审查委员会统筹办理。学生必须通过学校组织的毕业试验（考试）。考试学科分为两类，甲类为应考生最后一学期所修之学科，最少应有四种；乙

---

① 洪永宏编著：《厦门大学校史》（第一卷）（1921—1949），厦门大学出版社 1990 年版，第 204 页。

类为应考生以前各学年所修之基本专门学科，最少应有专门学识基础课、国文及英文三种，凡通过语文特殊试验及格的学生，可免试国文及英文。毕业试验不及格之学生不得毕业，并应于次届毕业考试时再行补考其不及格之学科。各种试验的命题、考场的纪律、成绩的评定，学校均从严掌握，绝不降低要求。

1941年，萨本栋批准公布了厦门大学修正通过的毕业试验暂行办法。

厦门大学毕业试验暂行办法

一、本大学毕业试验事宜，由毕业试验委员会（以下简称"委员会"）统筹办理之。

二、委员会由校长，教务长，训导长，各学院长及校长聘任之委员若干人组织之，校长为当然主席，开会时由注册组主任列席任纪录，委员人选聘定后，由校呈报教育部备案。

三、毕业试验学科依据部颁规定，分为二类：（甲）应考生最后一学期所修之学科（以下简称甲类学科）；（乙）应考生以前各学年新修之基本专门学科（以下简称乙类学科）。

四、甲类学科之试验，即为应考生最后一学期之学期考试，其科目最少为四种，命题与评阅事宜均由委员会委托主授各科之教员办理之。

五、乙类学科之试验，为应考生基本学力之考试，其科目最少为三种，科目名称及考试时间，于每学期开始一个月内由委员会规定之。

六、乙类学科之试验，其命题及评阅标准分三项：（甲）考生已具专门学识之基础；（乙）考生以国文表达其专门学识之能力；（丙）考生从外国文书报中（暂定为英文）获得专门学识之能力。

七、前条考试之细则另定之。（注：本条细则业经公布）

八、凡语文成绩已达本大学所规定之标准者，得免受第六条乙或丙之考试，其标准另定之。

九、毕业试验不及格之学生，不得毕业，并应予次届毕业考试时再行补考其不及格之学科。

十、本办法如有未尽事宜，由本大学校务会议修改之。

十一、本办法经本大学校务会议通过由校长批准公布之日施行。①

萨本栋特别重视对学生创新实践能力和开展科学研究兴趣的培养。他对学生说："中国读书人最大的毛病就是用脑而不肯用手。以前中国文人常以劳心者治人自居。处在机械化时代，只能用脑而不会用手的人，在许多方面，他的机会与地位都受限制。"萨本栋决定把一部分奖学金用于专门鼓励学生增长"运用手足"的能力，"希望大家以劳动服务为无上荣耀和快乐，互相勉励竞赛，使成为本校新的风气"②。有的学生回忆说："有一次学生进行测量实习，萨校长指着新筑的一堵墙要我们回答是否垂直，我们手忙脚乱地校正仪器，准备大显身手，他看了就笑着说，'不必费那么大的劲，用一条垂锤线测量就行了。'他十分重视实验，当年尽管条件十分困难，但厦门大学理工学院的实验是始终不缺的，他时常指点我们书本和应用的相互贯通。"③学校建了实习工场，虽简陋却满足了理工科学生的基本操作和训练需求。

各院系学生在老师指导下开展研究和实践蔚然成风。各系学生均成立专业学会，活动频繁，各系教师分别是专业学会的顾问，几乎每次学生开展研究讨论，都有教师直接参与指导。经济学会和商业学会在冯定璋、黄开禄、萧贞昌、朱保训等知名教授的亲自指导下，于1941年3月联合创办《经济商业期刊》，其办刊宗旨是"对国民提供经济和商业的知识"。同学们结合专业知识评述战争中出现的各种经济现象，他们认为："战争使一切失去常轨，战争亦创造新的真理，我国有独特的国情，有固有的社会环境，在此千载一时的抗战建国之中，一切起着新陈代谢作用，过去的经济商业组织发生动摇，而第一次欧战中各国对此措施的成例，又仅聊资借镜，如何建立适应的战时

① 《母校修正通过毕业试验暂行办法》，《厦大通讯》第3卷第7期，1941年7月25日。
② 《萨校长开学词》，《厦大通讯》第3卷第10期，1941年10月25日。
③ 陈孔立：《谈"本栋精神"》，陈武元主编：《萨本栋博士百年诞辰纪念文集》，厦门大学出版社2004年版，第14页。

经济，如何探讨民生的症结，本刊以最大的篇幅，容纳此项论者。"①不久，教育学会创办《生力》半月刊，认为："厦大教育学会是厦大同学研究教育学术的一个团体，一个学术研究的团体应当是一方面不计近功地不断地作着研究与探讨，一方面要把研究的心得发表出来，使得更多人们的理解、同情，以至于参考和应用。厦大教育学会过去廿年的历史，对于这点有过相当的表现，今后我们也将一样地尽力。编辑专刊既是我们工作的一种，由这工作，我们不但希望我们将因此而更有兴趣去从事一个学术团体应有的工作，而且希望能因而得到更多我们珍贵的指示，并对社会贡献其一得之愚。这并不是大胆的矜夸，而是一个学术团体应具有的忠诚。"②这展示了教育学会同学深厚的理论功底和现实关怀。

学生们积极利用假期到省内各地对口工厂实习，③验证理论，提高实际操作能力。仅1938年，各系呈报的实际问题研究就多达25项：关于战时教育、经济问题研究8项，教学改进的相关研究4项，大学校舍管理等其他实际问题研究3项等。生物系师生课余对闽西的寄生动物、鸟类及其他脊椎动物的形态生态进行研究，建立了专门的实验场所，既锻炼了学生的动手能力，也培养了学生的专业技能。

为培养通识人才、确保人才培养质量，萨本栋和全校师生都付出了艰辛的努力。萨本栋说："因为我们注重质的原故，我们的学生同教职员，都相当苦。在校的学生，日常要做的工作相当繁重，而教职员的督促，同他们的责任，也因而增加。"④1941年，国立厦大第一批招收的学生毕业，在毕业典礼上，萨本栋欣慰地说："今天毕业的同学，都经过了很严格的训练；今天在座的教职员都尽了很大的心力，在学校方面来说，大家都已尽了他们所能尽的力量。"⑤

---

① 国立厦门大学经济商业学会联合出版委员会：《卷头语》，《经济商业期刊》（第一集），1941年3月。
② 厦门大学教育学会编：《刊前话》，《生力》1941年12月。
③ 刘海峰、庄明水：《福建教育史》，福建教育出版社1996年版，第547页。
④ 《厦大通讯》第3卷第7期，1941年7月25日。
⑤ 《廿九年度毕业典礼校长训词》，《厦大通讯》第3卷第7期，1941年7月25日。

四、创立省院 倡导学术

20世纪二三十年代，国内从事综合性学术研究的机构只有中央研究院（全国性）和北平研究院（区域性），全国科学研究的基础相当薄弱。抗战时期，虽因战争需要成立了不少军工研究所和农业研究机构，但抗日战争对我国科学发展的影响是全方位的，日本帝国主义的侵略对中国近代科学发展造成更加沉重的打击。任鸿隽说，抗战期间"一切科学研究皆大受损失。有的科学如地质学、生物学等，虽勉强进行，而实际增加无数困难。有的科学如天文、物理、化学等，因仪器的损失与药品的缺乏，根本上无从进行"①。大批知名学者、教授被迫南逃。据潘懋元先生回忆，先后有不少学者如北平研究院生物部研究员汪德耀、北平大学医学院教授侯宗濂、燕京大学物理系教授谢玉铭、北京协和医学院教授傅鹰、生物学家唐仲璋等逃难滞留东南。从某种意义上说，这也客观上为福建省科技文教交流创造了历史机遇。智囊团向时任福建省主席陈仪建议成立专门学术机构，吸引这些学者为提高福建省科学研究的水平发挥作用。"民国二十八年春，福建省政府为提倡高深学术研究，培植科学人才计，特筹设福建省研究所。"②因"萨本栋既具作育人才苦心，尤具发扬学术宏图"③，故聘萨本栋兼任福建研究所所长，该所办公地点暂设厦门大学校内。

---

① 任鸿隽：《五十年来的科学》，《任鸿隽文存》，上海科技教育出版社2011年版，第587页。
② 《福建省研究院社会科学研究所概况》，1947年12月编印，福建省档案馆内部资料。
③ 福建省研究院编印：《福建省研究院概况》，1946年1月，第1页。

福建省研究所第一次筹备谈话会（1939年1月2日）（前排左五为萨本栋）

对于萨本栋而言，厦大校务的压力已经"重如泰山"，压得他喘不过气来，但他还是接受了这一重要的"兼职工作"。因为萨本栋深知，要使国家强大，教育和学术是其双翼。教育发展与学术研究相互影响、休戚相关，要培养高质量的人才，必须要有科研和学术支撑。而培养人才的目的，亦是为进一步推动科学进步和国家富强。为此，尽管时局动荡，学校校务已非常繁忙，萨本栋仍然咬紧牙关积极主持筹备福建研究所各项工作。萨本栋汇聚了一批很有学术建树的专门人才，"草创之初，经费至微，赖其悉心擘画，惨淡经营，先后成立自然科学、医药卫生及农林三部"，自然科学学部研究人员借助福建地处温带与亚热带之间、气候温暖、雨水充盈、动植物种类繁盛等特点，在生物标本采集、动植物分类分布学方面很快取得进展。①考虑到战时经济平稳发展的现实需要，萨本栋在建所的同时积极筹划成立社会科学部和工业部。为了福建省研究所的长远发展，萨本栋还亲自研究制定《福建省研究所组织

---

① 《福建省研究院社会科学研究所概况》，1947年12月编印，福建省档案馆内部资料。

规则》。当时,除北平研究院外,各省均没有单独成立省研究院。1939年4月1日,福建省研究所正式成立。福建省研究所(后改"院")可谓独树一帜,在硝烟烽火中承载着萨本栋等学人坚定的科学救国的顽强信念和理想。

福建省研究所组织规则[①]

(1939年4月19日通过)

第一条　福建省研究所(以下简称"本所")直隶于福建省政府。

第二条　本所之任务如下:

(1)研究高深学理与技术,以谋福建省农工商及文化与经济之改进。

(2)联络省内外学术团体,以从事于福建省特殊材料之探讨。

(3)指导并奖励福建全省学术研究,以培养人才。

第三条　本所设所长一人,综理所务,由省政府主席延聘之。

第四条　本所设评委会,由所延聘专门学者组成之,评委会决定本所研究工作方针,其组织规则另定之。

第五条　本所设总干事一人,商承所长管理全所行政事宜,设干事二人至四人,分掌文书、会计、庶务、图书等事宜,均由所长聘任之。

第六条　本所设研究员若干人,分为专任、兼任及通讯三种,均由所长聘任之。

第七条　本所得设研究助理级研究生,均由所长聘任之。

第八条　本所得分期设立以下各部,每部置主任一人,由所长与专任或兼任研究员延聘之。

(1)自然科学部

(2)农业部

(3)工业部

(4)社会科学部

(5)医药卫生部

[①]《福建省研究所组织规程》,福建省档案馆全宗24目录1案卷1401号。

第九条　本所各部得依研究科目及问题性质分为若干组，每组置组长一人，由所长就专任或兼任研究员中延聘之。

第十条　本所得聘所外专门学者为名誉顾问，由所长延聘之。

第十一条　本所设所务会议及各种委员会，其组成规则另定之。

第十二条　本所得依各部之需要，设立工厂、农场、博物馆、陈列室、图书室等，其组成规则另定之。

第十三条　本所得视各部之需要，设编辑员、化验员、技师、技士等若干人，均由所长委任之。

第十四条　本所设办事员及书记若干人，由所长雇用之。

第十五条　本所得依事实上之需要，与其他学术团体订立合作办法，但需先呈经省政府核准。

第十六条　本所经常预算之分配，除研究员之薪给另行规定外，其余应遵照以下标准办理。

（1）事务之助理人员之薪给，不得超过百分之二十五。

（2）行政及办公费用，不得超过百分之十五。

（3）图书仪器设备及研究调查费，不得少于百分之六十。

第十七条　凡以本所之名义募集之款项应拨本所基金或研究设备费。

第十八条　本所办事细则另定之。

第十九条　本规程如有未尽事宜，得提请所务会议修正，并呈报省政府咨转教育部备案。

第二十条　本规程由省政府核准施行，并咨转教育部备案。

附注：前项规则，业经省政府咨准。国民教育部1939年6月23日第1443号咨复以"经核大致尚合，除留备查考外，相应咨复查照"等语。

1940年，抗战进入更艰难时期，厦门大学校务使萨本栋的任务日益繁重，且校址长汀离临时省会永安交通多有不便。更重要的是，他从福建省研究所长远发展考虑，"细察本省目前需要情形，似已非本栋所定之迂缓计划所克适应，为因时制宜计，允当扩大规模严密进行步骤庶能对本省建设有所补助……须有相当人才专任其事方得以统筹全局"。此外，他认为福建省研究所不能"仅以纯粹的科学探讨为目标，应特别注重结合福建省社会实际急需问题立案"①。为此，萨本栋向省政府提请辞所长一职。同年9月，省政府同意萨本栋辞职的请求，改聘省府顾问沈铭训兼任福建省研究所代所长，萨本栋任名誉顾问。研究所在原有基础上增设工业部和社会科学部，合成5个研究部，将总部迁至当时的福建省政府所在地永安。自然科学和社会科学两部因人才和设备与厦门大学关系密切，仍暂留长汀。其余各部多在永安建屋办公。11月，省政府令福建省研究所改为福建省研究院。②1941年4月下旬，汪德耀接任院长，将留在长汀的机构一并迁往永安。

福建省研究院草创之初，时局动荡，惨淡经营，研究工作开展难度很大，再加上省政府并未将其事业经费单独列入正式预算，研究院一直没有专门经费来源，"临时张罗，事倍功半"③。厦门大学经萨本栋数年苦心经营，长汀校舍渐趋完善，师生教学生活逐渐步入正轨，一批研究所的学者纷纷转投厦大，原本萨本栋无心插柳，然着实充实了厦大师资，如该院院长细胞学家汪德耀（后接任萨本栋任厦门大学校长）、理化所研究员兼所长谢玉铭（后任厦门大学理工学院教授兼院长）、研究员傅鹰（后任厦门大学教授兼教务长）、自然科学部研究员陈子英（后任厦门大学生物系主任）、研究员金德祥（后任厦门大学生物系讲师）、社会科学研究所研究员崔宗埙（后任厦门大学法学院教授）、研究员陈文藻（后任厦门大学法学教授）等。

---

① 萨本栋：《辞福建省教育研究所所长信》，1939年7月31日，福建省档案馆全宗24目录2案卷675号。
② 方宝川、谢必震：《世纪回眸：福建师范大学老照片》，中国大百科全书出版社2007年版，第150页。
③ 《福建省研究院社会科学研究所概况》，1947年12月编印，福建省档案馆内部资料。

第五章 治校方略

 萨本栋传

一、匡正学风 充实条件

萨本栋任厦门大学校长前后八年（1937—1945年），实际掌校近七年。[①] 就外部环境、设备条件而言，其时是厦门大学最艰苦、最困乏的时期，但就人才培养、学校声誉和社会美誉度而言，却是一个辉煌的、至今令厦门大学引为自豪的历史时期。以至于今天，当人们谈到厦门大学校史，就不能不提起萨本栋。这位烽火硝烟中的大学校长，坚持认为"教育是国魂所寄托的事业"，努力为"战后建国培养人才"，坚持"未到'最后一课'的时候，应加紧研究学术与培养技能"，他有坚定的教育理想和教育信仰，他尊师爱生、事必躬亲，他付诸实践，凝神聚气推进大学内部事务。研读近代中国大学史，萨本栋的治校方略之所以对厦门大学甚至现代大学建设都有着重要的研究价值，是因为在他的带领下，抗战时期，厦门大学不仅没有被战火摧毁，而且学生规模、办学质量和人才培养等都得到快速发展。更重要的是，在萨本栋的领导下，全校师生、各届校友将抗敌救国、共赴国难的努力融入大学建设当中，摒弃学科、地域、籍贯、身份等诸多成见，厦门大学充溢着患难与共、坚持不辍、勠力同心的精神力量，全体成员表现出对大学发展尽心尽力的空前归属感和认同感，厦门大学成为富有整体性、充满向心力、生动活泼的大学共同体，而这个共同体的灵魂与核心人物就是萨本栋。

厦门大学迁汀前，原来位于厦门岛东部演武场的校址经过陈嘉庚、林文庆等人的苦心经营，已建成成熟的校区。校内设施

[①] 1944年5月，萨本栋离开厦大赴美讲学，校务由汪德耀代理，直至1945年9月，汪德耀正式接任校长。

齐备，师生生活安定闲适。校史记录："丛林凝翠秋冬不凋，古刹庄严殿阁并丽，钟声隐约心旷神怡。每当夕阳西下，移步滨海沙滩，自有无限诗意。距海岸数十里，见南太武高峰矗立天际，隐现于白云之间，尤为壮观。厦大对岸为鼓浪屿，楼道玲珑林木苍翠，危石高踞其巅，相传为郑成功演水操之台。当休假之时棹小艇访古迹探名胜，俱足以消尘虑之纷烦，而增身心之逸趣。厦大环境，诚为青年学子读书休养最适宜之地。"① 就连时任校长林文庆亦不无欣羡地对学生说："现在大学生的生活，很是舒服，比较一般的社会，真是好得多，就中国的情形说起来，好像是一种乌托邦（utopia）的生活。尤其是本校在这种气候温和之所，前有澎湃雄伟的大海，后有青绿可爱的山峦，自然环境之优美，少有及者，校中设备，虽不能说是十分完善，总是大致不差；诸位在这种环境之中，过研究学术之生活，其幽静舒适，不可言表。"②

与厦门校区的"幽静闲适"不同，师生初到长汀，就像踏进了另外一个世界，"举目凄凉无故物"。当时，抗日战争一再失利，继北平、天津、上海沦陷之后，太原及南京又相继失守，日寇直逼武汉，举国受震。时任教务长周辨明教授说："从十里洋场的厦门到七闽穷僻的长汀，从雕栏石砌的高楼大厦到画栋剥落的破败庙宇，从贵族到平民，从繁华到朴素，这其间，转变得太可惊人。"③ 厦大师生到当地去家访，发现"一般的人家非常的苦，住的是破屋，穿的是破烂的衣服，食的东西除青菜之外，肉的味道就很少尝到"④。

为了应对一系列变故、问题和挑战，萨本栋把克服困难、统一思想、建立优良学风作为学校首要工作。他身体力行，以自己的行动告诉师生"战时当作平时看"，引导大家务必抓紧做好自己分内的事：一方面他对建筑校舍、防空疏散、维持全校师生日常起居、伙食等亲力亲为，另一方面丝毫不放松教师招聘、课程设置、添购图书设备等事关学校发展的长远事务。

① 然：《介绍闽南最高学府——厦门大学》，厦大南钟社：《南钟》第1卷第11期，1937年。
② 林文庆：《大学生应有之态度》，《厦大周刊》第292期。
③ 周辨明：《厦大迁汀两年来之变化》，《唯力》旬刊第2卷第7、8期合刊，1939年7月7日。
④ 刘丁：《给长汀青年的一封信》，《唯力》旬刊第1卷第3期，1938年4月3日。

在迁到长汀后的第一个校庆纪念日，萨本栋抓住匡正学风的时机，经过深思熟虑，撰写了"与同学共勉的二十则信条"，"厦门大学改为国立，本栋谬蒙国民政府简命，来长斯校，视事伊始，即值全面抗战爆发，比以厦门原校址，位在敌人火线之内；奉命迁徙，复承校内外人士仗义协助，厦大得以弦诵不辍，略副国府抗战期中绝对维持各级学校课业之政策；公私感幸，曷可言宣。兹值本大学成立十七周年纪念之辰，自愧数月以来，毫未建树，爰将平日律己待人及治学处事之一部分信条，胪列数则于后，愿与诸同学共勉之。"① 二十则信条如下：

1. 自奉应俭约，工作应紧张，但不可伤及营养或害及卫生。

2. 对于国魂所寄托的事业，资助务必慷慨。

3. 不应互相攻讦，做出为"亲者所痛，仇者所快"的事情。

4. 在艰危中，须特别努力分内职务，务求无负陈嘉庚先生毁家兴学，及政府将厦大收归国立之至意。

5. 应先用客观的态度，观察并分析民众的痛苦，以作课余及假中下乡训练民众的南针；要记得衣食足而后知廉耻。

6. 对于正在试做中，而成绩尚未表现的事业，千万不要大吹大擂。

7. 举办一事，不要以首创者自诩；做完一事，不要以成功而自满，应牢记本校校训"止于至善"。

8. 居于任何行政地位，应蹈规守法，切勿破坏行政系统。

9. 到了一个新地方，要先了解当地的风土人情，要谋改革方法，不要自视太高，目空一切。

10. 移入乡村，不当常说"这地真糟，什么东西都没有"，应时时想"此处尚好，还有不少人物"。

11. 因负责做事而遭人毁谤时，毋须灰心，要知道时髦的骂人技术是"不

---

① 洪永宏编著：《厦门大学校史》（第一卷）(1921—1949)，厦门大学出版社1990年版，第162页。

骂不如己者"。

12. 对待诚恳的人，办法只应一个：就是同他一样诚恳。对待狠心的人却有两个方法：如果你能狠心，那末，不妨使用更狠的手段；如果你狠不下心，最好用诚恳的态度去感化他。

13. 不要因为韩复榘而小看了我国抗战的军人；不要因为汤尔和而骂尽所有留日学生；不要因为郑孝胥而怀疑个个福建人；也不要因为傀儡剧演员中，有些受过高等教育的人们，就自毁敌人视为眼中针而方在萌芽的我国高等教育。

14. 青年可用理智来训导，不可用地位或势力来压迫。

15. 学习教育的同学们，要知道教育要有政治的头脑，但不可作政治的活动。

16. 学习政治的同学们，将来上了政治舞台后，要善用教育原理与教育心理，但不得干涉教育行政。

17. 以纯粹科学为终身事业的同学们，若被诘问所学者有何所用的时候，可坦然地答复"政客们将来可以由此征收税款"，这是法拉第氏研究电磁现象时回答英国首相的不朽名言。

18. 从事高深学术或技能研究的同学们，要记得现代的技能不限于美术，现代的学术绝对非八股；八股与美术可在异族盘踞中发展，而有关民生国防的学术与技能，却不是敌人铁蹄下所得以自由研讨的。

19. 未到"最后一课"的时候，应加紧研究学术与培养技能；要知道我们对暴日只能"抗战"而不能作"惩罚"战的主要原因之一，是我们的学术至今尚未独立，我们民众技能的水准，几百年来未曾提高。

20. 要思想纪律化，最好去研读数理；要知道祖国的可爱，应当温习史地；语文不通顺的人，在学术界不会有地位；不动手做实验的人，休想控制大自然，以造福于国家及人群；这些是厘订本大学第一年课程的基本哲理，同学其善喻斯意！

这二十则信条，言简意诚，情理交融，循循善诱，亲切质朴，在师生中产生强烈反响，大家工作学习的精神风气大为改观。多年以后，许多当年毕业生仍对这二十则信条如数家珍，有些信条甚至成为他们终生信守的座右铭。2013年，1943级厦门大学校友、菲律宾著名实业家、华文教育家邵建寅先生做客"厦门大学校友论坛"，以其人生格言告诫青年学子"对于正在试做中，而成绩尚未表现的事业，千万不要大吹大擂"，他说，"这是70年前萨本栋校长教导我、激励我，令我铭感一生的话"①。

1940年12月，萨本栋赴重庆述职期间，接受《申报》记者采访，谈及厦门大学近况时说："本校现计有文理法商四学院，共十三系，学生六百余人，自前岁厦门失陷后，初迁鼓浪屿，后迁至现址长汀。因事先早有准备，故图书仪器暨一般设备损失甚微……可惜经费太少，其数量之少，列于国立各大学倒数第二位，仅稍多于东北大学……目前所堪告慰者，一为一贯之纯良学风始终精进，更较抗战前浓厚；一为各种设备，凡最低限度之必需者，皆足敷应用，尤以一百二十余种之西方杂志，始终能源源寄到，供诸参考浏览，此恐为内地任何大学所不及……"②

在学风改进方面，萨本栋告诫同学们在艰危中，须特别努力分内职务，"务求无负陈嘉庚先生毁家兴学，及政府将厦大收归国立之至意"。他对学生严格要求、严格训练、严明制度，其"严"亦是全校皆知。

课堂是整饬学风的主阵地。萨本栋在自己的教学中一贯对学生从严要求。课外作业总有1～2题难度较大，需要查阅参考书才能解答；考试题目60%是基础题，40%则较难，要得满分相当困难。学生们体会到这是为了"使大家学习思考，多激荡脑力，多翻阅参考书"。

在匡正学风的同时，萨本栋积极充实学校基本办学条件和设施。早在迁汀前，萨本栋就主动与长汀县政府、社会各界联系，寻求帮助，争取大学所

---

① 1943级校友邵建寅访谈记录，2013年4月6日于厦门大学建文楼。
② 《萨校长谈厦门大学近况》，《申报》1940年12月27日第8版。

在地方的大力支持。特别是在校舍方面，为解燃眉之急，长汀厦大临时校舍就是"承驻汀福建第七区秦专员允借其新修公署之一部分为本校暂时之用"，为此，萨本栋曾专门去函"向专员商借校舍"①。

  振夫专员先生惠鉴

    上月敝校秘书杨永修及教务长周辨明两先生到汀察勘校址。

    辱荷指导并允借专署房屋为敝校暂时之用。

    高谊热诚，感激靡既。兹敝校已决定立即内迁，现再派杨秘书先行前来筹备一切。到时仍恳多赐指教鼎力帮助，并将拨借之专署房屋示交杨秘书，俾便布置进行。

    至所感荷。专上祗颂

  勋绥

                    萨本栋

  迁汀后，在长汀各界人士的全力支持下，厦大校舍建设进展极速：先将原长汀孔庙加以修葺，租用附近民房，作为校舍；原行署旧址及监狱均拨借厦大扩建为办公场所及各系实验室；许多附近居民将自有民房借给厦大，作为学生宿舍；原长汀饭店被稍加改造后作为教师宿舍。不到一年的时间，厦门大学在长汀新建和修葺了十几座房舍，至1938年年底，长汀厦大校舍已有三大院，包括教室、宿舍、实验室、医院、图书馆、体育场，后经商得省县政府同意，厦大接管中山公园废址，修葺之后，焕然一新，为师生的教学、生活的稳定提供了良好的条件。原来孔庙周围的三大院落与嘉庚堂、万寿宫、仓颉庙等校舍连成一片，厦大校园几乎占据了半个长汀城，千余名师生得以安心学习和工作。②虽然校舍简陋，但其楼名皆沿用厦门校园的"勤业斋、映雪斋、笃行斋、同安堂"等，萨本栋以这种独特的方式传承着厦大的文化和精神，建构着师生共享的心理情感和思维方式，保存并发扬了学校固有的优

---

① 《向专员商借校舍》，厦门大学档案馆，案卷目录号055-15，1937年12月13日。
② 洪永宏编著：《厦门大学校史》（第一卷）(1921—1949)，厦门大学出版社1990年版，第201页。

良学风。①

战火纷飞的年代里，办学的困难不仅在教学和育人，更在确保师生生存和温饱。萨本栋想方设法为师生最基本的生活条件提供保障，解决他们的生计困难。查 1940 年厦门大学概况资料，"半数以上学生籍贯战区，其余学生因受战事影响亦多清寒，日常生活颇为简陋，男女生全数住宿校内，膳食由训导总务两处及各级学生代表组织委员会主办，每月膳食较在外就食廉价三分之一"②。厦大师生的生活水平与迁校之前相比，大幅下降。为了增加学生的营养，萨本栋提倡大家吃糙米饭，并决定由学校自己制作豆腐。厦大持助贷金和救济金生活的学生一度达到在校生的 70% 以上。③厦大一位获得战区贷金的学生回忆说，当时他们在学校食堂吃米饭和青菜都不用交钱，只要登记一下就可以了。到毕业时，由于法币贬值，所欠贷金已微不足道，所有贷金无须归还。萨本栋通过多种可能渠道帮助学生解决生活难题，他派专人到产粮区采购大米、黄豆，增加师生营养。1939 年，萨本栋为帮助学生解决温饱问题，多方争取到的补助有：教育部贷金及免费 9000 余元，江西省政府奖金及贷金 5000 余元，福建省政府奖金 800 余元，闽西学生救济委员会救济费 700 余元，学生自助委员会 2000 余元，母校经常费支付及筹捐 3000 余元，共计 2.2 万余元，基本上解决了全校贫苦学生的生活所需。④萨本栋鼓励学生积极参与社会实践进行自我救助，据史料统计，厦大学生有一半以上靠兼职打工补足求学费用，他们进入长汀社会各个阶层，参与各种各样的岗位兼职，到中小学任科目教师和学生管理工作更是大学生们热衷投入的社会兼职。可以说，学生进入厦大之后，奖学金、助学金、贷金、闽西救济金等各种津贴使其生存得到基本保障，挑灯夜读时，再也不用担心"第二天的饭钱"如何

---

① 石慧霞：《抗战时期的厦门大学——民族危机中的大学认同》，厦门大学出版社 2012 年版，第 68 页。
② 厦门大学档案馆，案卷目录号 012-6。
③ 厦门大学台湾校友会编：《厦门大学七十周年校庆特刊》，耀煌企业有限公司 1991 年版。
④ 厦门大学校史编委会：《厦大校史资料》（第二辑），厦门大学出版社 1988 年版，第 23 页。

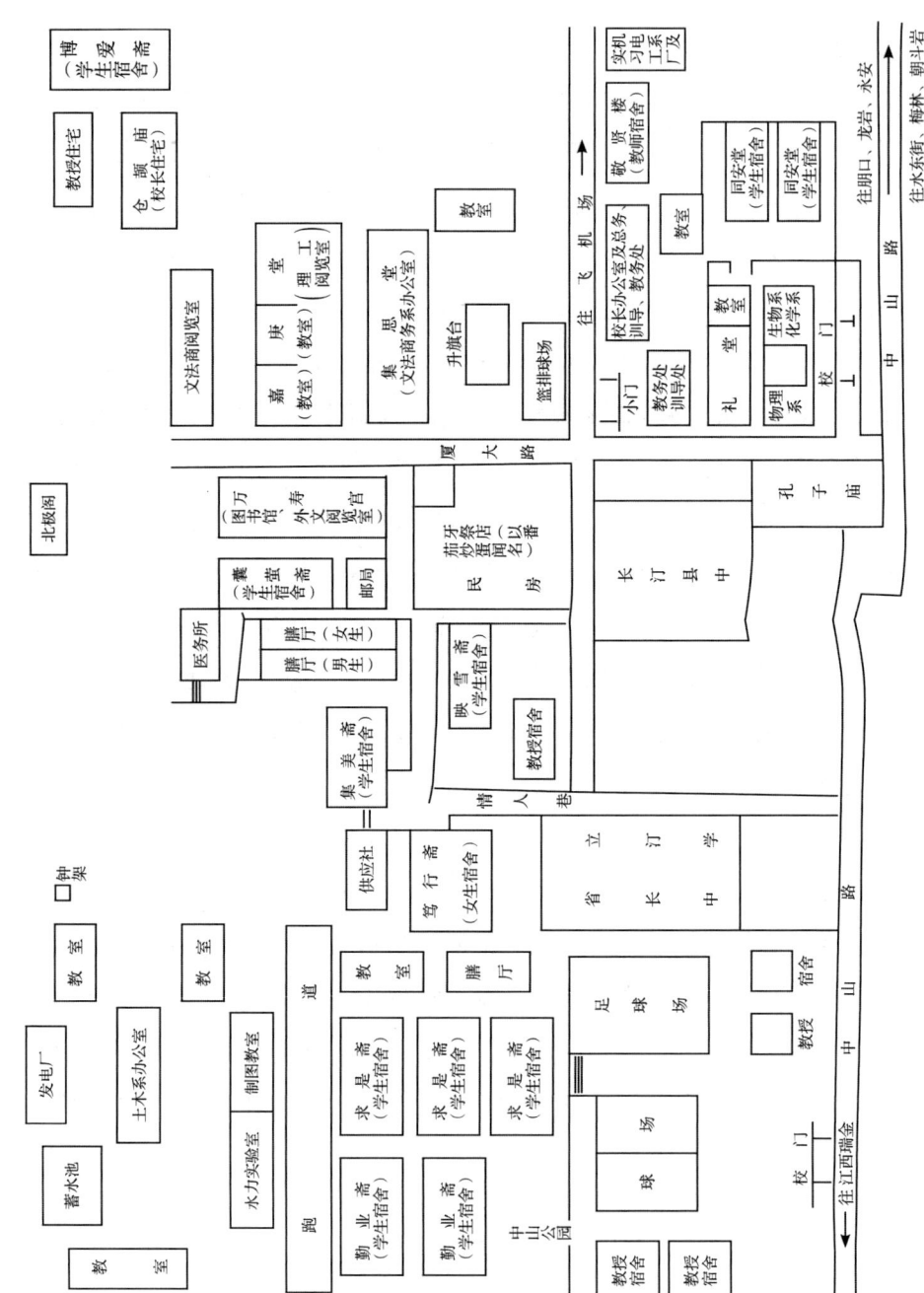

厦门大学校园图（长汀时期）

资料来源：厦门大学报美校校友会《校友通讯》第 3 期。

解决。①

相比于国内其他大学，由于厦大迁校准备充分、计划周密且一次到位，学校图书设备损失很少。迁汀后，萨本栋多方争取图书补助费，对图书仪器的投入更加重视，"厦大每年添购的中外书籍杂志却是国内大多数的大学所不及的"。1937、1938年度，萨本栋争取到中英庚款委员会给予厦大国币4万元的图书馆书库建筑费及图书购置费，后经商议，将该款全数用于购置图书之用。

厦大迁汀之初，"图书馆的馆址是在校舍的右前部，面积并不很大，内辟书库、阅览室、杂志室等部，当时同学尚在继续来校中，所以馆舍勉强可以应付，后来人数激增了，原有馆址便无法容纳"。为便利师生读书阅览，萨本栋将校舍后方龙山山麓的万寿宫辟为图书馆。"面积大前数倍，经一度之修建，馆舍焕然一新，且环境优美，布置雅洁，分为中西文书库、阅览室、办公室、编目室、订购室、出纳处等。为便利教授研究起见，馆内特设中国文学、历史、教育、商业、经济等五研究室。"②同时，新建一处简易平房"嘉庚堂"，作为学生阅览之用。1940年春，行政院政务处长蒋廷黻莅汀参观后，对厦大校务进展和图书拥有量大加称赞，认为厦大具有"丰富图书，仪器设备等非常完善，今后对东南高等教育必有更大贡献"③。据统计，1940年厦大所藏图书分类统计如表5-1所示。

表5-1 1940年厦门大学图书馆藏书分类

	中日文书	西文书	中文杂志	西文杂志	合　计
总　类	16013	1763	2287	1544	21607
哲　学	936	555	6	29	1526
宗　教	1283	117	48	4	1452

---

① 《导言》，国立厦门大学教务处出版组编印：《厦门大学学生手册入学及选课要览》，1942年。
② 厦门大学校史编委会：《厦大校史资料》（第二辑），厦门大学出版社1988年版，第83~84页。
③ 《厦大通讯》第2卷第12期，1940年12月25日。

续表

	中日文书	西文书	中文杂志	西文杂志	合计
社会科学	2666	2880	2299	1484	9329
语　言	1264	350	2	6	1622
自然科学	705	4429	207	10436	15777
应用科学	1594	2299	274	2645	6812
美　术	1625	170	17	20	1832
文　学	3083	1579	124	5	4791
史　地	5130	933	11	51	6125
小册子	144				144
未编目书	4556				4556
存古图书	5105	887			5992
合　计	44104	15962	5275	16224	81565

此外，馆内经常订阅中文报纸 26 种，西文报纸 3 种，中文杂志 144 种，西文杂志 113 种。① 厦大殷实的图书馆被称为是"教员的教员"。时任教师施蛰存对厦大图书馆记忆深刻："我着实看了许多外国文学的各类好书，印象较深的是读到几本希腊诗，选择译了几十首，还有英译本的尼采全集等英文书，其中有不少关于戏剧的。每当寒暑假期，山居无事，便在西方书库阅读欧洲大陆诸国小说，期刊部书库中有许多美国版戏剧杂志，我也看了不少，因而对戏剧发生了兴趣……我还读了图书馆中许多古书，尽读馆藏宋元人笔记杂著达七八十种，抄出两份资料。其一是有关金石碑版文物，拟编为一书，题为《金石遗闻》；其二是有关词学之评论琐记，也拟编为一书，题名《宋元词话》。"② 后人研究施氏的学术之路，认为他在长汀构思的《金石遗闻》和《宋元

---

① 厦门大学校史编委会：《厦大校史资料》（第二辑），厦门大学出版社 1988 年版，第 85 页。
② 沈建中：《遗留韵事：施蛰存游踪》，文汇出版社 2007 年版，第 209 页。

词话》对于形成施氏的文学风格具有特殊意义。

《清华园日记　西行日记》是抗战时期很有代表性的一部作品，记载当时知识分子颠沛流离的生活，著者为西南联大中文系教授浦江清。1942年5月，他曾逗留长汀厦大。日记中记录了他经过长汀时，对撤退到那里的厦门大学图书馆藏书之富特感兴趣，大有垂涎欲滴，恨不得一口吞下的意思。①"饭后参观各科实验室，设备均佳，化学实验室乃旧监狱所改造者。是日上午，蛰存领余参观厦大图书馆。西文书，凡语言、文学、哲学、历史、医学、生物皆富。物理、化学、数学书亦可，而关于中国文学之书籍亦多，出意料之外。据云语言、文学为林语堂、生物为林惠祥所购，故有底子。人类学书亦富。中文则丛书甚多，地志亦不少，顾颉刚所购。金文亦不少。又有德文书不少，自哥德以下至托麦斯·曼均有全集。尼采、叔本华全集英、德文皆有。亚里斯多德有最新之英译本。"②

1944年，李约瑟到长汀参观，厦大图书馆丰富的藏书给他留下了美好的印象。因李约瑟是研究中国科技史的，而李俨的《中国数学史》一书是非常重要的参考资料。当他在厦大图书馆找到此书时，非常高兴，大加赞扬："好，好，好！"他没有想到在东南偏僻的大学图书馆里，找到他一直在寻觅的图书，于是他要求多看些类似的科技史图书，结果厦大图书馆都满足了他的要求。③不仅如此，厦大图书馆的建筑也给他留下了深刻的印象。1950年，他在《中国科学技术与社会的关系》一文中对厦大图书馆的馆舍给予很高评价："我对它们（指中国商人组织的行会）略有所知，因为我曾在属于商会的大宅第中住过，其中一所后来成为厦门大学战争期间在长汀设置的图书馆，这是一所带许多院落的大宅子"，④"我很愉快地住在这所很华美的旧式建筑里，

---

① 郑朝宗：《旧书读似客中归》，《读书》1988年第5期。
② 浦江清：《清华园日记　西行日记》，生活·读书·新知三联书店1987年版。
③ 胡善美：《1944：李约瑟在长汀》，《长汀文史资料》（内部发行）第27辑，1996年，第14页。
④ 潘吉星主编：《李约瑟文集》，辽宁科学技术出版社1986年版，第60页。

里面有亭台楼阁，画栋雕梁，甚为精雅"。①

各系办学设施和设备，关系到学生专业素养和能力的培养，在这方面，萨本栋更是不遗余力地支持。1940年，"厦大化学系有实验室及研究室各四间，仪器药品室天秤室三间，办公室一间，房屋差够应用，仪器价值十万一千余元（根据旧目录定价）。现尚在积极补充，闻已订购理论化学仪器三万元，至药品方面，重要酸碱及酒精已开始自制，尚有价值二万余元之药品已运抵香港，经由校派专人前往提取，不日当可到校，制冰及燃气的装置，闻亦已由该校建设费项下划出九千元积极筹办。其次数理系有实验室三间，仪器室、暗室及仪器修理室各一间，研究室及办公室四间，仪器价值约七万元（旧目录定价）。目下设备尚够应付，下学期电源解决，当可益臻利便。又次是生物学系，现有实验室三间，标本室、仪器室、暗室、研究室各一间，饲养室二间，尚感缺乏是供实验之用的种植场地，仪器价值四万五千元（旧目录定价），现亦在积极扩充。至土木工程学系成立较迟，仪器价值仅二万元（旧目录定价），现时尚敷各班绘图及测量之用，其他如材料实验、水力实验、电工实验，均正在定购仪器与计划兴筑房屋中"。②

"北山顶上的旭日与鹰飞，北极阁的钟声，中山公园一排排整齐的木屋——求是斋与勤业斋，木屋后面长长的跑道，被炸毁的水力实验室，星星点点地散布在山坡上一座座的木屋教室，至今仍历历在目。晚饭后，众多同学在跑道与山路上漫步徘徊，夜月笼罩着跑道尽头的那株参天大树。图书室的电灯亮了，同学们三三两两夹着书籍和笔记本、阅书板静坐在长长的书桌前抄写阅读，直到十点关灯。这样宁静的学习气氛，在当时，真是世外桃源。"③

---

① 李约瑟：《四海之内：东方和西方的对话》，劳陇译，生活·读书·新知三联书店1987年版。
② 厦门大学校史编委会：《厦大校史资料》（第二辑），厦门大学出版社1988年版，第87~88页。
③ 沈根才：《长汀精神与萨本栋的教育思想》，陈武元主编：《萨本栋博士百年诞辰纪念文集》，厦门大学出版社2004年版，第70页。

世外桃源究竟在"世外",战争威胁无处不在。长汀虽然地处山区,仍然多次遭到敌机轰炸。为了保障师生生命安全,学校先后"开成防空洞十三所,共可容一千三百人左右,除防护该校员生职工外,尚可容纳附近居民若干,防空设备十分完备"①。

---

① 厦门大学校史编委会:《厦大校史资料》(第二辑),厦门大学出版社1988年版,第88页。

二、行政集中 民主管理

教务长、著名语言学家周辨明把国立比作厦大"一个重生的开始",也是"一个难产的婴儿","因为他在重生后便即开始他的不安的一再迁移的生活,也正和一个难产的婴儿有着同样困苦的遭遇,所幸如今这一难产的婴儿已度过他的危险的廿四个月了……国立厦大也已然有了充满热力的新生命了"。周辨明认为,"厦大走向成功的重要原因是萨本栋从接收厦大之始,便励精图治地把学校行政集中起来,使各部均有联络,而能进行一贯的政策,呈现出过去十六年中所未见到过的效率"。①

周教授"行政集中"的判断并非空穴来风。

早在1935年,私立厦大曾收到"教部令注意改进",其中特别提到行政效率低下和机构设置重复等问题,"该校训育设施欠缺积极计划,宿舍秩序未见整洁,学生请假旷课等事也无统制办理机关,亟应责成负责人员勤加管训。秘书及事务处主持人员设置重复,应酌予裁减"。②出现这些问题,一方面由于当时陈嘉庚企业受损,学校经费来源出现困难;另一方面,学校机构设置确有不合理之处,例如各种常设和临时委员会多达51个,③机构虽多,但全校竟没有专门的教学管理机构。"厦大创办之始,曾有教务处之设立,嗣因院系增设,规模日大,乃废教务处而分设各院长办公室。"④各院长办公室分别管理本院一切教学活动,但各院之间以及全校统一的教学活动无专门机构协调和管理。改国立

---

① 周辨明:《厦大迁汀两年来之变化》,《唯力》旬刊第2卷第7、8期合刊,1939年7月7日。
② 《教部令厦门大学注意改进》,《申报》1935年5月23日第12版。
③ 数据统计根据《厦大校史资料》(第一卷)(厦门大学出版社1990年版)。
④ 《迁汀后之教务概况》,《厦大通讯》第2卷第3、4期合刊,1940年4月20日。

后，萨本栋依据国立大学组织法，纵的方面，校长之下设教务、训导、总务三处及一校长办公室；横的方面，有文、理、商三院八系。以教务处为例，萨本栋将各院长办公室合并成立教务处，教务处有教务长1人（教授兼任），下设出版组、注册组、图书馆。注册组1人，兼教务长秘书，除了负责全校的学生注册、排课、选课（选修和退修等）外，还要兼管学生考试及成绩登录、公布。潘懋元先生回忆，教务处的工作效率，同学们都有亲身感受，"国文、英文等公共课程，考后数日即公布在注册组办公室门口（仅列学号和分数），当时并无计算器、复印机，一切都靠手抄，效率惊人"。①

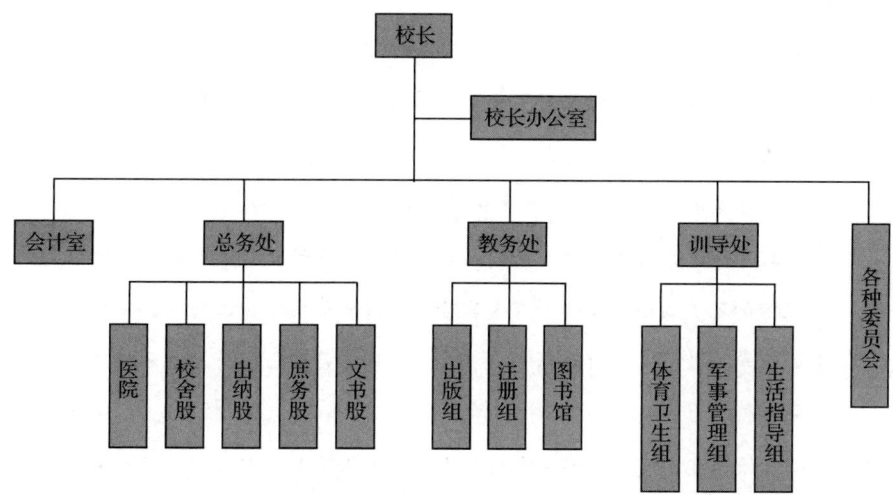

抗战时期厦门大学行政组织机构图

改国立后，厦大各种委员会由于人员变更，多数已名存实亡，萨本栋根据工作需要进行了合并缩减，调整为20个，其中，常设委员会5个：

咨询委员会：陈嘉庚、林文庆、教育部代表、政府代表、大学校长。

校务会议：萨本栋（主席）、教务长、各学院院长、各系系主任、三位教授代表。

---

① 潘懋元访谈录，2015年2月28日于潘先生家中。

行政顾问委员会：萨本栋（主席）、教务长、总务长、各学院院长、大学秘书。

训育会议：萨本栋（主席）、冯定璋先生（副主席）暨全体导师。

教务会议：教务长（主席）、各学院教授代表。①

"行政集中"后成效非常明显，"各级学生学业成绩之登录、核算、统计，俱甚精确明了"，"一切学生请求工作事宜，统由教务处兼为办理"，"期考时则采取集合考场，合全校学生于指定考场内，举行试验，以杜流弊"。

1939年，教务处对迁汀后的教务改革概况曾进行较为全面的总结：

> 现任教务长为与母校历史最久之周辨明先生，而注册组主任则为第三届毕业同学叶书德学长，教务处与注册组为增加办事效能起见，联合办公，内有办事员五人，在萨校长周教务长叶主任指导之下，均甚勤谨苦干，其成绩有足述者，如各级学生学业成绩之登录、核算、统计，俱甚精确明了，此于审查嘉庚奖学金，免费生及系主任指导选课，颇称便利。
>
> 此外，教务长承校长之托，尚兼理战区贷金等委员会之职，该处职员虽因此增加不少烦琐之工作，曾未言苦。现校中除奖学金、免费、贷金外，尚有闽西学生救济委员会发给之救济金，此项委员会，由萨校长兼任主席，而周教务长则为该会之秘书，一切学生请求工作事宜，统由教务处兼为办理。
>
> 母校当局现对全体学生之日常生活，力谋使其日趋安定，其有家庭因受抗战影响而经济发生问题者，则必以种种救济方式解决之，冀学生不致因家庭经济之困难而阻碍其学业之发展。母校现在不特力筹上述各种救济款项之增加，且极注意各生身心之发展，学生成绩考查，除平时严格之月考外，期考时则采取集合考场，合全校学生于指定考场内，举行试验，除主试教师及教务处注册组诸人员莅场外，并有监考委员会轮值前往监试，以杜流弊。
>
> 教务处为提高毕业生之英语、国文程度起见，尚有语文特殊考试之规定，此项考试，虽不并在总学分之内，然在校同学若不能于毕业前通过此项考试，

---

① 《国立厦门大学1939年度常设委员会名录》，《厦大通讯》第1卷第3期，1939年3月1日。

即不得毕业，已足显示其重要。考试时，国文须当场作文言白话各一篇，文言以记叙文为主，白话以论说文为主，而英文须于事先商请外文教授，提出不类似教科书性质之英文书籍两册，自行研读，并须作约三百字之阅读报告，交由主考人评阅认可后，方得应试。此项考试自廿八年度开始举行，至今受此严格试验及格者，已达廿二人矣。因实施此制，全校语文程度蒸蒸日上，此乃母校之创举也。抗战以还，因交通之阻滞，与印刷图书各文化机关受敌人炸毁之影响，学校对于采购课本，已成为最大困难之问题，尤以大学教科书，更难求适妥。本校以图书庋藏甚富，各院系各种学科所用教材，多由教授自编讲义，各种教材纲要，每学期均由教务处汇集，呈送教部存核，故学生课业未受若何影响，斯亦难能可贵也。①

战前相对稳定年代，林文庆校长处理校务多听取各方意见，召开各种委员会会议，反复研讨酝酿。到了抗战时期，刚转为国立的厦门大学正在"生存线"边缘挣扎。全校师生千里迢迢来到闽西山区，平地起家、物资奇缺，如何恢复秩序，如何稳定师生情绪，开始正常工作学习，所有事情千头万绪无前例可循。学校每天都有大量特殊的、突发事件等待紧急处理。精简行政机构、简化办事流程有利于学校在极端困难条件下集中有限资源处理紧急事件，稳定校园正常秩序，这是萨本栋别无他法的唯一选择。

"行政集中"的另一个表现是"人事聘用权集中"。战争年代教职员工自顾不暇，人员流动频繁，师资匮乏是大学面临的共同的最大难题。萨本栋把延揽优秀教职人员的重担都压在了自己的双肩之上。

1937年10月，经教育部核准，厦门大学颁布《国立厦门大学组织大纲》，其中关于教师聘用的有关规定如下。

第三章　职教员

第六条　本大学置校长一人，综理全校校务，由国民政府任命之。

第七条　本大学置教务长一人，商承校长管理有关全校之教务事宜，并监

---

① 《迁汀后之教务概况》，《厦大通讯》第2卷第3、4期合刊，1940年4月20日。

督图书馆、注册部、军事训练部、体育及训育部等，由校长就教授中聘任之。

第八条　本大学各学院各置院长一人，商承校长会同教务长主持各该院之教育实施计划及其他有关该院内部之教务，由校长就教授中聘任之。

第九条　本大学各学系各置主任一人，商承院长教务长主持各该系教务，由校长就教授中聘任之。

第十条　本大学各学系置教授、副教授、讲师及助教若干人，由校长聘任，其服务规则由校务会议另定之。

第十一条　本大学为纪念陈嘉庚先生对本大学之功绩起见，设嘉庚讲座若干人，其服务规则由校务会议另定之。

第十二条　本大学置总务长一人，商承校长处理本大学事务，并监督文书会计庶务及医药卫生各课室，由校长聘任之。

第十三条　本大学依行政及设备上需要而设之各馆部课室得分置主任各一人及事务员二至六人，由校长聘任或委任之。

第十四条　本大学各部分之详细组织由校务会议议定之。

该《组织大纲》明确萨本栋掌有学校人事聘用权，教务长、总务长、训导长、院长、系主任以及各级教师、行政人员等均由校长直接聘任。前已提及，萨本栋成功敦聘了一批知名学者来校任教，事实上，他也收到许多知名学者的"拒绝函"。抗战初期，萨本栋曾力邀同事、清华大学教授朱自清来校讲学任教，朱自清一面对萨本栋"推进校务不遗余力甚佩"，一面回复说："远道讲学，恐费时太久。且交通不便，行旅艰难。加以内人即将分娩，家中须人照料，为此种种，惟有敬谢。"①

由于教师匮乏，萨本栋被称为"O型"代课者，缺什么课的教师，他就代上什么课，同时他也是"万能输血者"，什么行政岗位缺人，他就亲自兼任。1938年11月14日学校公告："兹聘沈有乾教授为本大学文学院院长，在沈先生未到校以前，该院院长职务由本校长暂行代理。此布，校长萨本栋。"

① 原始信件存于厦门大学档案馆，案卷目录号015-14。

1939年10月23日学校公告:"代理训导长陈荻帆先生因体力不及,叠请辞职,慰留不获姑予照准,训导长职务暂由本校长自兼。此布,校长萨本栋。"

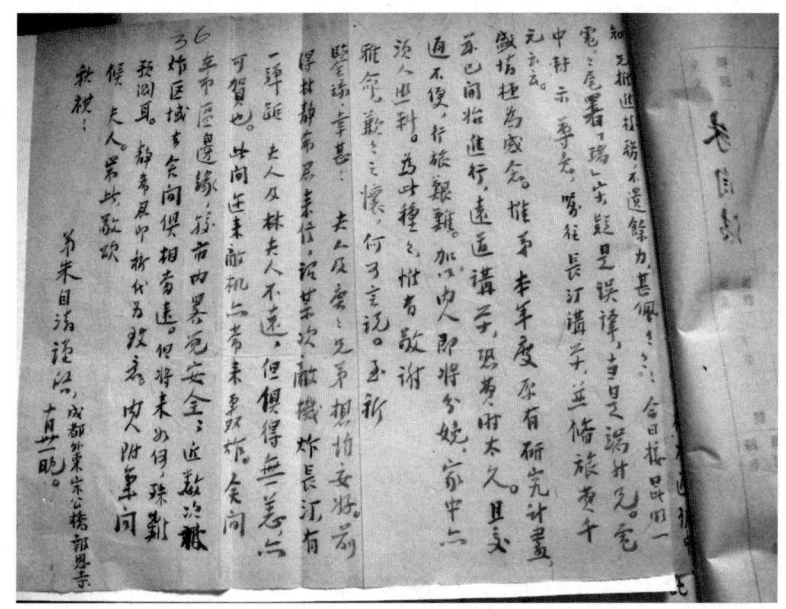

朱自清写给萨本栋的信函(1938年10月31日)

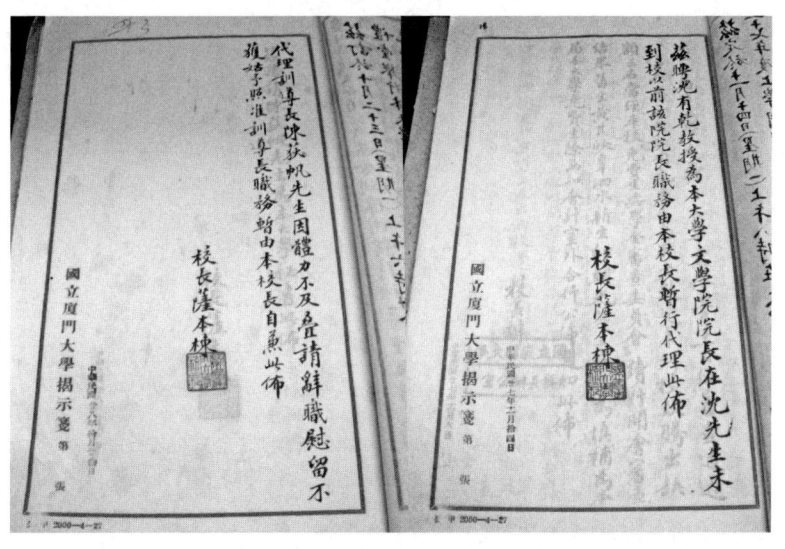

萨本栋校长代理行政岗位的公告

正如叶企孙所说,"萨本栋是中国学术机关一个能干而且能尽力的行政工作者"①。萨本栋独自承担了人员聘任的重担,但人员解聘他却说了不算。为了确保教职员工得到公平合理的待遇,在第一次校务会议上,萨本栋明确宣布:"学校所发聘约是应当尊重的,校长个人对各教职员聘约决不欲任意解除,故除系对方自行解除聘约外,其在不得已情形需由校方解除聘约者,应提出校务会议讨论。"②萨本栋深知,校务管理一定要充分调动和发挥集体的力量和智慧。《厦门大学组织大纲》第三章第十条规定,"本大学各学系置教授、副教授、讲师及助教若干人,由校长聘任,其服务规定由校务会议另定之"。③学校的重大决策均由校务会议商定。校务会议通常采取公开投票制,校长也只占一票。萨本栋掌校期间,在厦大共主持召开了108次校务会议,④关于教务管理、学生管理等重大事项,在作出决策时,均由每位成员投票表决。

萨本栋特别重视教授参与学校管理。以校务会议为例,该会议成员由校长、教务长、总务长、各院长、各学系主任及全体教授副教授所选出之代表组成。随着学校规模的扩大,除了校长、教务长、总务长为当然校务会议成员外,各院长、各学系主任及全校教授副教授所选出之代表由初期的10位左右到后来达到20多位。在第100次校务会议上,全校教授副教授中的50%均是校务会议成员,他们基本上都是各学科带头人或知名教授。⑤

不仅如此,对于教授辞职离校,萨本栋也想方设法予以挽留。1941年10月,历史系教授谷霁光、教育系教授阮康成因故函请辞职,萨本栋专门召开校务会议研究,会议决定分别请两位教授的好友吴士栋、谢玉铭教授代表学校予以诚恳挽留。⑥

萨本栋尊重教师、民主管理的作风,极大地调动和增强了全体教师对

---

① 叶企孙:《萨本栋先生事略》,《物理学报》1950年第7卷第5期。
② 第1次校务会议记录,参见厦门大学档案馆,案卷目录号062-003。
③ 校务委员会是学校最高的行政权力机构,厦门大学档案馆,案卷目录号023-6。
④ 根据厦门大学档案馆,案卷目录号062-003至062-005之校务会议记录本统计。
⑤ 第100次校务会议记录,参见厦门大学档案馆,案卷目录号062-005。
⑥ 第77次校务会议记录,参见厦门大学档案馆,案卷目录号062-004。

厦门大学的荣誉感和归属感，激发了他们主动、积极参与校务的热情和智慧。

表5-2　校务会议组成人员列表

序号	时间	主席	秘书	成员（均为教授）
第1次校务会议	1937年11月7日	萨本栋	杨永修	陈子英（生物系主任/教授）、刘椽（理学院院长/教授）、李培囿（教育系主任/教授）、蔡镏生（理学院教授）、杨振先（经济系主任/教授）、冯定璋（商学院院长/教授）、陈世骅（教授）、彭传珍（总务长/教授）、余謇（文学系主任/教授）、周辨明（教务长/教授）
第50次校务会议	1940年3月16日	萨本栋	杨永修	周辨明（文学院院长/教授）、李培囿（教育系主任/教授）、冯定璋（商学院院长/教授）、彭传珍（总务长/教授）、吴士栋（历史系主任/教授）、陈子英（生物系主任/教授）、刘椽（理学院教授）、黄开禄（法学院院长/教授）、吴春熙（教授）、谢玉铭（理学院院长/教授）、余謇（文学系主任/教授）、傅鹰（理学院教授）　列席：陈荻帆（出版组主任）
第100次校务会议	1943年10月11日	萨本栋	王敬立	李培囿（教育系主任/教授）、周辨明（文学院院长/教授）、陈德恒（商学院教授）、邹文海（政治系主任/教授）、黄中（土木系主任/教授）、傅鹰（理学院教授）、萧贞昌（会计学系主任/教授）、何炳梁（政治系教授）、冯定璋（商学系主任/教授）、郑健峰（商学院院长/教授）、朱保训（商学院院长/教授）、徐世大（教授）、谢玉铭（理学院院长/教授）、汪德耀（生物系主任/教授）、彭传珍（总务长/教授）、何炳梁（法律系主任/教授）、谷霁光（历史系主任/教授）、吴春熙（教授）、朱家炘（机电系主任/教授）、刘椽（理学院教授）
第108次校务会议	1944年5月5日	萨本栋	王敬立	郑健峰（商学院院长/教授）、谢玉铭（理学院院长/教授）、黄开禄（经济系主任/教授）、周辨明（文学院院长/教授）、李培囿（教育系主任/教授）、余謇（文学系主任/教授）、刘椽（理学院教授）、黄中（土木系主任/教授）、周长亭（教授）、谷霁光（历史系主任/教授）、邹文海（政治系主任/教授）、冯定璋（商学系主任/教授）、何炳梁（政治系教授）、彭传珍（总务长/教授）、汪德耀（生物系主任/教授）、王梦鸥（文学系讲师）、陈德恒（商学院教授）、朱家炘（机电系主任/教授）、吴春熙（教授）

当时，厦大学生课余生活非常贫乏，教授们各显神通，主动出谋划策。文、商、理三学院的教授首先从提倡体育运动入手，先后自发捐设了"仲詹杯"男篮赛（文学院余謇先生捐）、"定璋杯"排球赛（商学院冯定璋先生捐）、"玉铭杯"女篮赛（理学院谢玉铭先生捐），定期在校内举行球类院际锦标赛，规定每年比赛三次，以胜两次者为冠军，在五年内连胜三次者，得永久保持该杯。1940年4月29日，曾举行"定璋杯"排球赛。校史记载，当时"观众拥挤，情况热烈，双方球员，均富素养，实力雄厚，战斗开始，二队均精神抖擞，球艺翻新，观众欢呼者再。结果，终以三比二，商学院战胜文学院"①。

在话剧等文艺活动中教师同样自发倾注了大量的心血。每次剧团公演时，教授亲自参与后勤服务工作，商学院院长冯定璋常常在后台为演职员们打杂，教授夫人也参与进来，亲自为演出的师生准备消夜。② 王梦鸥（台湾著名文艺理论家）1939年到校任中文系讲师，兼任厦大剧团导演，带领学生排演《中国万岁》《凶手》《烙痕》《死里逃生》等粗犷有力的宣传剧，受到长汀民众的热烈欢迎。1939年5月，日军两次空袭，王梦鸥整日躲警报穴居野外，创作了国防三幕剧《生命之花》③，该剧成功塑造了一个与日军正面应战、镇定自若的女英雄形象。剧中唱道"我们有一秒钟的时间，也是为着杀敌而活着；我们有一寸土地，也是为着杀敌而存在着"④，这是战火中最豪迈的呼叫，剧本吸引了大批热爱话剧的学生参演其中。该剧作为抗战两周年募捐演出的剧本公演后，"极得观众之好评"，所得剧资，作为慰劳金分发给了出征军人家属，"民众莫不感奋"。据亲身受其指导的学生邹幼臣回忆："王梦鸥师令人有极为可亲感，待同学如弟如友，指导同学演出话剧极富细心与耐心。遇同学排演不符意，即为反复详细解说剧情及应有的语气和举动，至符其意，则右手用力往右腿一拍，嘭然有声，再一旋身，以表示其满意与赞许。"抗战话剧承载

---
① 《定璋杯球战》，《厦大通讯》第2卷第5、6期，1940年6月30日。
② 朱双一：《王梦鸥与厦大抗战剧运》，《台声》1996年第7期。
③ 朱双一：《王梦鸥与厦大抗战剧运》，《台声》1996年第7期。
④ 王梦鸥先生的二通信札，http://www.yawin.cn/list/news_11900.html。

着王梦鸥"驽骀不厌崎岖苦，家国深仇志在胸"的报国志愿。据报道，《生命之花》后来从长汀、重庆一直演到包头，发挥了鼓舞民心士气的作用。此后，王梦鸥又创作了《燕市风沙录》等影响全国的抗战剧本。[①] 抗战话剧成为抗战时期厦门大学独具特色的、最受师生欢迎的校园品牌文化内容。

---

① 朱双一：《王梦鸥与厦大抗战剧运》，《台声》1996年第7期；邹幼臣：《吾爱吾师》，厦门大学台湾校友会编：《国立厦门大学六十周年纪念特刊》，厦门大学台湾校友会印行，1981年，第67页。

三、保护师生 负重坚守

1940年以来，抗日战争局势恶化。蒋介石加紧破坏国共合作团结抗日的局面，接连掀起反共高潮。反动当局张牙舞爪，数次到厦大搜捕地下党员和进步学生。

萨本栋一心一意想把学校办好，为战后国家重建培养更多人才。他对抱有不同政治观点的学生一视同仁，均加以爱护，因此，他坚决反对有关当局到校内抓人。1941年夏，长汀军警机关要进校逮捕几个所谓"共党嫌疑分子"，萨本栋严词拒绝，他说："我在校一天，绝不允许任何人在校内逮捕学生，否则，我就要告到中央去，即令辞掉校长职务也在所不惜。"经济系女生陈某，思想进步且学习用功、成绩优异，多次获"嘉庚奖学金"。特务来抓她，萨本栋说："这个女生，书念得很好，只是长得比较丑，找不到对象，思想苦闷，不是什么左倾。"一下子就把特务挡了回去。后来，省保安处处长曾到学校要求逮捕一名据称是证据确凿的"共党分子"，萨本栋拍桌子斥道："学生在校内由我管，你们要抓人到校外去抓。"对有关当局送来的"嫌疑名单""密报""密令"，包括"委员长侍从室"的"密令"，萨本栋均加以抵制。在萨本栋的保护下，有关当局无可奈何，只好等学生毕业后伺机抓捕行动，为此萨本栋承受了多方重压。2002年，年过八旬的毕业生黄本营（1941级，曾任某军分区政委）回忆，他正是得到萨本栋的保护，才免于在毕业前被抓。

1941年冬，日本军国主义者悍然发动太平洋战争，中国与美、苏、英、法结成同盟，抗日战争转入新的历史阶段。不幸的是，国内团结抗战的局面，由于国民党施行反共政策而遭到破坏。更令民众失望的是，国民政府日益腐败，许多官员贪赃枉法，震惊国内外的"孔二小姐事件"更引起全国公愤。西南联大联合全市学生率先举行游行示威，声讨孔祥熙的罪行。内迁贵州遵义的浙江大学学生，继而举旗响应。厦大地下党组织和进步学生得悉消息，立即翻印传单，书写标语，在校内外散发、张贴，揭露国民政府的腐败。

教育部对学生的激愤行动严令压制，1942年1月22日向各校校长紧急发出"子养急电"："制日振华报，昆明学生结队游行，粘贴反对孔副院长标语，业经本部严令制止，并电令各校严密防范在案。前据报，浙江大学学生，亦有此类不法行动，其他各校难免亦有不法分子从中策应。责令各校长再密加注意，预为防范，绝对不容有此破坏战时纪律，妨害后方秩序事件发生，仰遵办具报。"繁杂校务的压力并不可怕，令萨本栋精神承担巨大压力、心绪难平的正是校内外的互相攻讦。2月17日，萨本栋密呈陈立夫报告执行情况时，毫不避讳地提出自己对该事件的不同看法："查抗战现愈进入艰巨阶段，凡属国民应益刻苦振奋，克尽厥责，此在稍有知识之人，莫不知其份有应尔。弟念青年重在领导，教民贵有表率，所愿中枢柱石，党国先进，对此芸芸，有以作之楷模，为薄海遵循，群伦仰竟，庶几凡属莹语讹传者，何难不戢自弭。否则一或不检，授人以柄，虽欲强盖，曷能悉幛。语所谓防民之口，甚于防川是也！质之先生，以为然否。栋谬膺简命，妄长学府，职责所在，决无趋避。惟倘遇事实昭然，公理难昧，非区区权力所克抑制者，则陨越无能之咎，惟有仰祈鉴宥而已。"①萨本栋对青年学生"倒孔运动"充满同情，对孔祥熙等"中枢柱石，党国先进"含蓄地加以抨击，加上他多次阻拦军警机关进校拘捕地下党员和进步学生，这引起了国民党当局有关官员的不满。

1942年夏秋之交，审计部福建省审计处审核厦大上半年会计报告时，严厉批驳厦大，称萨本栋溢支薪俸，"应予如数剔除，并即予解库"②。萨本栋非常惊讶，立即复电："本校长服务教育界，历有年所，平日廉洁自守，不义之

---

① 厦门大学档案馆，案卷目录号015-12。
② 厦门大学档案馆，案卷目录号015-3。

财一介不曾以取诸人。今因贵处审查未周,致受前项处分,本校长认此实个人名誉之重大侮辱,用特提出严重抗议!希贵处特予注意,并希于短期内对保障个人名誉一层,予以圆满答复。"①学校也接连发出函电给省审计处和教育部,提出严重抗议,要求查明并给予答复,然而,教育部却迟迟不答复。

萨本栋一向廉洁奉公,律己极严,遭此侮辱和打击,身心均受到严重摧残,加上校务劳顿,至1943年年初,胃病、风湿病一起发作,②原本身体非常强健,此时已显得相当衰老了,他驼背弯腰,撑着拐杖上课堂讲课。有时拐杖掉落在地,他自己都不能俯身捡起来。胃病发作,正在上课时发生呕吐,他把嘴里的饭重新咀嚼再咽下去,自嘲说这是"反刍"。即使身患重病,萨本栋也不漏上一节课,硬撑着坐在椅子上,忍着剧痛坚持讲课。实在到不了教室,萨本栋让同学们到他家里,穿起特制的"铁衫",半坐半卧咬着牙关给同学们授课,同学们看到他举起右手,低头在病床前的黑板上歪歪斜斜地写下定律和公式,有时萨本栋甚至都无法看清自己在小黑板上所写的内容,学生感动得被泪水模糊了双眼。③学生刘永锴写了这样的诗:"万事躬亲无昏晓,身疲策杖步履艰;铁衫撑腰汗洗额,声竭犹舞教鞭长。"刘永锴谈道:"上校长的课,有一种特别感受,眼看校长以抱病之躯,勉强撑起精神,热心讲解,令人肃然起敬,怎能不专心听讲?虽在病中,校长所准备的材料仍极精彩丰富,旁征博引、条理分明、由浅入深、细加诠解,更以种种物理或电磁现象,举例剖析,务求大家融会贯通,让我们思路跟他打成一片,一步一步向前探索,渐渐进入问题核心,使我们觉得每一分、每一秒都非常充实,而有所收获。等到我们频频点头,都认为已完全了解,他才继续讲解新题材,这是教

① 厦门大学档案馆,案卷目录号015-3。
② 洪永宏编著:《厦门大学校史》(第一卷)(1921—1949),厦门大学出版社1990年版,第217页。
③ 何宜慈:《鞠躬尽瘁作育英才:纪念恩师萨本栋校长》,何邦立编:《何宜慈先生纪念集》,何宜慈科技发展基金会,2004年;陈孔立:《谈"本栋精神"》,陈武元主编:《萨本栋博士百年诞辰纪念文集》,厦门大学出版社2004年版,第13页。

"萨本栋病中授课"图（1943级中文系学生朱一雄手绘）

学的高境界，能达到此一境界的教授实在不多。"[①]

大家都不敢相信，几年前还是一位英姿飒爽、驰骋在网球场上的年轻教授，而今竟然体力衰竭到如此地步！但这却是事实，一个无法改变的事实。

就在萨本栋不听校医劝告带病坚守厦大期间，学校发生一起因学生打架

---

① 刘永锴：《怀念萨本栋校长》，厦门大学旅美校友会《校友通讯》第5期。

而酿成的全校罢课事件，令萨本栋痛心不已。

1943年5月21日，平时与校长合作得很好的学生自治会带领全校学生罢课。①据后来负责调查此事的汪德耀教授回忆，在一场汀中与厦大共同举行的运动会中，发生打架事件，厦大学生打伤了长汀中学学生，在长汀百姓中产生了极大影响。学校经过专门调查，依校规处理了五名带头闹事的学生（两名退学、三名记过）。学生认为，发生打架事件，是汀中学生动手在先，厦大学生自卫，处分厦大"自卫学生"不公平。5月21日早，厦大学生自治会召开全体学生大会，会上选举产生执行委员会，会后即通知全体教员宣布停课。②5月22日，萨本栋强忍病痛召集校务会议听取意见，有人主张采取高压手段继续开除学生自治会骨干，有人主张对学生进行疏导。5月24日上午，经多方了解，萨本栋再次召集临时校务会议，做出如下决议：（1）告诫厦大学生和长汀中学学生和睦相处；（2）由校长通知教员在学生未反省以前不予讲授并限学生于本星期三午前个别向其导师申请上课静候通告，如有执迷不悟不遵限办理者决以严厉处分；（3）学生自即日起不得再开全体大会，其已选出之执行委员会立即解散，如有违令召集者其主席或主持人予以聚众要挟论，照章应受除名处分。③

通告发布后，萨本栋在法学院院长黄开禄陪同下，召集全体学生训话，据当时在场学生回忆，"从未看到萨师表情如此凝重和严厉"。

面对突然发生的罢课事件，萨本栋无比痛心地向学生自我检讨："我郑重地声明，一个学校流于罢课状态，他的校长无论是已准假或是抱病，总是没有脸见社会，而他的学生更是没有面目见他们的校长。因为学校最低的纪律就是上课，不论学生用何种的辞令停课也好，暂时停课也好，三日一期也好，

---

① 汪德耀：《学习萨本栋精神》，许乔蓁、林鸿禧编：《萨本栋文集》，厦门大学出版社1995年版。
② 第95次校务会议记录，参见厦门大学档案馆，案卷目录号062-005。
③ 尽管学生罢课事件起因是萨本栋开除几名打架学生，但从各方面收集到的史料判断，学生罢课有其复杂的社会、地域冲突等因素。

三分钟一期也好，学生不上课，并且威胁别人不令上课，都是违反学校最低纪律的最重大的过失。"①

事实上，抗战时期，不少高校学运频发，萨本栋对此一贯主张教育应着眼于国家民族长远利益，坚持其学术文化特性与育人功能，他告诫全体学生非到万不得已之时，都要上好"最后一课"。然而，因一次运动会纠纷厦大学生竟然群起罢课，"恨铁不成钢"，这对萨本栋内心造成了沉痛的打击。训话中，他不无悲痛地说：

> 据我所知，这次长汀县运动会所引起的纠纷，可分为四大段落来检讨。
>
> 1. 运动会的纠纷：中国提倡现代的体育，历时不久，对于体育真正的意义，不但一般社会不清楚，就是不少教育家与体育家也还不清楚。许多体育教员，运动会职员，甚至于学校当局，不管他们口上如何说，对于运动会，目中只有成绩，没有运动道德……运动会场的秩序和纪律，是与社会的秩序和纪律一样的，都应该由合法的人们来维持。但是有了前面一段所说的问题，运动员和一般观众，就会都戴上有色眼镜。中国青年最大的毛病，在于误认为人人可以随便执行法律，所以运动员常不接受裁判员的判决。观众时常有侮辱裁判员的行动。到了会场秩序紊乱的时候，大家又不静待合法的人们来解决纠纷，就都自命为护法者出来抱不平，遂演成以后的不幸事件。
>
> 2. 一群学生侮辱他校教员：运动会既生阻碍，运动会的负责者把某几种比赛停止，是最贤明的措置，无奈不明事理的青年，目中只有锦标的青年……他们聚众到运动场去霸占跑道，席卷一切锦旗，而美其名曰保管。还入他校的办公厅，把执法员拉出辱打，而自称为惩罚校奸，这些都是犯法的行动。
>
> 我讲到这里，要特别提出一点，无论一个人起初有多大的道理，到了他动了手，再有理的地方，都变成无理了。我说青年幼稚，不辨是非，不明事理，也就在此了！有位研究法学的先生说得好，某人该打不该打，他只负道德上的责任，我们打他，就得负起法律的责任。

---

① 萨本栋对青年学生的训话原稿，1943年5月27日，萨本栋外甥、清华大学教授杨福生提供。

不幸事件既已发生……法律也好,人情也对,棋下到此,"压倒"的胜利,是居于受害的一方。不幸青年们仍是感情用事,毫无理智,任凭年龄尚幼的少年到街上去宣传,发传单,甚至刊登过甚其词而无事实根据的故事……当发这样莫名其妙的举动,就会减少了公正人们对受害人们的同情。

3. 当局处理此事之经过:五月七日,厦大接到通知,说运动场跑道被学生把持,奖品被学生拿走,及汀中校舍有一群厦大学生进去架走教员二人……厦大当局即决定不准厦大学生再参加运动会中任何比赛,及不得再在运动场上有任何足以扰乱秩序的行动……遂嘱全体裁判员仍旧回去担任职务,使运动会得以顺利结束。

到了八日早晨,厦大当局接到报告,说汀中学生在街上演讲并散发过甚其词的传单,厦大为避免事故扩大起见,乃出第二布告,禁止厦大学生离开校舍,误生事端。……厦大当局复应汀中学生代表的请求,提出几点意见:

(1)汀中与厦大总有密切的联络,厦大希望汀中办得好,因为汀中的学生以后大部分都是厦大的学生,汀中学生亦应希望厦大办得好,因为厦大是长汀青年升学最便捷的学府。(2)断决不幸事件,有前因有后果,厦大当局现在所要负责解决的是厦大学生打人之事,其他因果应留下事后结束之后,大家互相检讨。厦大要处分肇事学生,是因为他有他的校规,他的学生应守纪律,不得打人。……不守纪律的学生,厦大素来没有姑息或袒护过!(3)汀中公函中所闻的被告的名单与汀中散发传单上所列的姓名颇有出入,此点应请汀中特别注意。厦大没有确定的被告人名,无法进行调查,事实不准确,办理此案必定大感困难。……经过数日调查及多次会议之后,厦大对于事件更澄清了不少事实。但是如作处分的依据,尚显不足。所以又费了十日调查,廿一日间行政会议作最后决定,将肇事学生二人退学,三人记过。在决定之时,厦大行政同仁,依其最公正之良知,认为此五人应受此决定处分,至于除此五人之外,厦大同仁亦认为尚有应处分而没有处分到的,证据不足,当事人不肯说实话都是主要因素。

在此时以前,厦大学生代表曾多次向学校询问学校的方针,厦大当局终

告以肇事学生必须处分。不幸少数学生固执成性，对于巡察团的最后决定尚未公布之前，即谋走入极端。……五月廿三日，厦大学生召集大会，辛有廿四日罢课之举动。

据厦大学生所传出的罢课理由是学校外交软弱，处理不当。外交软弱，负责的是厦大校长萨本栋，处理不当负责的也是厦大校长萨本栋。学生们为何不反对他，不轰走他，学生们为何反去罢课以侮辱全体教员！现在教员的聘请当属不易，大家都知道依照市价教授的正薪买不到三斗白米。教授们辛辛苦苦在此何为！六年当中所聘到的人员，三分钟之内都可拂袖而走，你们青年要反对萨本栋，我十分的赞成，并且我知道他还会感谢你们使他得以静心养病。但是你们为何用□通知教师不上课，而侮辱你们的全体教师！你们为何侮辱教师！

你们当中有人说：肇事的学生不止五人，何以只罚五人？只罚五人，是因为当事者不肯说实话。如果学生肯说实话，检举人名与证据，学校遂可以再惩罚犯规的人。你们又有人说：厦大所处分的人籍贯太偏，好像厦大当局故意袒护某籍贯的学生，而压迫另一地方的人们。我可担保厦大行政人员绝无此种地域观念。你们千万不要以小人之心度君子之腹，我是认为今日中国与福建的大患之一并不是敌人或奸伪，而实是这种不顾大体的地域思想，中国不会诚于日本，不会亡于奸伪，但中国人的同乡观念，若不拔除，恐将国亡种灭。

在你们当中有一部分认为，此次事件实因功课太紧，学期太长，大家停停课，不过就一玩而已，不必太认真。这是什么时候？大敌临境，国步日艰！这是什么地方？天久不雨，旱灾遍野！罢课是何等事！！妨害治安，扰乱人心！你们玩一玩，你们也知道有人就因为你们这一玩，几天几夜都不能睡觉么？你们青年，还有什么道理？总之，以上事实十二分表示出青年的毛病！不辨是非，不明事理！勇于报私仇，怯于雪国耻！

对于处理这次罢课的办法，厦大所决定的都是再和平、再公正、再简易、再清楚不过的。你们如果希望有人出来干涉把办法修改，我告诉你们，这是不可能的！你们与校长为对，教员可以出来向校长说话，你们对不起某一教员，校长可以出来干涉，现在你们侮辱了全体教员，没有人能够替你们说话了！你们若不反省，学校必定走上解散的一途！你们一次失足，你们愿意竟成千古恨吗？……我不要你们作何行动，我只要你们拿出良知良心，深深地反省一下！①

萨本栋认为，由运动会纠纷至学生罢课，内中原因复杂，而地域成见和同乡观念仍是其中重要的导火索。无疑，这也令萨本栋深感无奈和悲痛。据萨夫人黄淑慎女士回忆，罢课事件对萨本栋的打击很大，为此，萨本栋写了一首自嘲诗：

大门失，

学厦厄；

笨栋梁抱头御白霜，风湿入骨，痼疾那能治；

哑菩萨掩口尝黄莲，良药逆耳，孺子不可教。

萨本栋

卅二年五月

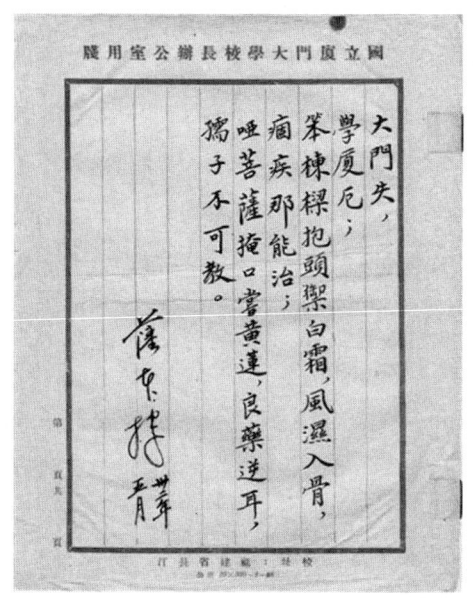

自嘲诗

① 萨本栋对青年学生的训话原稿，1943年5月27日，萨本栋外甥、清华大学教授杨福生提供。

此次罢课事件，使萨本栋深切感受到国破民弱的社会现实与教育救国努力的艰难无奈。事件的发生，也令全校学生亲眼看见、亲身感受了校长用理智教导学生，用爱心凝聚全校的良苦用心，感受到他拖着抱病之躯训诫学生时悲痛、自责的心情，学生们都"乖乖地回去上课了"①。

---

① 何宜慈:《纪念恩师萨本栋校长》，厦门大学台湾校友会编:《厦门大学七十周年校庆特刊》，辉煌企业有限公司 1991 年版，第 31 页。

四、人文精神 大学认同

尽管办学困难重重、危机四伏，然而，萨本栋忘我投入，不懈努力，厦大于艰困中终见办学成效。厦大为社会培养出了一批杰出人才，营造出了教师专注教学、学生刻苦求学的校园氛围。行政院政务处长蒋廷黻率领国民政府巡视团到湘、粤、赣、闽等省，特意来汀视察厦大，回重庆后在巡视报告中赞扬道："迁至长汀之厦门大学，为粤汉路以东仅存之唯一最高学府，上年经费不过二十万，但厦大今已成为国内最完备大学之一。如将厦大经费予以增加，并令酌添校舍，俾得从事扩充，其于东南高等教育，将必有更大之贡献。"① 教育部官员亦不得不赞誉厦大"逼近战区，仍能处以镇静，弦诵不绝，益见硕划荩筹"②，称厦大为"加尔各答以东之第一大学"③。国民政府教育部考核全国大专以上国立大学办学成就后，明令嘉奖厦门大学，嘉奖原因："各部分办事精神连贯，能通力合作，教学认真，学风纯正。"④ 对于厦大取得的进步和成绩，萨本栋在接受重庆《新华日报》采访时说，这"是在全校教职员不分派系的共同努力下，虽备历艰辛而获得的"。抗战结束，厦大从长汀回迁厦门时，长汀民众自发制作一方巨大的"南方之强"牌匾欢送，"厦大——南方之强"的呼喊声响彻寰宇，一所好大学最高的荣誉莫过于获得老百姓发自内心的认可。

---

① 洪永宏编著：《厦门大学校史》（第一卷）（1921—1949），厦门大学出版社1990年版，第180页。
② 洪永宏编著：《厦门大学校史》（第一卷）（1921—1949），厦门大学出版社1990年版，第180页。
③ 《厦大通讯》第6卷第3期，1944年3月31日。
④ 《教育部令奖母校教学认真学风纯正》，《厦大通讯》第4卷第5、6期合刊，1942年6月30日。

为了集思广益，了解学生所思所想，解决学生的实际问题，萨本栋把厦大学生分成20组，分别与各组学生举行谈话会，邀请数位教授列席，谈话内容为"时事战局、师生关系、教学作业、学校质疑、校舍设备、饮食起居等"①。1944级土木系校友叶燊回忆："长汀没有网球场，有同学想打网球，就小声嘀咕，希望学校能建一个网球场。萨校长听到了，笑着回应说，'哪一个要打网球？先来跟我打，打赢我了就盖！'"校舍紧张不敷使用，萨本栋当时显然没办法顺应学生意愿建网球场。然而，他并不直接否定同学们提意见的积极性，而是幽默地开出条件，设下擂台，邀请同学来挑战，巧妙地化解了直接否定可能会"影响同学们对学校发展的信心和挫伤学生体育锻炼的积极性"②的困境。萨本栋经常跑到学生食堂、宿舍、教室和运动场，查看膳食质量、住宿状况、学生上课和活动情况等。有的学生生活很困难，不得不找兼职贴补开支，萨本栋常常亲自为他们联系工作，夫人黄淑慎常常自制点心款待上门求教的学生。台湾化肥、塑胶业的领军人物，1939级化学系校友沈祖馨回忆："我是读化学的，并且不是好学生，却常常蒙校长青睐，亲加训诲，令我终生受用。"台湾新竹科技园区创始人、1940级机电系学生何宜慈认为："如果没有遇上萨校长，我以后的生命必然是另外一个样子。"③时怀校长教诲，为国家社会贡献心力，萨本栋的生命进入学生的生命，而发生了塑造人生的巨大作用。这种生命的映照，反映了师生之间难以言传的情感对话和师道传承。

　　一切事业的完成总要靠两个条件，即精神的与物质的，长汀时期的厦大靠的主要是前者，这种精神的内涵：大学发展必须与国家命运休戚与共，大学要艰苦克难、用爱与关怀教育学生；大学应该为新中国建设培养优秀人才。

---

① 王其森：《南方之强：纪念抗战时期厦门大学内迁长汀》，《长汀文史资料》（内部刊物）第26辑，1995年，第36页。
② 王严淞：《大学校友母校认同研究——以厦门大学在台老校友为例》，厦门大学硕士论文，2014年。
③ 何宜慈：《鞠躬尽瘁作育英才：纪念恩师萨本栋校长》，何邦立编：《何宜慈先生纪念集》，何宜慈科技发展基金会，2004年。

萨本栋亲力亲为,将这种精神的作用不断放大,产生星星之火足以燎原的重要影响,以至于今天,虽然大学规模、师生数量已非当年可比,但人们绝不会因此而低估这种精神的力量,反而越发珍视她。

这种精神影响配合着学校施行的导师制,产生的效果是长汀厦大师生关系至为融洽,像一个大家庭。各院老师常在自己宿舍里备上茶水和点心,与学生促膝谈心。学生经常到导师家里,自由交谈,也常在导师家里吃饭,帮助师母洗菜、洗碗。导师与学生聚餐喝茶,畅谈学问与人生。文学家施蛰存教授说,这样的情景,成为战时厦大的一种特殊人文环境和氛围。①1938级校友邹幼臣认为,当年师生在课外的言行交往,使其终生难忘,受益良多。他说:"朱师保训常常轮流邀约听课学生到家中用餐,朱师母姓姚,邵武人,擅烹饪。冬寒时,常以邵武名肴'一品锅'飨客。该肴乃将各种肉类及菜蔬等佐料置于一锅烹煮。食时,放炉火于桌,置锅其上。一时香味扑鼻热气冲身,食者大快朵颐之外并满怀温暖,师生相处犹如一家人;黄师开禄在校创设'木屋学社',从经济学系各年级学生择优秀者为社员,他之导生为当然社员,故我列其中。学社定期在黄师住宅聚会。先是互谈彼此生活起居及课外活动等话题,以增彼此了解,加强同学之谊。大部分时间由黄师主持讨论大家所学课业。大家轮流提出对所学之见解与心得,彼此切磋砥砺。"②师生在家中聚餐或举行类似沙龙的学术活动极大地增进了彼此的情感交流和生命体验。育人活动是厦大教授日常生活的重要组成部分,这成为他们热衷的生活方式,他们以自己的实际行动提醒学生:自己应对社会和国家知恩图报,应该利用自己掌握的知识为他人谋福祉,而不仅仅为自身稻粱而谋。

长汀时期,校长办公室曾接连发了两份布告,第一份布告为:

> 本校前由闽南运来钢琴一架,现已修理完竣,可供学生八至十名练习之用,凡能读乐谱及曾有钢琴练习一二年之程度者,皆得报名参加练习。惟须

---

① 沈建中:《遗留韵事:施蛰存游踪》,文汇出版社2007年版,第202页。
② 邹幼臣口述材料:《1938级经济系忆恩师、谢良教、述受益》。

经过考试检定。兹聘诸先生为本校钢琴练习检定考试委员会委员,并定兹六月一日起至十八日至,为报名应试者预先练习之时期。特此公布周知,希有志练习钢琴诸同学注意为盼。

委员:谢玉铭先生　萨本栋夫人　周辨明夫人　陈子英夫人　陈荣真先生

特殊历史时期,学校意外拥有一架"闽南运来的"旧钢琴,对这一稀缺资源,学校把它作为学生学习演奏之用。萨本栋如了解家人般地熟悉教师及教师家属的兴趣、爱好及特长,谢玉铭、陈荣真都是理工科教授,但极富艺术才华,萨本栋夫人、周辨明夫人、陈子英夫人都是教授家属,义务参与学校人才培养,在这样一个其乐融融、充满关爱的大家庭氛围中,学生的人格、个性、特长得到充分滋养。第二份布告显示:有6位学生通过"检定考试委员会"的考试,在战火纷飞的年代,他们可以在长汀厦大学习钢琴演奏。

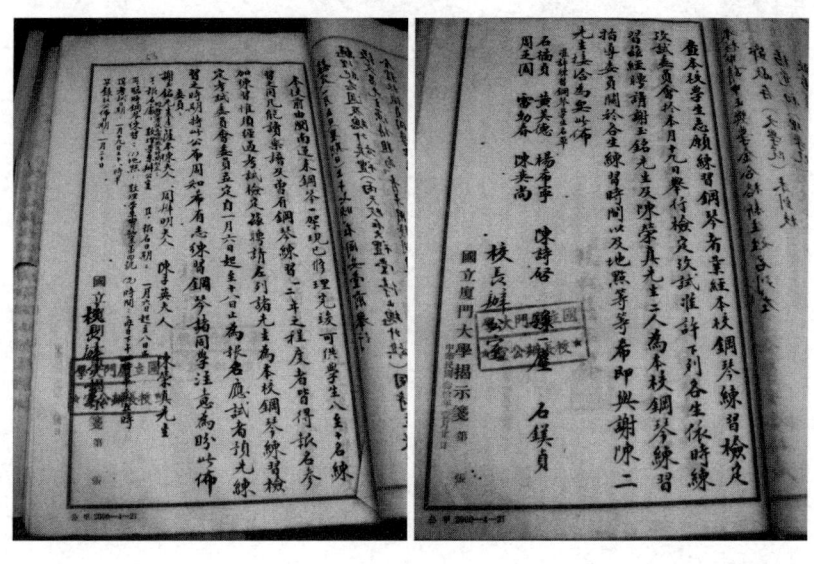

关于钢琴使用的布告

教师参与学生社团的热情很高,学校大部分社团将教师、学生同视为其招募新成员的对象,社团章程规定"本校师生赞同本团宗旨者均得为本团团员"①。以铁声歌咏团为例,除了学生之外,一些教授和教授夫人也来参加小组唱。1941年,铁声歌咏团在长汀组织了一次音乐会,谢玉铭教授任顾问,周辨明教授做指挥,陈子英夫人弹钢琴,林庚副教授上台独唱,陈荣真讲师则与学生合奏钢琴。教师、教师家人、学生共同参加合唱,台上台下俨然是一个大型的家族聚会:萨本栋是这个大家族的象征和族领;教师无疑是这个家族的中坚力量;教师家人是持家理业、和上睦下的慈爱管家;学生们则是家族里率性纯真、沐浴在爱的阳光中的儿女。②

厦门大学剧团和女生同学会在长汀联合演出话剧《家》

1943级中文系学生朱一雄自幼爱好书画,进入厦大后,他说"自己过上了天堂一般的生活"。他拿着画板奔向汀江各处,"疯狂地写生作画",入学不久,就完成了50多幅铅笔和粉笔的写生,10多幅木刻。写生多半是长汀

---

① 1937级学生陈诗启提供的铁声歌咏团章程史料。
② 石慧霞:《抗战时期的厦门大学——民族危机中的大学认同》,厦门大学出版社2012年版,第119页。

四乡的风物，木刻则是老农夫、挑水的女工、江上的船子和一个每天从映雪斋后面经过的盲丐，手拉胡琴，发出凄凉的乐音。当然还有铁匠等等的画面。而凭想象，他用粉笔在一张大马粪纸上画了一个弹吉他的歌者，背后是红达天庭的烽火，他为这画题名为"狂歌当哭"。不久，发生了一件事，令朱一雄终生难忘，他回忆道："我没有得到学校的同意，早一天就把大礼堂的东西搬走，布置了我在厦大的第一次个人画展。那天清早，我一个人在大礼堂门口，想放我画展的广告牌，那时，萨校长和谢玉铭教务长一同走了过来。萨校长说我不是布告了等一会儿要在礼堂跟学生讲话吗？怎么有人在礼堂开画展呢？这是哪里来的画家？他是什么人？谢玉铭教务长说那牌子上说他是朱一雄，应该是一年级的新生。我正好站在旁边，我说真对不起，我不知道校长要用礼堂。萨校长对我微笑，说让我看看你的画吧。我们三个人在画展的许多画的前面走了一圈，萨校长在门口的签名簿上，写了几行字，'成功不能靠十分的天才，但要靠九十分的努力'。他写完，转头对谢教务长说，告诉大家：不开会了。"①朱一雄说，萨校长不仅在知识、技能方面教导我们，更让我们感受到最特殊的爱的教育。

长汀生活虽非常简陋、环境恶劣，学生们却体会出从另一角度看待世界、看待人生的道理。在他们眼里，生活一样是美好而充满希望的。1944级机电系学生苏林华回忆：

> 战时的长汀时代，校园里挂了一口钟，每四小时变化一次，即第一小时敲两下，半小时敲一下，周而复始，如此师生们可从早上、下午或晚上不同的时程判别出时辰。我大三住博学楼，大四住映雪楼，都听得见，尤其上半夜的钟声，颇有"夜半钟声到客船"的情调。
>
> 即使是在山城苦难的日子，如果从另一角度去看，我们的生活还是美好而充满希望的。当白天日机轰炸之时，我们从集思堂或嘉庚堂躲到旁边大防

---

① 史料整理自朱一雄（1943级）访谈录音，2007年10月15日于武汉；纪蔚然：《遗漏在自传里的血泪》，《印刻文学生活志》2007年第10期。

空洞，假使你能幻想到：如能挖得更深些，便别有洞天，或有无尽的宝藏就很美；空袭完毕，跑到万寿宫图书馆却抢不到Granville等三氏微积分参考书或poorman（"可怜人"）的材料力学，便上坡到文法商阅览室借出十大本精装的《鲁迅全集》，翻到他隐喻"人要像牛一样，吃的是青草，挤出来的是牛奶"时，那早餐时吃黄豆稀饭的怨气便一扫而光，于是便"有一分热，发一分光"起来，这不是很美吗？

宿舍里有自孤岛上海来的同学，唱当时正流行的《翠堤春晓》电影插曲："When we were young..."，你可回味出小施特劳斯追女高音到多瑙河边，船已鼓桨离岸，他呼道："Half of my life is gone with you!"然后颓然入梦，得了灵感，谱出蓝色多瑙河舞曲来，多美！①

萨本栋不仅对师生给予足够的关心和重视，对于一些默默无闻的人，他也时刻感念他们为学校付出平凡但不可或缺的努力。1942年1月31日，第80次校务会议有一项议程，专门讨论对出纳员高用梁在校服务满20年，如何予以鼓励一事。经萨本栋提议，校务会议成员一致通过，"酌予奖金贰百元籍资奖励"。今天大学常常重金奖励科研成果突出的人，但是，对一般教师或普通职员在学校的默默付出却较少关注，更别说通过校务会议专门研究为某一位普通员工在校服务多年而给予表彰。正如在学校工作多年的誊写书记②黄伯寅所写："记得学校改为国立时，大家都担心自己位置的动摇，事后才知道是杞人忧天，旧的职员没有更动，新的又公开招聘，打破一切推荐的陋习，使大家仍得安心工作，努力工作。我在厦大服务不觉十五六年，关系既深而且久，食于斯，居于斯，好像第二个家庭。"③

在这种氛围里，对老师有不同意见，学生坦诚地给予表达。一位学生回忆，当年教"西洋通史"课的吴士栋教授考试时喜出历史人物事件发生年

---
① 苏林华：《校园忆旧——献给母校厦门大学及校友们》，《厦门大学美洲校友会校友通讯》第38期（内刊）。
② 誊写书记相当于现在的抄录员。
③ 黄伯寅：《我与厦大》，《厦大通讯》第3卷第3期，1941年4月6日。

月日的填充题，同学不胜其苦。有次期考出题："柏拉图生于（　），死于（　）？"这位同学答不出，一急之下填了"柏拉图生于忧患，死于安乐"交卷，并将此答案公之于学生会墙报上，并在文末写道："考核大学生，应给他一块学术大广场让学生自由驰骋；考核小学生，则应划几个方圈格，限孩子在格子内投石子。"他说，当时学生围观喝彩，萨本栋校长看了也微微一哂。以后，吴教授真的少出类似的填充题。吴教授碰到该生，亦和气地说："你写得好，也挺幽默，我是该给大学生有个自由论坛。"①

桃李不言，下自成蹊。在汀期间，"旅汀厦大毕业同学会"成立。为支持其开展工作，萨本栋在学校办公场所极为紧张的条件下，与校务会议成员商定，将学校图书馆对面的刘家祠堂拨为旅汀厦大毕业同学会会所，拨专项经费将会所修葺一新，②另拨2万元专款编辑出版《厦大通讯》，顺利促成厦门大学校友总会正式成立。③校友会及各地毕业同学会的成立均得到萨本栋的重视，他认为："本校创立虽然只有十八年短短的历史，而十三届以来，在省内外以及南洋一带服务的六百八十余毕业同学，都能够以各地同学会为中心，发生密切联系，发扬母校精神，推进社会事业，这是一种很可喜的现象。"④

萨本栋认为，同学会不同于社会上有些"党同伐异"的组织，同学会的用意是非常纯洁高尚的。它最重要的任务有两个：一是帮助母校发展，使母校所培养出来的青年，在质与量方面，都可与日俱增；二是把生自同根的人才的力量集中起来，和同学以外的优秀分子取得联系，为社会国家致其最大努力。萨本栋希望同学会所取的方针：对于母校的缺点及母校校友的短处，坦白地批评，且互相劝勉，不抱家丑不可外扬的态度；各地毕业同学会能尽量发挥与他人合作，自身内省的力量，为社会国家谋福利，对于他校的优点

---

① 刘含怀（1945级经济系学生）回忆材料：《"三跨越"中我在厦大的经历》。
② 刘含怀（1945级经济系学生）回忆材料：《"三跨越"中我在厦大的经历》。
③ 洪永宏编著：《厦门大学校史》（第一卷）（1921—1949），厦门大学出版社1990年版，第181~185页。
④ 萨本栋：《献给厦大毕业同学会》，《厦大通讯》第1卷第1期，1939年1月1日。

及他校毕业生的长处，多多赏识并引为借镜，不存忌妒的心理。[①]萨本栋的校友观，在今天看来，仍富有远见和指导意义。

1944年5月，厦大师生、校友甚至包括校内工勤人员的心情都极为矛盾，因为大家共同敬重的萨本栋要赴美讲学，为期一年。他们一方面渴望他能留下，带领大家在这个偏僻的山城续写教育的辉煌；另一方面，又希望他能在赴美讲学期间，好好治病，恢复极度疲惫的精神和每况愈下的身体。5月7日，师生共同举办了"欢送萨本栋校长赴美讲学——厦门大学艺术展览会"。会上展出余謇、虞愚、何励生、陈三畏等师生的书法，枫野、三畏、世权的金石，一雄、启典、金倈的水墨写生，尚安的铅笔画和纪杜的漫画；还有许多木刻和校园摄影，以及《厦门大学一日》的10篇优秀征文。大四学生出版股出版了四张"艺展壁报"。师生们争先拿出自己的特长，抒发对萨校长依依难舍的情感。会上还展出了四年级学生郑道传的展品《萨校长来厦门大学的

长汀民众、厦大师生列队欢送萨本栋校长赴美，学生敬献鲜花

---

① 石慧霞：《抗战时期的厦门大学——民族危机中的大学认同》，厦门大学出版社2012年版，第178页。

前前后后》，选辑了一沓沓电文和信札，让历史的邮件真切地诉说当初萨本栋创业的艰辛。临行前，萨校长和夫人兴致勃勃地参观了展览，在师生们的各种作品前流连忘返。展览会设有一本签名题词本，萨校长的题词"艺术家是天生的"，亲切而幽默，且字迹娟秀可人。萨夫人的题词是"文化的提高有赖天才的人服务大众"。展览会上最引人注目的是两张照片，一是萨校长8岁时的旧照，二是萨校长与萨夫人结为伉俪的结婚照，使整个展览会洋溢着其乐融融的大家庭般的气氛。①

1944年5月12日是萨校长伉俪离汀赴美讲学的日子。这一天成为铭刻在师生、校友、工友在汀记忆中最深刻的一天："是日晨风和日暖，云彩分明，山城景色，益外清鲜。六时许，厦大全体师生、教职员、校友、工友，队伍整然，浩浩荡荡。横岗下市街，绵延里许不绝，汀市万民拥挤，争仰萨校长伉俪风采，各方争摄玉照，交通为之阻塞。抵达中山公园门首，萨校长身着浅绿中山装，精神奕奕，笑容满面，挥帽惜别。语言学家、时任文学院院长周辨明博士带领大家欢呼：一时中美国歌，声震寰空，'送亚栋呼'

周辨明教授作词曲：欢送萨本栋校长赴美

---

① 郑道传遗作，郑启五整理：《我所知晓的萨本栋老校长》，陈武元主编：《萨本栋博士百年诞辰纪念文集》，厦门大学出版社2004年版，第165~168页。

'厦大冲锋呼''一帆风顺呼'……旋绕耳际。"这珍贵的文字如电影胶卷一般，摄下了烽火硝烟中师生难分难舍的时刻，"'自强，自强，学海何洋洋……'，汽车的马力吼动了，将要向千山重叠的去处驰骋，一面蓝绸绣着校训'止于至善'标志的小型校旗，两束杂色美丽的鲜花，分由三位女同学呈献在萨校长伉俪的手里，掌声如雷，欢呼若狂。'厦门大学'的旗帜将要飘扬在西方，'止于至善'的精神将要远播在美国……"①

校长是铸就一所大学精神和灵魂的人物，是大学成员心理感受和行为方式的重要建构者。1944级毕业生陈华回忆："萨本栋校长具有爱国者、教育家、科学家的特质，他身上有一股磁铁般的力量，把我们吸引到他的周围。他像一团火，点燃了我们每一个人，他是抗战时期厦门大学共同体的灵魂和核心。"② 共同体是德国社会学家滕尼斯（Tonnies, F.）提出的一个社会学概念。他认为共同体是一种生机勃勃的有机体，在共同体中，社会关系的基础是某种自然意愿，这种自然意愿包括感情、传统和人们的共同联系，其特点是人们之间有着强烈的认同感。③ 界定共同体的含义并不容易，正如齐格蒙特·鲍曼所说："词都有其含义，然而，有些词，它还是一种'感觉'（feel），'共同体'这个词就是其中之一"，"共同体是个'温馨'的地方，一个温暖而又舒适的场所。它就像是一个家，在它的下面，可以遮风避雨；它又像是一个壁炉，在严寒的日子里，靠近它，可以暖和我们的手。在这个共同体中，我们可以放松起来——因为我们是安全的，我们相互都很了解，我们可以相信我们所听到的事情。我们可能也有争吵——但这些争吵都是友善的，争吵只是因为，我们都在试图使我们和睦友爱的关系比以往任何时候都变得更好，更加快乐"。④

---
① 吴亮夫：《萨本栋先生赴美讲学离汀纪盛》，《中央日报》1944年5月23日。
② 陈华（1944级）访谈录，2010年11月24日，访谈地点：厦门大学1944级级友展厅。
③ 斐迪南·滕尼斯：《共同体与社会》，商务印书馆1999年版，第54页。
④ 齐格蒙特·鲍曼：《共同体》，欧阳景根译，江苏人民出版社2003年版，第2~3页。

第六章 进中研院

萨本栋传

一、美英讲学　寻求突破

应美国国务院文化合作项目邀请,①1944年7月,萨本栋等多位中国大学教授到美国游历讲学。该合作项目的目的是"一方面联络中美感情,增加美国人士对中国的认识,另一方面也为使困守国内七年的学人到美国去看看战时美国学术的进步"。②萨本栋夫人黄淑慎陪同赴美,她有个小小的"私心",希望"能督促萨本栋借此机会在美国彻底检查治疗,恢复身体康健"。然而,萨本栋是抱着寻找"学术救国之路"的目标而来,他排满了自己在美国的行程,不到一年的访学时间里作了近30场讲座和学术报告,同时在斯坦福大学、麻省理工学院兼任访问教授,主讲一门专业课。在美期间,他仍旧像一部不知疲倦的永动机,一直处于高速运转当中,美国媒体称他为"在美国的中华文明的代表"③。萨本栋之子、其时12岁的萨支唐院士回忆起来不禁感叹:"父亲在美国所做报告频率之高在我现在看来都觉得不可思议,当时也不是坐飞机,都是火车,有时几乎一个星期作一场报告,这对当时身体并不强健的他来说,非常辛苦。医生要求他静心养病,他根本做不到。我的印象里,父亲一直都是忙得不得了,几乎没时间与我交流……"④

1944年7月—1945年4月萨本栋在美讲学安排:⑤

---

① 与萨本栋同行的还有北京大学教授杨振声、南开大学教授陈序经、金陵大学教授陈裕光、岭南大学教授容启东和中央研究院汪敬熙。
② 萨本栋:《交流电机》,商务印书馆1949年版,第1页。
③ 据萨支唐先生提供的照片及英文资料。
④ 萨支唐先生访谈记录,2009年12月2日,地点:逸夫楼。
⑤ 《萨校长在美国讲学经过》,厦门大学校史编委会:《厦大校史资料》(第二辑),厦门大学出版社1988年版。

1944 年：

7月19日，《技术教育与人文科学》，地点：华盛顿；

8月2日，《中国教育之将来》，地点：密歇根大学；

8月25日，《战时中国工程师》，地点：麻省理工学院；

8月26日，《交流电路中之复指数》，地点：麻省理工学院电机系；

8月31日，《中国教育制度》，地点：哈佛大学；

9月8日，《中国工科学生之责任》，地点：麻省理工学院中国学生会；

9—10月，分任斯坦福大学、麻省理工学院访问教授，主讲"交流电机"；

10月3日，《战时中国工程师》，地点：麻省理工学院电机系；

10月13日，《中国科学工作者之所需》，地点：美国科学工作者联合会；

11月3日，《中国若干问题》，地点：伊利诺伊大学；

11月5日，《垦殖一个战时中国的学园》，地点：伊利诺伊地区援华会；

11月7日，《垦殖一个战时中国的学园》，地点：明尼苏达州立大学；

11月11日，《垦殖一个战时中国的学园》，地点：加里敦学院；

11月13日，《中美文化合作》，地点：雪城大学；

11月14日上午，《中国之科学》，地点：雪城大学数理系；

11月14日下午，《中国通货膨胀对各大学之影响》，地点：雪城大学；

11月15日上午，《中国若干问题》，地点：纽约联合学院；

11月15日下午，《垦殖一个战时中国的学园》，地点：纽约联合学院；

11月16日，《中国电机工程》，地点：纽约联合学院电机系；

11月17日，《中国青年之技术训练》，地点：纽约地区一中学学生会；

11月20日，《垦殖一个战时中国的学园》，地点：波茨坦州立师范学院；

11月20日，《中国战时通货膨胀对妇女之影响》，地点：美国女大学生会；

12月9日，《七股仪》，地点：中国科学社麻省剑桥分社。

1945 年：

1月13日，《战时中国大学行政》，地点：麻省理工学院中国学生会；

1月22日，《低于五次诸方程之解》，地点：布朗大学；

2月5日，《并矢电路分析》，地点：麻省理工学院；

2月7日，《中国学生技术训练》，地点：麻省理工学院；

2月9日，《中国教育之将来》，地点：密歇根；

2月13日，在祝贺Jackson教授八秩寿宴上代表中国电工界致辞；

3月5日，《七股仪》，地点：约翰霍普金斯大学。

在讲学过程中，萨本栋经常被美国听众问到对"中美关系"的看法。萨本栋就日本舆论所称"中国由美国控制"针锋相对地说："世界各国人民必须相互理解其文化，中国人民很赞赏美国人民，中国希望自己能够成为美国的朋友，而非日本媒体所宣称的中国由美国控制"，"我不相信永久的世界和平仅靠少数外交官签签文件就可以获得"。他强调："美国可以不依靠中国而赢得对日战争；若美国依靠中国，则能更少伤亡、更少时间地赢得战争；若美国不依靠中国，则不能赢得永久的世界和平"，"没有中国，就没有持久的和平，美国要想在战时同中国建立同盟关系，并在和平时期也结下友谊，那么美国就必须在处理中国现况时运用更多的智慧"。萨本栋希望中美两国战后能够通过互派交换学生、鼓励美国学生学习中文等方式实现两国人民更好地相互理解他国文化，实现真正的和平。萨本栋认为打败日本后，中国仍将面临三大敌人——无知、贫穷和恐惧。但是他对改变这种状况很有信心，他相信中国的文化复兴一定会实现，"这些问题的消除都需要依靠教育"①。

萨本栋尽心尽力准备着每一场讲演，但他内心却异常沉重："国内战事日趋恶劣，东南与重庆的联系，因湘桂失陷完全中断，加以苏联在东欧的胜利，美军在东亚的不称意，美国舆论一面大捧苏联，一面严厉地批评中国"②，萨本栋时刻牵挂的厦门大学一度成为"孤岛"，彻底与后方失去联系。日本在国际战场上的溃败与在中国战场上的快速推进，造成美国人对中国人的歧视日趋普遍，"住在那种环境里，精神的不愉快远超过身体不好所造成的苦痛"，自

---

① 萨本栋：《交流电机》，商务印书馆1949年版，第2页。
② 萨本栋：《交流电机》，商务印书馆1949年版，第4页。

己的祖国遭受内外蹂躏和灾难，萨本栋内心的失落难以名状，中国的科技和教育水平如何才能提高？中国被人瞧不起、屡受歧视的现状如何才能改变？"我心里总觉得与其做无味的旅行讲演，不如将抗战中所搜集的教材整理成一本英文书，更有意义。"然而，"中国人要在外国以外文出版一本受欢迎的大学本科教科书实非易事"[1]。

萨本栋计划用英文写一部专著《交流电机》。他把自己的想法告诉好友、时任哈佛大学无线电实验室主任德尔曼教授，德尔曼诚恳地说："我不想劝阻你做这件事，但我担心你的时间和精力会白费。"[2] 当时，在美国已有四本同名著作，都是美国知名教授所著。德尔曼认为，由于众所周知的原因，过去八年以来，萨本栋在厦大基本上是与世隔绝的。德尔曼所言正中萨本栋内心积压已久的痛处。抗战前，在清华任教时，萨本栋才华横溢，被称为是"清华园中最具科研创造潜质的人"。执掌厦大七年，在战争的强大压力之下，条件所限，萨本栋只能压抑着自己探索科学前沿的冲动，把主要时间和精力用于处理校务和上课。如今，面对美国科技日新月异的发展，萨本栋无法遏制内心强烈的冲

萨本栋与选修"交流电机"的斯坦福学生合影（1945年）

---

[1] 萨本栋：《交流电机》，商务印书馆1949年版，第3页。
[2] 萨本栋：《交流电机》，商务印书馆1949年版，第3页。

动,"在国外学习的目的是要向前迎头赶上去,不是向后跟着他"①。萨本栋重新冲击科学高峰的激情再次被点燃。他一边讲学,一边把所有可能利用的时间都用起来,他重新梳理了自己在厦门大学的讲义,夜以继日地抓紧著述。讲学途中,萨本栋用了不到半年的时间就整理出了大部分书稿,为了验证他所编著的《交流电机》是否适合美国学生,他取消了已排定的去美国西部休养身体的计划,改道斯坦福大学,在那里试教了一学期的"交流电机"课程。

萨本栋用英文所撰写的专著《交流电机基础》创造性地提出用标幺值系统分析交流电机,引起工程学界的强烈反响,他的新论点得到美英科学界的关注,除在美国做多次巡回演讲外,英国学术团体以及牛津大学多次电邀其赴英讲学。1945年,萨本栋结束在美国的讲学后,专程到牛津大学等就"交流电机分析"又进行了短期讲学。由于他在电机工程学领域的突出贡献,萨本栋被英

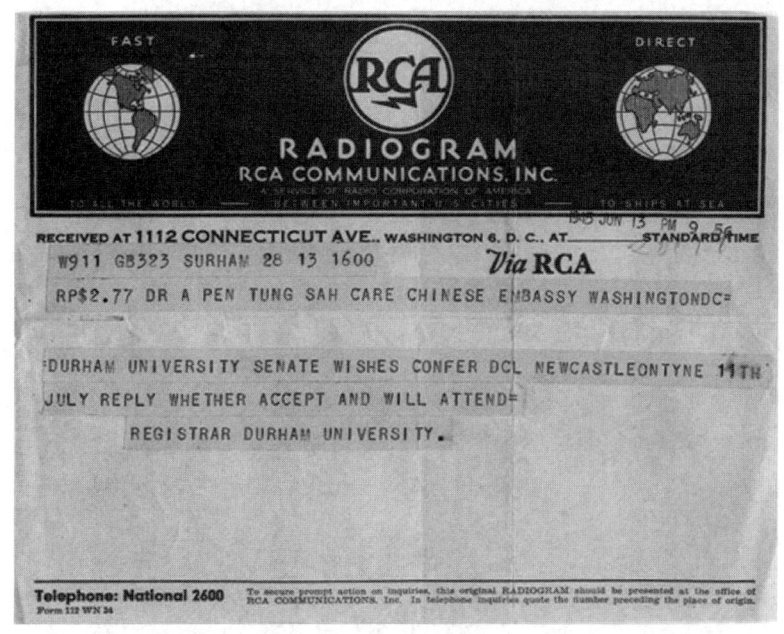

英国杜伦大学发给萨本栋的询问函

---

① 萨本栋:《交流电机》,商务印书馆1949年版,第5页。

国杜伦（Durham）大学授予荣誉法学博士，6月13日举行了敦聘仪式。这在今天看来，也许不足为奇，但当时中国人在国际社会颇受歧视，在此环境下，无疑是一个令人鼓舞的好消息。1946年，《交流电机基础》一书在美国正式出版，加州大学、卡纳基理工学院等十几所大学很快都选用其为教科书，开创了中国科学家编写的自然科学专著被外国人采用为大学教材的先例。①

萨本栋（后排右一）获英国杜伦大学荣誉法学博士的敦聘仪式（1945年）

① 朱邦芬：《"中国的脊梁"和"万人敌"：纪念萨本栋先生》，《物理》2013年第11期。

二、任总干事 复原重建

1945年，抗战胜利在望，萨本栋美英讲学即将结束，然而，萨本栋因长期得不到充足的身体休养，胃病、风湿病复发，他再度萌发退意。早在1941年，他曾写信给时任教育部部长陈立夫，表示"精力已竭、负荷增重"，希"准予辞去校长职务，得以专心治学"。①1945年5月，厦门大学汪德耀代校长和彭传珍总务长接到萨本栋来电，称："余甚愧不能返校，顷已三呈教部辞职，请预办移交，并祝安好。"萨本栋希望有更合适的人来接掌厦大，他可以静心养病，亦可以静下心来专注于科学研究。厦大师生暨各地校友获讯后，"莫不忧惶万分，当即飞电教部及萨校长恳切慰留"，他们一致认为，"母校自萨校长主持以来，校誉蒸蒸日上，值兹胜利在望之际，方期萨公回校主持，俾母校得与抗建大业共垂千秋"，"员生校友纷电慰留"，厦大全体教职员致电教育部："重庆教育部部长朱钧鉴：辰径二七三八四号电祗悉，萨校长办理厦大，卓著勋劳，员生爱敬久而弥笃，请电促早日返校，以慰众望，万勿准予辞职，厦大全体教职员同叩已。"②厦大师生校友强烈要求教育部继续留任萨本栋，但萨本栋辞意甚坚，教育部一时难以定夺。

正当萨本栋返国之时，国立中央研究院开始选聘总干事，前任总干事李书华兼北平研究院副院长。两院分在重庆、昆明两地，李氏实际上不能兼顾，③时任中央研究院代理院长兼教育部部长朱家骅急需一位得力的总干事协助其开展中研院工作。朱家

---

① 原始函件存于厦门大学档案馆，案卷目录号015-14。
② 《萨校长离美后赴英讲学曾呈教部三度辞职员生校友纷电慰留》，《厦大通讯》第7卷第1期，1945年9月20日。
③ 《萨本栋就任总干事》，《中央日报》1945年9月20日第3版。

骅认为，中研院总干事一职担负的是国家科学振兴的大任，非同小可，只有学术权威且能为国出力的人才能担任。同时，这个职务还需要有非凡的组织才能和良好的人际关系。① 萨本栋一回国，就成为众望所归的合格人选，"院内院外的科学家都认为萨本栋很合适"②。8月，朱家骅同意萨本栋辞去厦门大学校长一职，由原代理校长汪德耀接任厦门大学校长。与此同时，朱家骅力邀萨本栋出任中研院总干事。

对于朱家骅的邀请，萨本栋思虑再三，他认为："到现在为止，中国各种学问都停留在介绍西洋知识的阶段，未能表现其独立的精神，必须要创造能适应中国环境的自然科学及社会科学。科学无国界而亦有国界，应用的对象更有国界。这一种富有独立精神的中国科学的诞生，恐非中央研究院不为功。此外，战时深感师资不足，而未来教授的培养，不当求诸留学政策，而应广设各研究所的助理研究员……"③ 基于对中国科技现状的深刻认识，以及为振兴国家奉献己力的心愿，萨本栋不顾尚未痊愈的身体，再次搁置"希望能专注研究工作"的想法，接受了朱家骅的邀请，于1945年9月1日出任中研

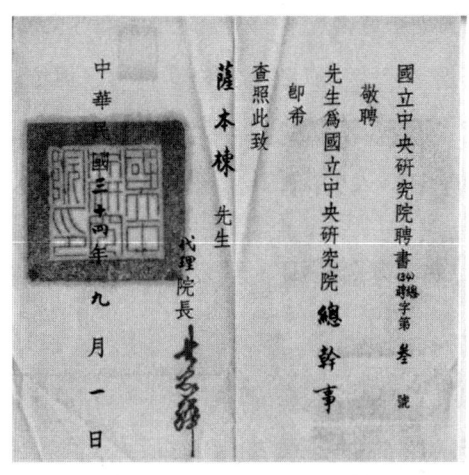

中研院聘书

---

① 邢军纪：《最后的大师：叶企孙和他的时代》，北京出版集团公司2010年版。
② 叶企孙：《萨本栋先生事略》，《物理学报》1950年第7卷第5期。
③ 邹文海：《怀念萨本栋校长》，《传记文学》第1卷第3期。

院第十任总干事，投入全国科学事业规划与发展的管理事务中。

中央研究院是中国历史上第一个集自然科学和人文社会科学研究为一体的国家科学研究院，是民国南京政府时期的最高学术研究机关。1927年5月，由国民党中央政治会议议决成立筹备处，推蔡元培、李石曾、张静江等为筹备委员，初隶属于大学院，1928年4月，成为独立的学术研究机构，由国民政府特任蔡元培为院长、杨杏佛（原孙中山先生的秘书长）为总干事，6月正式成立。中央研究院的成立是中国科学发展史上的重要里程碑，它结束了中国没有国家科学院的历史，标志着中国现代有系统的科学研究事业的开端。成立之后，陆续设立各研究所，直至1937年抗战发生时，已设立物理、化学、工程、地质、天文、气象、历史语言、心理、社会科学及动植物十个研究所。总干事受院长指导，执行全院行政事宜，总干事一职迭有变更：丁文江、朱家骅、任鸿隽、傅斯年、叶企孙、李书华等先后任总干事，皆为其时的学术精英和学术行政干才。[①]

表6-1 中央研究院历任院长、总干事（1949年4月以前）

	姓 名	任职年限
历任院长	蔡元培	1928年1月—1940年3月
	朱家骅	1940年9月—1949年4月
历任总干事	杨 铨	1928年11月—1933年6月
	丁燮林	1933年7月—1934年5月
	丁文江	1934年5月—1936年1月
	丁燮林	1936年2月—1936年5月
	朱家骅	1936年6月—1938年12月
	任鸿隽	1938年12月—1940年10月
	傅斯年	1940年10月—1941年9月
	叶企孙	1941年9月—1943年9月

---

① 《抗战时期迁都重庆之中央研究院》，《民国档案》（南京）1998年第2期。

续表

姓　名	任职年限
李书华	1943年9月—1945年9月
萨本栋	1945年9月—1949年4月
钱临照(代理)	1945年5月—1949年11月

资料来源：国立中央研究院编：《国立中央研究院概况》，第22页。

萨本栋到中研院就任时，中研院有总办事处、评议会秘书处两个行政机构，数学所等13个研究所，傅斯年、李四光、陈省身、李济等215名研究员，36名技术人员和99名事务人员。当时抗战刚结束，萨本栋面临的首要任务是中研院的复原。学术精英群集，工作千头万绪，萨本栋深感责任重大。"因交通工具缺乏，政府限制甚严。加以军运粮运迄未能依政府复原计划配合，本院对复原工作曾作慎重考虑。盖本院各研究所之图书、仪器等设备，在抗战期间一再播迁，损失甚微，若于复原期间不幸而遭损失，殊属不合。尤以古物及善本书籍，为国内外学术界所珍视，苟于复原之际遭受意外，实为不可补救之损失。"① 与萨本栋共事的陈荻帆回忆："该院院长由当时的教育部长朱家骅兼任，但朱只是挂名而已。总干事职掌行政管理和主持科研工作，虽无院长名义，却行使院长职权。"②

1946年6月14—28日，萨本栋就任后第一次参加中研院年度院务会议，就展露了他把握全局、系统管理的出色行政能力。会议主席为朱家骅，出席会议代表18人：萨本栋、陈省身、张钰哲、丁燮林、吴学周、李四光、赵金科(代)、王家楫、罗宗洛、竺可桢、傅斯年、陶孟和、汪敬熙、李济、凌纯声、王懋勤、刘次箫、郭庆林，会议记录者为刘次箫。会议共收到32项提

① 中国第二历史档案馆：《抗战时期迁都重庆之中央研究院》，《中国现代史》1998年第10期。
② 陈荻帆：《追忆萨本栋先生》，《福建文史资料》(第十四辑)，福建省文史资料委员会，1986年，第124页。

案，其中 18 项是由萨本栋所提，分列如下①：

1. 本院留渝办事处应如何组织案；

2. 本院驻沪办事处应如何组织案；

3. 修正本院总办事处之组织案；

4. 本院还都经费应如何分配案；

5. 本院员工情形有在中央党政机关还都办法内未经明白规定者其还都补助费应如何发给案；

6. 本院昆明区复原委员会函请将职员之眷属自行还都票价各增五万元应如何办理案；

7. 因工作关系由所决定延期还都之人员其本人及眷属之还都旅费及公私物品之还都运费应如何支给案；

8. 本院遣散工役应否照行政院及所属各部之成例于发给三个月薪津之外另行发给还乡费；

9. 今后关于本院还都员工旁系亲属证明文件及 1945 年 9 月 3 日以后到职到工员工服务证件之审查应如何办理；

10. 本院 1946 年度经常费及事业费应如何分配案；

11. 本院申请追加之员额 98 人及工役 34 人应如何分配案；

12. 本院各所人员名额应如何申请追加案；

13. 本院助理研究员及助理员于年度届满时只拟续任者应于何时先行通知，倘于新年度开始后始决定不拟续任时其薪给应发至何时为止，请规定划一办法案；

14. 本院职员宿舍应另行组织管理之机构案；

15. 本院留用日籍人员之详细办法应如何规定案；

16. 福建省政府为拟举行该省经济调查研究电请本院拨款补助并希望派员参加应如何办理案；

---

① 《中央研究院院务会议记录及工作计划》(原始档案)，中国第二历史档案馆馆藏。

17. 福建省政府为拟举办各项经济建设专题研究电请本院拨款补助并欢迎派员参加应如何办理案；

18. 福建省政府为拟进行该省沿海海洋调查工作电请本院补助经费应如何办理案。

以上每一项提案萨本栋以"借免因事务繁琐而影响研究工作之进行"为目的提出具体的解决方案，这些提案最终大部分在会上获得一致通过，为后来中研院平稳、顺利复原起到了重要作用。以第一、二项提案为例，萨本栋草拟的提案说明和提交大会讨论具体方案稿如下①：

本院留渝办事处应如何组织案

说明：

由渝还都之机关，在开始还都后，均组设"留渝办事处"，以便接洽交通工具，装卸公私物品，及办理在渝财产之移交事项。现在本院印信业已运来京，总办事处之还都已经开始，所有在渝之总办事处工作，均应移京续办，自宜照其他机关之例，组织"留渝办事处"，以专责成，用特检同"国立中央研究院留渝办事处组织规程草案"，提请公决。

提案人：萨本栋
六月二十日

国立中央研究院驻渝办事处组织规程（草案）

一、本院为便利复原并结束内迁工作起见，在重庆设置留渝办事处（以下称本处）。

二、本处之职掌如下：

甲、接洽本院还都职员及眷属之飞机票位；

乙、会同本院各区复原委员会或各所接洽还都之舟车并签订契约；

丙、会同本院各区复原委员会资助来渝等候还都之职员与其眷属；

丁、会同本院各区复原委员会办理到渝公物之存放及保险事宜；

---

① 《中央研究院院务会议记录及工作计划》（原始档案），中国第二历史档案馆馆藏。

戊、依照本院与交通机构所签订之契约按期签付款项；

己、签付本处及总办事处尚未还都各职员之薪津及各种补助费；

庚、办理本院在渝财产之移转手续；

辛、其他总办事处托办之事项。

三、本处置主任一人，秉承院长及总干事综理处务，由院长聘任之。

四、总办事处各部分应指定一人至二人为最后还都之人员，最后还都之职员秉承本处主任处理本处文书庶务出纳及会计事宜。

五、总办事处尚未还都之其他职员均应到本处办公，其工作由本处主任临时分配之。

六、本处于任务完毕后由总干事呈请院长撤销之。

七、本规程经院务会议通过及院长批准后施行。

八、本规程如有未尽事宜得由总干事呈请院长修正之。

本院驻沪办事处应如何组织案

说明：

现在本院有九所驻在上海，所以在沪财产之保管登记，工作人员薪津之发放，不属于各所自身事务之处理，及驻沪各所对外文书之办理等等，均宜有一处办公机构，借免因事务繁琐而影响研究工作之进行，似可设立"国立中央研究院驻沪办事处"，以专责成。用特检同组织规程草案，提请公决。

提案人：萨本栋

六月二十日

国立中央研究院驻沪办事处组织规程（草案）

一、本院为便利设在上海各研究所之工作起见，在沪设立驻沪办事处（以下称本处）。

二、本处之职掌如下：

甲、保管与登记本院在上海之财产；

乙、收发上海工作人员薪津及其他补助费；

丙、收转上海各所之购物单据；

丁、处理不属于上海各所自身之事务；

戊、办理只涉上海各所对外之文书事宜；

己、办理总办事处委托事项。

三、本处置主任一人，秉承院长及总干事综理处务，由院长聘任之。

四、本处之其他职员由上海各所之事务人员及总处派在上海工作之文书事务出纳及会计人员充任之。

五、本院之办事细则另定之。

六、本规程经院务会议议决通过及院长批准后施行。

七、本规程如有未尽事宜得由院务会议修正之。

在这次院务会议上，大家一致议决同意设置驻渝、驻沪办事处，通过萨本栋拟定的《驻渝办事处组织规程》和《驻沪办事处组织规程》，据此具体办理还都工作。驻沪办事处负责人多年以后回忆："萨先生这个人非常了不起，我非常崇敬和钦佩他……他没来之前我就听说这个人了不起，见面之后果然如此。他工作有魄力，讲原则，有能力，敢负责任，是位杰出的组织领导者。我当时被选派到上海去主持接收工作，在接收过程中，部分人有不同的意见，并借此向朱家骅告我的状，使接收工作的进行受到影响。正在这时，南京打来电报：'萨本栋要来！'我非常高兴。一天晚上，丁燮林对我说：'萨先生来了，你现在有发言权了，说吧！'后来我就把全部工作情况向萨先生讲了，他听了后高兴地说：'你的做法很好，没错，这样干下去吧！'在他的支持下，我们顺利地完成了接收任务。"①后来的事实证明，驻渝、沪办事处在办理中研院复原工作当中发挥了重要的协调作用。

中研院与厦门大学不同：中研院的工作着眼于全国，作为全国最高学术研究机关，汇聚了一批各学科领域的顶尖学者，其中不乏性格孤傲、特立独

---

① 全国政协文史资料委员会编：《文史资料存稿选编》（第24辑），中国文史出版社2002年版，第101页。

行的学术牛人。中研院学者之间相互不"买账"、思想矛盾多、意见难调和，这也是历任总干事在任时间不长的重要原因。①萨本栋坚持以人为本、行政为学术服务的原则，尽可能保障各学术机构有更好的条件从事科学研究。他当时身兼物理研究所所长一职，经常谦逊地说："我是学工程出身，不懂得物理研究，我现在做的是为大家扫地的工作，把房屋打扫干净，恭候国内外我国的物理学大家来这里工作。"②

管理工作的重点是"人事"和"财务"，"总干事"除了统筹全院事务外，主要负责"总办事处"行政工作。复原期间，"总办事处"要为10多个科研院所协调服务，工作千头万绪，萨本栋不惧其烦，从国家科学事业长远有序发展出发，上任不久，即"自我革命"，削减总办事处工作人员，令中研院"只专注于本所发展，专谋本所利益"的各所所长为之一振。财务管理方面，萨本栋严格按照财务公开、共同监督的原则，对中研院各项财务开支均向院务会议公开呈报，接受集体监督，这也是历次院务会议所少见。在1946年度院务会议上，萨本栋向大会公开中研院各项财务开支共14项。③

修正本院总办事处之组织案④

说明：

在抗战期间，本院各所散布各地，致总办事处与各所间之文书往还及□项拨汇日渐繁多，且员工津贴及补助等费名目迭增，手续亦繁，总办事处为适应事实上之需要，乃不得不采取现时之组织，将来复原完成之后，上海驻有九所，并拟设驻沪办事处，办理驻沪各所财产之保管登记，薪津之收发，共同事务及对外文书之处理等等，总办事处之工作自可减少一部分，驻京各所相距非远，一切事务亦可面洽或以电话谈商，故总办事处之组织势须予以简化，并依据过去之经验，将机构组织及员额分配重行商讨，通盘修正，俾

---

① 夷声、歆名：《中央研究院的组织与管理》，《科学学研究》1985年第3卷第2期。
② 佚名：《萨本栋先生事略》，《科学》第31卷第3期。
③ 《中央研究院院务会议记录及工作计划》，中国第二历史档案馆馆藏。
④ 《中央研究院院务会议记录及工作计划》，中国第二历史档案馆馆藏。

符实际。用将检同修正草案,提请公决。

提案人:萨本栋
六月二十日

1946年12月上旬,复原工作完毕,留渝人员全部返京(南京),并在渝登报声明"在渝事务结束,全部移至京沪"。萨本栋对此工作进行详细总结梳理后,在院务会议上,"萨总干事说明上海方面接收工作与南京方面接收工作有不同之点,在京系接收原有之财产,故问题较少;在沪除接本院原有之财产外,并接收敌人之财产……同时并提议本院应对吴特派员表示谢意,全体无异议通过"①。作为科学家,萨本栋一心为公、严谨有序、认真负责的敬业精神和管理才能得到了中研院所有同仁的认可。还都期间,总办事处及驻渝办事处、驻沪办事处不仅圆满完成预定任务,还对相关组织竭诚协助,如国立清华大学、国立南开大学、国立北平大学、国立浙江大学、国立北平图书馆、国立中央博物院筹备处及中华教育文化基金董事会(筹备)机关。这些工作使中研院与科研院所的关系日益密切,也为后来的院士选举等工作奠定了合作基础。

---

① 《中央研究院院务会议记录及工作计划》,中国第二历史档案馆馆藏。

三、公正谨严 评选院士

在中国近现代科学史上，中研院于1946—1948年筹办的首届院士选举是一件值得关注并深具意义的事。中央研究院设立之初，因科学人才比较匮乏，选举院士的诸多条件尚不成熟，暂设评议会作为全国最高学术评议机构。第一届院士选举工作的完成，实现中研院"主持者为院长，构成主体为院士，学术评议之责属于评议会，审议全院事务归院务会议，从事学术研究者则为所长领导下的各研究所。这样，国立中央研究院作为国家学院的体制，在其成立二十年后终告完成"①，具体负责此事的就是萨本栋。

1947年1月27日，中央研究院将院组织法及评议会条例修正草案上呈国民政府，交立法院审议，经立法院第四届第三百一十六次会议修正通过，萨本栋和傅斯年列席了此次会议。3月13日，国民政府公布修正后的中央研究院组织法及评议会条例，从而为院士选举的筹备提供了法律依据。不久，评议会成立由胡适、萨本栋、傅斯年、吴有训、李济等七位评议员组成的小组，草拟《院士选举规程》与《院士会议规程》。1947年3月15日，时为北京大学校长的胡适赴南京中研院评议会谈话会，商讨中研院院士选举法草案。同时，胡适向萨本栋推荐了"筹备委员会"的人选。

本栋兄：

本院院士选举规程草案，我完全同意。

第十三条第二项或可作文字上之修正，如下：

---

① 夷声、歆名：《中央研究院的组织与管理》，《科学学研究》1985年第3卷第2期。

依本院组织法第六条之规定，第一次院士选举时，本条所指之院士会议，应由评议会代行其职权。如此则可与第十四条第二项相照应。

又第一次院士选举筹备委员会，我的选举票也附上，请代为转交。

匆匆敬祝

大安

弟胡适敬上

卅六，四，廿八

4月，评议会依照规程组织选举筹备会，专门办理院士选举工作。筹备会主席和秘书由朱家骅、萨本栋、翁文灏担任。① 院士的产生过程，是学术界关注的重中之重，萨本栋认为这是确保选举公平公正的关键。推选过程中，萨本栋与各位筹备委员频繁通信往来，综合各方意见，与胡适等人一道，积极促成各方秉持公允推荐候选人。5月9日，院士选举全体筹备委员会第一次会议召开，会议决定：根据院士选举规程，评议员五人联署提名院士候选人，推举评议员草拟各科目院士候选人名单，以推测各科目符合院士资格人员的大致情况，以便据此决定各科目院士分配名额。

5月22日，胡适在日记中写下了他向萨本栋、傅斯年发出的中央研究院第一次院士选举人文组的人文部分的拟提名名单：

哲学：吴敬恒、汤用彤、金岳霖；

中国文学：沈兼士、杨树达、傅增湘；

史学：张元济、陈垣、陈寅恪、傅斯年；

语言学：赵元任、李方桂、罗常培；

考古学及艺术史：董作宾、郭沫若、李济、梁思成。

人文地理、民族学一时没想出人名。

胡适在提出这一名单的同时还写有一文，说明为何提名吴敬恒、张元济、傅增湘三位老先生。

---

① 郭金海：《中央研究院第一届院士候选人提名探析》，《中国科技史杂志》2008年第4期。

本栋、孟真两兄：

寄上我拟推的院士名单一纸，供委员会的参考。此中最有问题者，是"中国文学"一门。我仿佛记得上次评议会谈话会曾决定此门不推文学创作家。此次通告上没有说明，故我希望将来公告及选举时，此一门应附加注解说明，以免误会。

我此单里提出三位老辈：

（一）吴敬恒，他是现存的思想界者前辈，他的思想比一般哲学教授透辟得多，故我很盼望孟真、济之两兄能赞成把这位老将列入提出之内（参考我的《文存三集》，《三百年来几个反理学的思想家》的"吴敬恒"一章）。

（二）张元济，他对于史学的最大贡献是刊行史籍与史料，他主持的《四部丛刊》与百衲本《廿四史》等，使一般史学者可以容易得着最古本的史籍与古书，其功劳在中国史学界可谓古人无与伦比。我曾想，百衲本《廿四史》的印行，比阮元的《十三经注疏·校勘记》还更重要。所以我也希望孟真、济之两兄考虑此老。

（三）傅增湘——沅叔先生的校勘工作不算顶精密，但他终身做此事，四十年不辍，至少可以代表老辈的校勘学。他在搜集与保存古书的方面，是有大功劳的。关于此老，我只做一个提议，并不坚持。此外，我列入杨遇夫（树达）。我很盼孟真、济之两兄考虑他做一老派古学者的代表。

语言学门是否应列罗莘田，此点我不坚持。

民族学（是否 Ethnology? 还是 Ethnography? 似应有说明）与人文地理，我想不出什么人，只好暂从阙，请孟真、济之两兄补充。

此信与名单，请你们给济之兄看看。

在百忙与纷乱中拟此名单，定多不妥，请你们在京诸位质直修正（但此单曾与锡予、毅生诸人商量过）。中国文学一门，必须事先加解释与说明，否则将来必引起误会与争论。乞注意。

弟胡适上
卅六,五,廿二半夜

随后,7月9日,胡适又致信萨本栋,说明北大提名院士之事,反映了北大提名范围不限于本校的原则。根据院士选举规程第八条的规定:"凡提名院士候选人时,须依本规程所附'院士候选人提名表'之格式填写,连同有关之著作及其他文件,挂号寄送本院院士选举筹备委员会。"然而,抗战期间各大学和研究机构一再搬迁,许多被提名人的著作散佚,收集非常困难,眼看候选人提名截止日期临近,北京大学、清华大学、武汉大学、中央大学等校的提名表仍没有寄到,萨本栋一面分函件催办,一面致函评议会秘书翁文灏,将截止日期延长。在《胡适遗稿及秘藏书信》中收有萨本栋致胡适的信八封,对选举中的规章制度及相关工作进行了商讨,虽是公函,却无不反映出萨本栋对首届院士选举工作的缜密思考和细致安排,他非常赞同北大在首次院士推选工作中不局限于本校教授,而是着眼于全国学术考量的做法。7月14日,在回复胡适的信中,萨本栋写道:

> 适之先生:
>
> > 顷奉七月九日大函。敬悉北大现正提名院士候选人,本月十五日或可竣事,深以为慰。北大提名范围不限于一机关,到底是"大学校"的风度,更为钦佩。……现各方来函多以搜集候选人之资料不易,对于七月廿日截止提名一节,事实上恐须展期。俟与霓先生商洽后当决定应否延展。专复
>
> 并颂
>
> 教安
>
> 后学 萨本栋顿首 七、十四①

10月,在第二届评议会第四次年会上,中研院依法从各大学、各独立学院、各学术团体、研究院所推荐的人士中,民主推选出150人为院士候选人并公告全国,接受学术界的公论。1948年3月,在第二届评议会第五次年会

---

① 耿云志主编:《胡适遗稿及秘藏书信》,黄山书社1994年版。

1948年9月23—25日，中研院在南京北极阁举行第一次院士会议

一排左起：萨本栋、陈达、茅以升、竺可桢、张元济、朱家骅、王宠惠、胡适、吴学周、饶毓泰、庄长恭；二排左起：周鲠生、冯友兰、杨钟健、汤佩松、陶孟和、凌鸿勋、袁贻瑾、严济慈、李书华；三排左起：杨树达、余嘉锡、梁思成、伍献文、周仁、萧公权、戴芳澜、叶企孙、李先闻；四排左起：邓叔群、谢家荣、李宗恩、秉志、陈垣、胡先骕、李济、贝时璋、汤用彤；五排左起：吴定良、俞大绂、陈省身、殷宏章、柳诒徵、冯德培、傅斯年、苏步青、姜立夫；六排：钱崇澍

上，这些候选人经过再次选举，最后选出数理组28人，生物组25人，人文组28人，总计81名院士。这些院士都是学术界精英，代表了中国整体的科学水平，萨本栋也当选其中。此次院士选举的成功举行，开中国院士选举之先河，标志着中研院的体制趋于完善，树立了中国学术界自主选举学术精英的典范，标志着中国的学术建制逐步走向成熟，可谓中国科技史上的一座里程碑。[1]1949年3月《科学》杂志撰文指出："本栋先生以总干事的地位，对这件有关国家学术大典的促成，有极大的力量。在举办选举的事务上，运用

---

[1] 张剑：《中国学术评议空间的开创——以中央研究院评议会为中心（之一）》，《史林》2005年第6期。

他那缜密的思虑和充沛的精力，得到完满的成功、大家的赞赏。"①

新中国成立后，中国科学院初期的领导成员中，除副院长陈伯达外，院长郭沫若和副院长李四光、陶孟和、竺可桢、吴有训都是当年的院士。萨本栋等人倾力组织评选出的首批院士，作为一个群体，代表了当时中国整体最高的科学水平。后来首批院士中的46人成为中国科学院学部委员，他们为新中国科学事业的奠基和发展立下了卓著功勋。

---

① 佚名：《萨本栋先生事略》，《科学》第31卷第3期。

四、心血呕尽 壮志未酬

萨本栋任中研院总干事期间，中国适逢战后复原重建旋即又陷入内战的特殊历史年代。1946年秋天，中研院复原完毕，萨本栋开始考虑设立中国科学中心的事宜。叶企孙说："从1945年秋天到1948年12月中旬，他替中研院办了两件繁重的事：一件是复原，一件是在南京建立了一个数理中心。"①萨本栋认为，抗战以前我国的科学重心可以说是偏侧在北平一地，"以中国之大，需要科学之殿，一个中心是不够的，长江下游，京沪一带，有建立另一个科学中心的必要"。特别是因萨本栋在清华、厦大任教达15年之久，他深谙大学青年的培养，需要教学与研究相结合。因此，萨本栋决定把中研院的数学、物理、化学三个研究所，逐渐从上海迁到南京，和中央大学合作，在南京再建一个科学中心。方案确定后，萨本栋便积极为建所奔波。当时国民党正着手准备内战，根本无暇顾及科研院所的建设。萨本栋只能另寻他径，他在南京九华山下选好地址并想方设法筹募到捐款。1948年春天，物理所大楼竣工，同年夏天，数学所大楼也拔地而起。有一天，夕阳将下的时分，萨本栋拄着手杖来看新落成的大楼，他微笑着说，以数学一科而专有这么一座建筑的，恐怕在东亚还是以我们为首创。②在萨本栋的宏伟蓝图里，还有一座规模更大的综合科学楼，然而，内战爆发，开工不到一个月，工程就被迫停止了。

中央研究院的任务主要有两方面：第一是科学研究；第二是指导、联络、奖励学术研究。抗日战争时期，国民政府对有实际

---

① 叶企孙：《萨本栋先生事略》，《物理学报》1950年第5期。
② 佚名：《萨本栋先生事略》，《科学》第31卷第3期。

应用价值的科学研究大力嘉奖，不遗余力地支持实际问题的研究，而对基础理论则是持不闻不问、任其生灭的态度，致使中央研究院不少战前从事纯粹学理研究的科学家转而投身于实用技术的研发，基础科学从而陷入尴尬的境地。①从坚持抗战、弥补战时物资匮乏、促进经济建设的方面来说，中央研究院乃至当时整个科学界这种偏重于应用科学研究的做法都是无可厚非的，但由此而忽视基础理论科学的研究，甚至以牺牲基础科学的代价来换取应用科学的进步，这就不能不说是一个严重的错误。萨本栋针对基础科学研究项目和科研队伍整体萎缩而应用科学日渐壮大的现状，一方面向国民政府提出建议，请政府把基础学科放在和应用学科同样重要的地位，从政策上对基础科学的发展做出正确调整；另一方面，明确提出，"科学研究与大学的目标，都是为着后代。所在社会不应该用现实的眼光去计较科学研究的结果，而做科学研究的人们，也不应该急于求功而避重就轻的，不顾那有深远意义而要长期艰苦努力才能得到结果的问题"。他希望"性格、修养与志愿在科学研究上工作的，接受适当的准备与训练，能不急功的，有恒心的，不顾一切困难而勇敢地负担起为后代开辟新知识的责任。至于其他不直接做科学研究的人们，也希望各人在他本身工作之外，了解科学和科学研究的任务，是为着后代，时时刻刻给予中国的科学家以种种的便利与鼓励致使他们能继续为科学研究而努力"②。复原后，在萨本栋和中央研究院同仁的努力扭转下，基础科学的发展逐渐有了起色。

萨本栋时刻关注着国际上科学研究的前沿进展。1945年，美国原子弹试验爆炸成功，萨本栋、叶企孙、吴有训、赵忠尧等科学家受到很大刺激，他们判断在这个核竞争的年代落后，意味着国家将陷入被开除"球籍"的灭顶之灾！萨本栋积极向政府建议设立原子核物理研究中心，但由于政府反应冷

---

① 张栋：《中央研究院科学体制研究（1929—1949）》，南京航空航天大学硕士学位论文，2008年。
② 萨本栋：《科学研究》，香港《大公报》1948年12月28日第3版。

淡以及美国的干涉，进展缓慢。他转而向政府提出设置近代物理研究所的实施方案，也没有获得批准。萨本栋并不气馁，1946 年，在他兼任中研院物理研究所所长后，对所内科研计划作了调整，增设原子核物理和电子学两个研究专题，成立原子核物理实验室。当时中研院连一架自动威尔逊云雾室都没有，开展相关研究必须添置新的实验设备。美国拟在太平洋比基尼群岛进行原子弹试验，为了显示其盟主姿态，美国邀请英国、法国、苏联、中国等盟国代表参观这次核试验。两封请柬飞越太平洋，飘到国民党重庆政府国防部的办公桌上。然而，国防部整天忙于调动兵力布置内战，无暇顾及大洋彼岸的盛情邀请。10 多天过去了，信函依然原封未动地躺在公文堆里。萨本栋多方游说，国防部勉强同意派出一名科学家前往考察。萨本栋郑重推荐时任中央大学物理系主任赵忠尧前往。

赵忠尧出国前的一天傍晚，萨本栋约请赵忠尧商谈。他们在中央大学校园的小径上低声交谈，已记不清走了几个来回。两人几乎全解开了衣服的纽扣，让略带凉意的夜风吹拂去胸中的燥热。萨本栋重重叹了一口气，"赵兄，我们在核物理方面与先进国家的差距，正成几何级数地拉大啊"，"为了发展我们自己的核物理事业，还要麻烦赵兄在美采购一批必要的研究器材。在国内方面，我会竭力周旋的"。萨本栋反复叮嘱好友："你此行要办的事情，一定会遇到不少困难和风险，只能请你见机行事，赵兄，一切都拜托你啦！"①

赵忠尧义不容辞地接受了这一重任。在比基尼岛参观完原子弹试验后，他很快接到中国驻美使馆秘密通知，萨本栋依靠自己的活动能力，克服种种困难，筹集到 12 万美元外汇，委托赵忠尧在美国购买回旋加速器等核物理研究实验设备。当时订购一台完整的 2 GeV 的回旋加速器就需要 40 万美元。赵忠尧便决定自己打样设计，然后分类定制零件。经过他的精心计划，除购

---

① 许志敏、赵忠尧：《萨本栋教授一段鲜为人知的经历》，《清华校友文稿选编》第八辑（内部资料），2009 年；虞昊、黄延复：《中国科技的基石——叶企孙和科学大师们》，复旦大学出版社 2000 年版，第 122 页。

置了加速器部件,还买了一架自动威尔逊云雾室。正是这些仪器设备,为中国的核物理研究奠定了初步的根基。

1955年,中国科学院近代物理所利用赵忠尧带回的零部件建成了我国第一台加速器,向原子弹研制工作迈出了实质性的一步。9年后,在清华毕业生、萨本栋学生王淦昌、彭桓武、钱三强等领导下,我国第一颗原子弹和氢弹试爆成功。

追根溯源,萨本栋无疑是这项国家重大科研计划的重要发起者和推动者。内战时期,社会不安定,科研经费越来越少,科学工作人员甚至无以为生。抢购风潮中,萨本栋一家无米下炊,数日用红薯充饥。真正让萨本栋痛心和无奈的是,科学家开展科学研究的条件太有限,而教育行政部门营私舞弊,"所送出国研习的大学教授大半不懂英文",为此,萨本栋直言不讳,在中研院院务会议上怒斥国家留学政策荒唐透顶,①因此也得罪了一些行政官员。鲁迅先生曾说过:"中国自古以来,就有埋头苦干的人,就有拼命硬干的人,就有为民请命的人,就有舍身求法的人……他们是中国的脊梁。"②

1947年,美国《时代》杂志发起积石山科学考察活动,以波士顿科学博物馆馆长华士本博士为首,有雷达专家、地质学家、光学实验室的照相专家参加,而出资者是来自芝加哥的百万富翁雷诺,他准备了一架专机支持考察。当时国共内战,国民党为了争取美国支持,决定以中研院作为对方合作伙伴,指定萨本栋具体负责。1948年,萨本栋与华士本签订《中美积石山探测团合作约文》,规定了合作方式、探险目标、基地、组织、责任、期限和成果处理等内容,其中明确规定:"本探测团由雷诺担任团长,一切费用并由其资助之";"本探测团工作时,须遵守中国政府一切法令";"中方所派之联络军官如认为有关中国之国防安全时,得禁止拍摄作一地区照片"等。然而,雷诺来华的实际目的是为他的圆珠笔做商业广告,他希望通过此次合作打开中国

---

① 竺可桢:《竺可桢日记(2)》,上海科技教育出版社2010年版,第974~976页。
② 鲁迅:《中国人失掉自信力了吗》,《且介亭杂文二集》,人民文学出版社2006年版。

市场，把商业利益摆在第一位。经过前期繁杂的考察探测筹备工作后，萨本栋派出科学家赴兰州开始考察。恰在此时，雷诺带来的飞机发生故障，雷诺未与美方科学家商量，也未征得中国委员会同意，竟然擅自宣布考察就此结束，他违反中国航空管理规定，擅自带着驾驶员飞回美国。对此，萨本栋两次举行记者会，严厉指责雷诺背信弃义，破坏《合作约文》，"两月以来为筹备此项探测工作所作之准备，精神上付出相当代价，已经赴兰部分中国委员之交通与生活费用，业已支付若干数额之金钱，然此均可容忍。萨本栋谓我方参与探测，目的在提倡中美科学合作精神，对此次首遭失败，至较惋惜"①。美国科学家也表示断绝与雷诺的一切关系。华士本博士在回忆当年的情形时指出，他经常看见萨本栋一面工作，一面用手支撑着剧烈疼痛的腹部。可以想象，一位为科学事业忘我工作的科学家，遇到雷诺这样的骗子，无论在肉体上还是在精神上所遭受的打击都是极其沉重的。②

1948年10月10日，萨本栋为科学团体联合年会作学术演讲，当时，他胃痛得挺不起腰，然而，讲座前他打了两针，硬是把腰挺直。演讲时他全身心投入，依旧嗓音洪亮、思维严谨、精神健旺，丝毫不见病态。11月底，萨本栋胃痛病再犯，他对自己身体的病痛一向不在意，以为只是普通的肠胃病，坚持参加了29日举行的所长谈话会。开会时他衣冠整齐，扶杖出席，和平时没有两样。12月9日中研院开院务会议，萨本栋胃痛得已经无法行动，但他却说，如会议需要，他可以坚持。在同事的强烈要求下，他勉强同意前往医院就医。在医院检查时，他仍抓紧一切时间校对即将出版的《交流电机》中文版。入院检查后，发现他患的竟是胃癌，且扩散到眼膜和淋巴结。确诊后，为了不影响中研院日常工作，萨本栋致信院长朱家骅和各所，公告请辞总干事一职。③

---

① 《雷诺昨又溜走了，萨本栋斥其无信》，《中央日报》1948年4月5日第4版。
② 陈孔立：《谈"本栋精神"》，陈武元主编：《萨本栋博士百年诞辰纪念文集》，厦门大学出版社2004年版，第14页。
③ 《萨本栋致中央研究院各所公告已请辞总干事的信件》，中国第二历史档案馆馆藏。

在生命的最后一段时间，萨本栋依然坚毅沉着、积极应对，没有悲观厌世的情绪，他传递给家人和朋友的只有忘我的乐观精神。台湾新竹科技园区创始人、厦门大学1940级学生何宜慈回忆，"1948年，我离开之江大学到上海中国航空公司去工作，不久，萨师由夫人陪同，从南京经过上海去美国求医。我去进谒时，他已是病体支离，自知即将不起了，辞别时，他还特别嘱咐，不要对萨师母提起医疗无望的话，我只能强忍眼泪，默默点头"①。

12月29日，萨本栋由夫人黄淑慎陪同赴美，临行前，他亲笔写给朋友辞行的短信，语气乐观，笔力劲道，丝毫不似一个病人所写。②到美国后，进旧金山大学医院诊疗，经诊断已是胃癌后期，病入膏肓，医药罔效。

1949年1月31日，萨本栋溘然逝世。

萨本栋在弥留之际，仍念念不忘祖国的振兴、科技的发展，尤其思念清华大学、厦门大学和中央研究院，去世前一日他留下遗嘱：③

  见证人：克理尔医师

  给予凡有关系的人：

  萨本栋博士昨天请我为见证人，当场对他夫人发言于下，备他逝世时作为遗嘱：

  一、他愿意按照他和本实验室所订合同，死后将尸体检验，为要研究他的胃癌、关节炎及其他所有症状，可将他身体上的器官及组织，尽照所需分量取出。

  二、检验后遗体，他愿火葬之。

  三、在可能情形之下，他愿将他的骨灰，令其夫人带回中国，如下分发之：

  （甲）献给北平国立清华大学，因为他是由清华训练出来的，且在那里有

---

① 何宜慈：《永怀恩师萨公本栋校长》，陈武元主编：《萨本栋博士百年诞辰纪念文集》，厦门大学出版社2004年版，第144页。
② 佚名：《萨本栋先生事略》，《科学》第31卷第3期。
③ 许乔蓁、林鸿禧编：《萨本栋文集》，厦门大学出版社1995年版，第255页。

许多热爱他的朋友；如其不可，则

（乙）献给国立厦门大学，在厦门有许多美丽地点可葬之；再不行，就

（丙）送给南京中央研究院；

（丁）以上三处如果都愿意接受，则可将骨灰分三份，他也同意。

四、关于他的太太和二位男孩，他说他并不担忧，他太太个性对人和悦，又有许多朋友，她将来经济当无问题，而他所出版书籍的版税为数虽小，但也许可以供给他们的教育费。

1949 年 1 月 31 日

丹尼斯·贝格尔·克理尔医师签字于美国旧金山老君拿晃纳疗养院内之癌病实验室。

据主治医师回忆，"昨晚萨先生病情恶化，他知道自己已经不行了，紧拉着我的手，说呀说呀，几乎说了一夜，说的全都是物理学"。医师遗憾地说："我看得出，他有一肚子的学问，对物理学有新见解，新理论，他热情地希望把它留给后人，他拉着我的手不放，想让我记住他所说的一切，以便传达给在世的人，可惜我学的不是物理学，他讲的东西对我来说，实在太高深了，我理解不了，更谈不到什么传达，我看着他最后闭上了眼睛，却无法完成他对我的殷切嘱托，十分遗憾。"[①]

1949 年初，南京政府已摇摇欲坠。萨本栋病重时，总干事一职宣布由物理所研究员钱临照代理。国民党当局企图将中央研究院的人员和财产劫往台湾。1949 年 4 月，朱家骅在上海祁齐路大厦召集院务会议，力图动员物理所、化学所等 11 个研究所迁台，动员失败，只有数学和历史语言研究所两个机构迁台，作为国家学院性质的中央研究院就此分崩离析。

中研院物理所写给萨本栋的挽联：

看江山一片，狼烟到处，荆棘满地，学术研究何从说，愿英灵飞渡重洋，

---

① 孙敦恒：《萨本栋传》，陈武元主编：《萨本栋博士百年诞辰纪念文集》，厦门大学出版社 2004 年版，第 256 页。

归来呵护九华麓；

长物所两载，心血呕尽，劳怨担遍，数理尽忠未竟功，知先生抱疴异域，临终饮恨旧金山。①

挽联道出了作为中研院总干事兼物理所所长的萨本栋，为中国科学事业的发展沥尽心血，但在狼烟四起的中国，最终只能是空留余恨。萨本栋把自己短暂的一生全部奉献给了国家的人才培养和科研发展。

物理学家叶企孙在《萨本栋先生事略》一文中指出：他没有看到新中国的建立，没有参加新中国的建设工作。他的才干，对于自然科学在新中国的新生应该是一个巨大的力量，然而已无从发挥作用了。他已过世了，但是祖国的自然科学界是忘不了他的功绩的。回首他初回国在清华工作时，叶企孙就发现他才华横溢，具有突破尖端科学的创造潜质。叶企孙多次提醒萨本栋注意"压缩上课时间，多出科研成果"，为了让他有更多的时间从事科研，叶企孙承担了萨本栋的部分课程，给他减负，使他能有更多的时间在实验室。②然而，偌大中国，没有一间平静的实验室，抗战开始直至萨本栋辞世，萨本栋终未有机会全神专注于科学研究。与萨本栋同时代的中央大学校长罗家伦离任时说："我们主持教育行政的人，乃是牺牲自己做学问的机会，来为大家准备一个更好的做学问的环境，这也可以说是大学校长的悲哀。"③罗家伦所说的恐怕不是一己之惑，或许是当时每一个有责任感和担当精神的科学家共同面临的选择。然而，萨本栋无怨无悔地做出了自己的选择，"他一生的工作，始终是不断地贡献他的全力"。④

应厦门大学师生和校友的强烈要求，经萨夫人同意，厦门大学将萨本栋的骨灰全部安放在校内一处肃穆之所。那里绿树掩映，环境清幽，是学子静

---

① 《中央研究院追悼萨本栋》，《中央日报》1949年2月28日第2版。
② 邢军纪：《最后的大师——叶企孙和他的时代》，北京出版集团公司2010年版，第166页。
③ 潘懋元主编，邬大光、张亚群副主编：《中国高等教育百年》，广东高等教育出版社2003年版。
④ 叶企孙：《萨本栋先生事略》，《物理学报》1950年第7卷第5期。

心思考、阅读的绝佳之所。萨本栋墓园的后方是私立时期厦门大学理学院大楼，前方台阶下有一处喷水池，池内常有荷花静静开放，拾阶而上，就可以看到墓碑上萨本栋的雕像，这位烽火硝烟中的大学校长正用坚毅深邃的目光凝视着前方，坚定自信地诉说着"教育与学术是民族的命脉，科学研究与大学都是为着后代"。厦门大学，这所屹立于祖国东海之滨，背靠五老峰、面向大海的美好大学，在萨本栋的注视下处处散发着独有的精神魅力和爱的光芒。

墓碑旁的石墙上，镌刻着厦门大学郑朝宗教授撰写的碑文《萨公颂》，赞曰：伟哉陈公（陈嘉庚），毁家兴学，公继其后，舍身治校，真可谓珠联璧合，炳耀千秋，并垂不朽者欤！

附录

 萨本栋传

萨本栋外甥、清华大学杨福生教授访谈录（摘要）

2011年8月1日，笔者在清华园对杨福生教授进行了访谈。

1. 您有没有听萨本栋讲关于他父母亲的事情？

没有。萨本栋从来没和我谈过这方面的事。事实上我和萨很少长谈，况且在长汀时他的父母仍在北京。附上一些我所了解的萨父母（我的外祖父母）的情况。但是萨本栋和我母亲的关系很好。

2. 您对于萨本栋在清华任教期间的情况有没有一些了解？在清华期间，与萨本栋过从密切的教授是谁？为什么？

当时我年纪小，所以了解得很少。只记得他常谈起周培源、叶企孙、陈岱孙等人。前两位是他的物理界同事，陈岱孙则是他的福建同乡。

3. 您认为当年清华的教育及在清华任教的经历对萨校长日后在管理、执掌厦大时的理念、策略是否有影响呢？有哪些影响？

当然有影响。萨夫人曾说：他是想把清华的经验用到办厦大。我认为他对教育的基本认识在教书与育人两方面。教学上他十分注意让学生打好基础，在清华时编写了大学丛书中的第一部用中文编写的普通物理学，到厦大后又亲自讲授微积分。Dyadic Circuit Analysis（并矢电路分析）原是他对电工（电路分析）的一项重要贡献，但是在清华和厦大时他却把大量精力投入技术基础课程，如"交流电路""交流电机"等。"交流电机"是他在国外期间的讲学成果，它采用"标幺值"方法使得对功率大小不同的电机得到统一分析，既便于计算，又便于比较。如前述，此书中译本的序言很值得一读。教学理念的另一个特点是聘请名师，并且让他们担任基础教学。这与清华校长梅贻琦的"大学者,有大师之谓也,非有大楼之谓也"一脉相承。此外,他也强调既要用脑,更要用手。我记得太平洋战争爆发后,为了及时听到战况,他自己曾制作了一台外差式收音机,放在长汀饭店的会议室里,供同事们收听。

至于育人方面,首先,他是很注意爱国教育的。这从他对学生说"要雪国耻,不要报私仇"可以得到充分显示。出自清华国学院导师陈寅恪的治理大学的著名思想"自由之精神,独立之思考",也表现在萨的育人理念和在厦大的实践中。他十分注重纪律,他强调思想自由,自由并非自由散漫,而是言论自由、思想自由,但也十分注重纪律。

4. 您印象中萨夫人(黄淑慎)是怎样的人?她对萨校长在厦大的工作支持吗?有没有一些具体的事例?

据我所知,她的杰出不止表现在体育方面。她待人接物十分谦和。她是学教育的,因此对教育子女有独到之处。两位儿子都成长成很优秀的学术界人物。她给我的另一个深刻印象是非常朴素,几乎总是一身蓝布大褂,从不见她穿料子衣服。为了改善伙食,她还在校长公馆的后院亲自动手种植西红柿和茄子。我们经常看见她戴着草帽、拿着锄头在地里劳动。萨离开长汀到重庆之后,她还在九龙坡交大教过一年英语。我感觉她对萨是十分尊敬的,与萨结婚之后抛弃个人前途,全心全意协助萨的工作是心甘情愿的,而且事实证明是一位贤内助。"每个成功男人背后都有一位令人尊敬的女人。"萨逝世后她把积存的所有萨本栋的照片整理出来,并且每一张照片她都能向萨支唐细致地说明照片拍摄时的背景,这就是明证。

5. 您认为萨校长与同时期其他大学校长办学理念的异同有什么?您如何评价他的治校理念与方略?

说实话,"同时期其他大学校长办学理念"我根本不清楚,因为当时我只是一个中学生,认识提不到这个高度。要谈评价,只能从今天的认识来谈。萨的办学理念十分朴素地表现在他1938年4月的《勖勉同学词》中,文中他列举

了20则他自己平日律己待人及治学处事的信条,希望与学生共勉。这20则虽然未经提高整理,显得有些零碎,但是它"平易近人",读来让人备感亲切。

6.您怎样看待萨校长规定"厦大教授之家属不得同时在厦大任教"?在当时的时代背景下,此规定对学校管理的作用是什么?

我直觉认为这是不必要的,傅鹰与张锦两位著名教授为此而分居两地,就是很好的例子。但是萨起初不让他夫人在厦大任教,因而黄只能到当时也在长汀的侨民师范任课,后来才改为任教厦大的体育课,但仍不支薪水。这样做是无可厚非的。其目的无非是避免人们背后的闲言碎语。他还不准在校内成立同乡会,这在当时的社会中可能有一定理由(防封建意识增长,避免"小圈子"帮派活动)。不过以我自己在重庆交大的经验看,我入校时,人生地不熟,交大的福建同乡会给了很及时的帮助,作用是好的。至于校内活动主要是学生自由结合组成的社团起作用,同乡会影响不大。不同学校所处社会环境不全相同,做法可能也需要有所不同。

1938年厦大女生会欢送毕业同学(二排右三为黄淑慎)

7.您认为厦大在当时全国高校中的地位怎样?

非常突出,特别是学生参加全国统考成绩很优秀。厦大学风朴素,学生很努力,不过当时最大的困难是师资薄弱,主要靠萨本栋等若干位教授撑着,教授一人要上多门基础课。

8. 您刚才讲到萨本栋在并矢电路方面的研究是很深入的,但是在教学过程中并没有讲到相关内容,这是不是可以说在一定程度上他牺牲了科研来教学?

对。他是愿意牺牲自己来把中国的教育、科研提升起来,去中研院做总干事也与这种想法有关系,中研院是研究单位,他还是希望做研究,总干事可以组织更多人为国家做科研。

9. 您认为当时的民族危机对师生、校友心目中萨校长形象的塑造有什么影响?

影响确实很大,但是他的形象不是人为着意"塑造"出来的,而是人们自然"感受"出来的。当时民族危亡,厦大又偏居东南一隅,国家力量有点鞭长莫及。东南一带的青年求学心切,厦大成为他们学习的向往之地。萨本栋是以自己的身体力行、人格魅力和勤勉工作的优异成果取得学生的敬佩的。一所大学历任校长不少,但他们在学生心目中的地位是因人而异的。

中央研究院追悼萨本栋

我国著名物理学家、中央研究院总干事萨本栋博士患癌症赴美就医不治，病殒异邦。中央研究院同仁及学术教育各界名流，27日晨9时在岳阳路该院礼堂举行追悼大会。由朱家骅主祭，胡适、梅贻琦、吴有训等陪祭，张元济、庄长恭、杭立武、杜佐周、任鸿隽、周同庆、吴俊升、李拨可、杨绰庵、王之卓、沈希濂、赵曾珏及该院各所所长，全体同仁，萨氏亲友等数百人出席。礼堂正面悬挂萨氏遗像，下为家属祭文，前一长桌，供银烛一付，香炉一具，台上供鲜花一瓶，花碟四事，并青果三盘。台旁陈列花圈无数，四壁挂满各界挽联。遗像旁为朱家骅氏挽联，文云："苦匝月成永别，缅想中山问疾，龙华挥手，异地疗沉疴，原冀回春总有术。忆三载相匡扶，深钦才华盖世，英异绝伦，搔首问苍天，胡宽靳我以斯人。"王世杰、杭立武挽云："君去何忙，海外音书惊噩梦；天胡不弗，沪江呜咽写哀思。"任鸿隽挽云："立言立功，伏枕著书真健者；治学治事，穷薪传火更何人。"中央研究院物理所挽云："看江山一片，狼烟到处，荆棘满地，学术研究何从说，愿英灵飞渡重洋，归来呵护九华麓。长物所两载，心血呕尽，劳怨担遍，数理尽忠未竟功，知先生抱疴异域，临终饮恨旧金山。"

九时开会，奏哀乐，行礼如仪，主席朱家骅献花圈，中央研究院、厦门大学校友会、福建同乡会相继致祭，并宣读祭文后，由朱家骅致悼词，朱氏追述萨博士担任中央研究院总干事经过，颂扬萨氏尽力发展研究院工作及在南京艰苦创设数理化中心的成就，报告萨氏患病赴美就医的情形。并谓：中央研究院已决定将物理研究所之新舍改名为"本栋馆"以为纪念。继由前中央大学校长吴有训报告萨氏生平事略后，北大校长胡适致辞称："萨先生的事业有四方面，即是清华大学，厦门大学，中央研究院，以及他的著作。他教授法非常之好，在北大教过一年物理，因为教得太好，以致他走后继任的教授不受学生欢迎了。他办厦门大学，是抗战期间最优秀的大学。他主持中央研究院太负责任，以致耽误了病症。他所著的教科书又是非常的成功。他一生二十年事业，无形中影响了无数的人，所以我赞成梅校长的观点，觉得萨先生虽然与世长辞，他的精神却是不朽的。"

1949 年 2 月 27 日

厦门大学全体员生追悼萨本栋

国立厦门大学前任校长萨本栋博士于今年一月杪病逝美，厦大全体员生暨校友总会特于昨日上午在该校举行追悼会，对此科学界巨星之陨落深表痛悼。

萨氏生平（略），萨氏平生治学精深，关于物理学及电工学颇多发明，著作丰富，硕誉满国内外。处事尤负责认真，凡所主持之事，莫不全力以赴、鞠躬尽瘁，致积劳成疾，复以时局艰难，忧劳加剧，终至不起，享年仅四十七岁，实为我科学界一大损失。其遗体已在美遵嘱于解剖检验后焚化，骨灰将由其夫人携归祖国，卜葬于厦大校园。现该校已聘请萨夫人来校任教，本学期即可抵厦，学校当局除呈请政府对萨氏生平功绩予以明令褒扬，年拨抚恤金以示优异外，并组织萨前校长子女教育基金委员会，进行筹募工作，伴其两公子得以继续完成学业。

1949年3月28日

萨公颂（墓碑文）

郑朝宗

公治校八年，成绩斐然，众口交颂。综其事迹，约为五端：履校伊始，即逢寇难，鹭岛濒危，朝不保夕。公乃率全校师生急迁闽西山区长汀，途遥路险，而开学必需之图书、仪器、文件、标本，均得安全转移，迅速复课，可颂者一。兵燹之后，山城残破不堪，公乃亲自擘画、监督营建新校，旧房、衙署、文庙、废园广加改造，学校范围赖以扩充，学生人数较前倍增，可颂者二。不辞辛苦力肩教学重担，所授课程门数之多、分量之重甚于一般教授，又为适应国家需要，因陋就简增设土木、机电、航空三系，延聘国内知名学者以造就人才，苦心经营，促其成长，可颂者三。注意学生品德教育，确保校内安定秩序。汀城地邻赣、粤、江、浙诸省，学生来自各地，语音不一，习惯互异，易生纠纷，公乃严地域观念之禁，校园内绝不许设立同乡会，对各地来者一视同仁，终其任期，全校翕然，可颂者四。公既悉心治校，而又严于律己，勤政之余，继以力学，子夜更深过其门者，每见室内灯火荧然，则公方在伏案治学也；抗战时期，人民生活艰苦异常，公亦自奉如常人，食少事繁，积劳成疾，遂以不起，可颂者五。

赞曰：伟哉陈公，毁家兴学，公继其后，舍身治校，真可谓珠联璧合，炳耀千秋，并垂不朽者欤！

1991 年

萨本栋年谱

1902 年

7 月 24 日，出生于福建闽侯家境殷实的名门望族。

1907 年，5 岁

7 月，入福州明伦小学。

1913 年，11 岁

6 月，在明伦小学毕业。

8 月，以优异成绩考进北京清华学校。

1917 年，15 岁

7 月，在清华学校中等科结业，升入高等科。

1919 年，17 岁

5 月，在北京参加五四运动。

1922 年，20 岁

5 月，在清华学校毕业，7 月赴美留学。

8 月，入斯坦福大学工学院，攻读电机工程学。

10 月，被推选为留美中国学生会西部分会干事。

1924 年，22 岁

7 月，在斯坦福大学毕业，获工学士学位。

8 月，入伍斯特工学院，继续攻读电机工程学，被推选为留美中国学生东部分会通讯书记。

1925 年，23 岁

夏，获伍斯特电机工程学士学位。

9 月，进入伍斯特工学院研究院攻读物理学博士。

1927 年，25 岁

7 月，获伍斯特理学博士学位，后到西屋电机制造公司做研究工作。

1928年，26岁
8月，回国，在清华大学理学院物理学系任教。

1932年，30岁
作为中国物理学会会员，被选为该学会会计。

1933年，31岁
5月，被清华教授会推选任清华评议会委员。

《普通物理学》出版。

1935年，33岁
利用休假一年，赴美到斯坦福大学、俄亥俄大学和麻省理工学院等校讲学，并任俄亥俄大学电机工程系客座教授。

1936年，34岁
8月，回到清华大学继续执教，任中国物理学会秘书。

《普通物理学实验》出版。

1937年，35岁
7月6日，教育部经呈请行政院核准，简任萨本栋为国立厦门大学校长。

7月8日，教育部令萨校长先行到校视事。

7月11日，萨本栋离开北平，先抵南京，向教育部报到。

7月24日，教育部派督学丁绪宝，与萨本栋一道，启程来厦，26日开始接管厦门大学。

7月29日，接收完竣，正式视事。

7月30日，奉教育部电令，撤销法律系，原法商学院改名为商学院；并宣布增办土木工程系，暂附理学院内。

8月，创办土木工程系。

8月21—23日，在闽浙沪粤四地招考新生。

8月24日，萨本栋一面着手令师生将图书、仪器、标本等陆续装箱以备

万一，一面仍照常进行招生、延聘教授等各项校务。

9月4日，因厦门被敌袭击，厦大校址处在火线中，萨本栋决定暂在鼓浪屿闽南职业学校第二校舍设厦大临时办事处。

9月7日，聘周辨明先生为教务长。

9月14日，部颁本校关防到校。

9月15日，启用校印。

9月17—28日，在厦鼓招收借读生。

9月18日，组织救国公债募购委员会。

10月1日，萨校长晋省商洽迁校事宜。承省府主席陈公侠先生指示迁移长汀，并允拨迁移费5000元；本届免费生名单揭晓。

10月13日，成立厦大行政顾问委员会，萨本栋、周辨明、杨永修、蔡镏生、冯定璋五先生任委员。

10月16日，派遣教务长周辨明先生、秘书长杨永修先生赴汀勘察校址。当承该地福建省第七区行政督察专员秦振夫，允拨借其署址之一部分房屋为厦大长汀校舍。

11月9日，周、杨返校报告。于是迁校长汀之议遂定。

12月14日，复派杨永修秘书赴汀布置，并筹备一切。

12月22日，厦门大学全校停课。

12月24日，教员分三组、学生分九组搭车出发，开始迁汀。

1938年，36岁

1月3日，厦门大学部分师生抵汀。

1月12日，安全抵汀（萨本栋率领师生员工，分批出发，翻山越岭，长途跋涉800里，前后经历20天）。图书、仪器及急需物品同时运到，还有一些学校资产暂存在鼓浪屿、漳州、龙岩等处。

1月17日，在汀复课。计到汀学生195人。同时复积极修缮各校舍。

3月27日，在长汀的全体毕业同学举行聚餐会，商谈战争期间如何以长汀为基点，使各地厦大校友互通声气。

4月3日，萨校长发表《勖勉同学词》。

4月6日，召开17周年校庆大会并举行嘉庚堂奠基仪式。

4月18日，召开在汀校友全体大会，选出彭传珍（交谊）、叶国庆（文书）、顾瑞岩（庶务）、黄启显（调查）、黄克立（会计）五人组成干事会，顾瑞岩兼任常任干事，宣布"旅汀厦大毕业同学会"正式成立。

1939年，37岁

9月1日，增设机电系。

9月22日，蒋介石召见萨本栋称，厦大现为东南唯一国立学府，政府属望甚厚。

1940年，38岁

2月，国民党当局在"罗致国内知名人士，共襄团务"之时，选派萨本栋为三民主义青年团中央监察。

秋季，创设机电工程学系，理学院扩充为理工学院。

10月1日，福建大学法学院并入长汀厦大，萨本栋宣布复办厦门大学法学院，5日派人赴永安接收。法科复办后，原商学院下属的政治经济学系分为政治、经济两学系，并入法学院；原商学院下属的商业学系分为会计、银行两学系，仍归商学院。

随着工科的发展、法科的复办和商科的分系，全校在1940年秋，已由原文、理、商三学院九学系扩展为文、理工、法、商四学院十三学系。

1941年，39岁

7月15日，萨本栋致函教育部部长陈立夫，请辞去厦门大学校长职务。

夏，长汀军警机关要进校逮捕几个所谓"共党嫌疑分子"，萨本栋怒加拒绝。

1942年，40岁

任中国物理学会学报委员会委员、学会副理事长。

1943年，41岁

12月，当选为中国电机工程学会董事。

1944年，42岁

3月，奉教部指令，筹设水产研究室，以为战后东南沿海水产研究之总枢。厦大委任汪德耀专责计划。

春，英国纽凯索大学英国文学系雷立克教授，在重庆闻厦大之名，特地来校作了五次演讲。不久，葛德石也来校讲学，对厦大备极赞扬，葛氏且谓"厦大为加尔各答以东之第一大学"。

4月，萨本栋接到美国国务院关于赴美讲学的邀请。

5月5日，萨本栋荣获三等景星勋章。此次国府颁发勋章，获三等景星勋章者仅萨本栋、罗家伦、竺可桢、严济慈四人。

5月12日，萨本栋应美国国务院之聘赴美讲学，担任麻省理工学院和斯坦福大学等校访问教授。

1945年，43岁

5月，由美回国途中应邀在英国牛津大学等校讲学。

9月，由英伦飞回重庆，应聘任中央研究院总干事，负责中央研究院迁回南京的各项工作；后兼任物理所所长，为在南京建立数理中心而四方奔波，到处筹款。在南京九华山附近，为物理研究所和新筹建的数学研究院各建造了一幢房屋。

被推选为中研院评议会成员。

1946年，44岁

担任物理学名词审查委员会委员兼干事。

10月，被提名为中央研究院院士。

《交流电机基础》（Fundamentals of Alternating Current Machines）在美国出版，受到美、英等国科学界的极高评价，被誉为物理学、电机学巨著。

1947 年，45 岁

8 月，被推选为联合国教科文组织中国委员会常务委员。

1948 年，46 岁

3 月，当选中研院第一届院士。

12 月，赴美国旧金山大学医院治病。

1949 年，47 岁

1 月 31 日，因胃癌逝世于美国旧金山大学医院，厦门大学下半旗致哀。

3 月 27 日，厦门大学与校友总会在临时大礼堂举行追悼会。

萨本栋主要论著和论文

1. 萨本栋：《画法几何学》，商务印书馆1923年版。

2. Sah P.T.(萨本栋) 1927. Studies on Sparking in Air. *Trans.AIEE*, 46:604.

3. Sah P.T. 1927. A Note on the Unbalancing Factor of Three-phase Systems. *Journal AIEE*, 46:1357.

4. Sah P.T. 1929. Representation of Polyphase Systems by Multi-dimensional Vectors.Proc.World Engineering Congress. Tokyo, 22:111.

5. Sah P.T. 1931. Application of Space Vectors to the Solution of Three-phase Networks. *Science Reports* (Tsinghua Univ.), A1:69.

6. 萨本栋：《物理学名词汇》，中华教育文化基金会编委会，1932年。

7. 萨本栋：《普通物理学》(上、下册)，商务印书馆1933年版。

8. Sah P.T. 1935. Representation of Stokvis-Fortescue Transformation by a Dyadic and the Invariants of a Polyphase Impedance. *Science Reports* (Tsinghua Univ.), A3:27.

9. Sah P.T. 1935. Reciprocals of Incomplete Dyadics and their Application to Three-phase Electric Circuit Theory. *Science Reports* (Tsinghua Univ.) A3:37.

10. 萨本栋：《普通物理学实验》，商务印书馆1936年版。

11. Sah P.T. 1936. Impedance Dyadics of Three-phase Synchronous Machines. *Science Reports* (Tsinghua Univ.) A3:

127.

12. Sah P.T. 1936. Dyadic Algebra Applied to 3-phase Circuits. *Trans. AIEE*, 55:876.

13. Sah P.T. 1936. Analysis of Unsymmetrical Machines. *Trans.AIEE*, 55:1247.

14. Sah P.T. 1936. Complex Vectors in 3-phase Circuits. *Trans.AIEE*, 55:1356.

15. Sah P.T. 1939. *Dyadic Circuit Analysis*. Scranton. Pennsylvania: International Textbook Company.

16. Sah P.T. 1940. Matrices and Dyadics. *Elect.Eng*, 59:329.

17. Sah P.T. 1940. Two-phase Co-ordinates of a Three-phase Circuit. *Elect.Eng*, 59:478.

18. Sah P.T. 1941. A Matrix Theorem. *Elect.Eng.*, 60:615.

19. Sah P.T. 1946. *Fundamentals of Alternating Current Machines*. Mc Graw-Hill.

20. 萨本栋:《实用微积分》,青年图书出版社1944年版,商务印书馆1948年版。

21. 萨本栋:《交流电路》,正中书局1948年版。

22. 萨本栋:《交流电机》,商务印书馆1949年版。

参考文献

一、档案与档案汇编

[1] 清华大学档案资料：《国立清华大学一览》，国立清华大学出版事务所1937年版（萨本栋在清华任教时课程介绍；1936年清华评议会的人员及职权；萨本栋在清华留美预备班的同学名单、照片等）。

[2] 私立厦门大学档案全宗（1921—1937）。

[3] 国立厦门大学档案全宗(1937—1949)，重要案卷目录号：001-1至001-31；002-1至002-14；003-1至003-12；004-1至004-26；007-1至007-26；008-1至008-27；009-1至009-25；010-1至010-9；011-1至011-14；012-1至012-15；013-1至013-17；015-11至015-17；016-1至016-82；017-1至017-58；018-1至018-6；019-1至019-15；020-1至020-11；021-1至021-15；022-1至022-16；023-1至023-11；024-1至024-22；025-1至025-23；026-1至026-21；027-1至027-40；028-1至028-14；029-1至029-12；030-1至030-9；031-1至031-11；032-1至032-26；033-1至033-80；034-1至034-58；035-1至035-46；036-1至036-13；037-1至037-22；038-1至038-18；039-1至039-25；040-1至040-93；041-1至041-28；042-1至042-19；043-1至043-47；044-1至044-17；045-1至045-56；046-1至046-42；047-1至047-57；048-1至048-12；049-1至049-79；050-1至050-21；051-1至051-22；052-1至052-24；053-1至053-71；054-1至054-17；055-1至055-29；056-1至056-6；060至065。国立厦门大学校务会议记录，国立厦门大学教务会议记录，国立厦门大学训导会议记录，国立厦门大学大事记等。

[4]中国第二历史档案馆馆藏：中央研究院院务会议记录及工作计划（1946—1948）；中央研究院院务会议中萨本栋的提案原文；中央研究院办理第一次院士选举经过节略；中央研究院史料汇编；萨本栋的信件。

[5]旅汀厦大毕业同学会：《厦大通讯》（第1卷第1~12期），长汀县城区印刷工业合作社，1939年。

[6]旅汀厦大毕业同学会：《厦大通讯》（第2卷第1~12期），长汀县城区印刷工业合作社，1940年。

[7]旅汀厦大毕业同学会：《厦大通讯》（第3卷第1~4期），长汀县城区印刷工业合作社，1941年。

[8]厦门大学校友会总会出版部：《厦大通讯》（第3卷第1~12期），长汀县城区印刷工业合作社，1941年。

[9]厦门大学校友会总会出版部：《厦大通讯》（第4卷第1~12期），长汀县城区印刷工业合作社，1942年。

[10]厦门大学校友会总会出版部：《厦大通讯》（第5卷第6~10期），长汀县城区印刷工业合作社，1943年。

[11]厦门大学校友会总会出版部：《厦大通讯》（第6卷第1~5期），长汀县城区印刷工业合作社，1944年。

[12]厦门大学校友会总会出版部：《厦大通讯》（第7卷第1~4期），长汀县城区印刷工业合作社，1945—1947年。

[13]厦门大学校友会总会出版部：《厦大通讯》（第8卷第1~6期），长汀县城区印刷工业合作社，1948年。

[14]厦门大学校友会总会出版部：《厦大通讯》（第9卷第1~4期），厦门风行印刷社，1949年。

[15]厦门大学校友总会编印：《厦大通讯专刊：母校廿六周年校庆纪念特刊》，艺华印刷公司承印，1947年。

[16]旅汀厦门大学毕业同学会：《厦大同学录》，1939年。

[17]《厦大通讯专刊：一九四三级毕业纪念特刊》，1943年。

[18]《专科以上学校教员名册》，1941—1942年。

[19]台北市厦门大学校友会编：《母校创立五十周年厦门大学校友会纪念专辑》，1971年。

[20]厦门大学台湾校友会：《国立厦门大学六十周年纪念》，1981年。

[21]厦门大学校史编委会：《厦大校史资料》（第一至八辑），厦门大学出版社出版。

[22]洪永宏编著：《厦门大学校史》（第一卷），厦门大学出版社1990年版。

[23]孔熊焰、翁勇青：《厦大校史资料》（第九辑），厦门大学出版社1996年版。

[24]厦门大学档案馆、厦门大学校史研究室：《厦门大学校史》（第二卷），厦门大学出版社2006年版。

[25]校史编写组：《校史资料选辑》（第一辑），1986年。

[26]潘懋元、刘海锋：《中国近代教育史资料汇编·高等教育》，上海教育出版社1993年版。

[27]福建省长汀县委员会文史资料委员会：《长汀文史资料》（第19、22、23、26、27、35、36、39辑），1991—2006年。

[28]长汀县地方志编纂委员会编：《长汀县志》，生活·读书·新知三联书店1993年版。

[29]《厦门大学校刊》1936年卷。

[30]陈烈甫主编：《灯塔》第1卷第5期，1947年5月。

[31]陈烈甫主编：《灯塔》第2卷第5期，1947年11月。

[32]陈烈甫主编：《灯塔》第3卷第2期，1948年2月。

[33]雁门萨氏族谱编委会：《雁门萨氏族谱》，内部刊行，2007年。

二、老照片

[1] 萨支唐提供有关萨本栋一生轨迹的老照片400多张。

[2] 厦门大学档案馆馆藏：国立厦门大学照片。

[3] 清华大学档案馆馆藏：萨本栋在清华留美预备班照片。

三、口述史、回忆录和口述记录

[1] 潘懋元口述，肖海涛、殷小平整理：《潘懋元教育口述史》，北京师范大学出版社2007年版。

[2] 郑启五主编：《热血与坚忍：郑道传纪念文集》，当代中国出版社2006年版。

[3] 何邦立：《何宜慈先生纪念集》，何宜慈科技发展基金会，2004年。

[4] 胡师杜：《少甫文集：胡师杜逝世25周年纪念》，荣昱印制厂股份有限公司2005年版。

[5] 邵建寅：《中正五年》，菲律宾中正学院校友会1994年版。

[6] 黄秩同：《草庐散稿》，中华文化出版社2006年版。

[7] 朱一雄：《思乡草——附草叶堂随笔》，书林出版有限公司2009年版。

[8] 苏林华：《苏林华文集》，时代论坛出版社2000年版。

[9] 苏林华：《共饮长江水》，留中大学出版社2006年版。

[10] 沈建中：《遗留韵事：施蛰存游踪》，文汇出版社2007年版。

[11] 许乔蓁、林鸿禧编：《萨本栋文集》，厦门大学出版社1995年版。

[12] 陈武元主编：《萨本栋博士百年诞辰纪念文集》，厦门大学出版社2004年版。

[13] 蔡启瑞先生（1933级化学系）口述记录，2007年10月16日在厦门大学。

[14] 陈诗启先生（1937级秋季本科生）口述记录，2008年6月24日、2008年6月27日在厦门大学。

[15] 陈碧玉女士（1938级理学院）口述记录，2008年7月12日在厦门鼓浪屿陈碧玉女士家中。

[16] 何宜慈先生（1940级机电系）口述记录，2001年12月11日以电话方式访谈。

[17] 潘懋元先生（1941级教育系）口述记录，2008年8月27日、2010年1月16日在厦门。

[18] 葛文勋先生（1942级电机系）口述记录，2008年4月7日在厦门大学。

[19] 庄昭顺女士（1942级法律系）口述记录，2007年10月15日在武汉。

[20] 王其灼先生（1942级文学院）口述记录，2008年10月20日在厦门大学。

[21] 陈奕培先生（1942级数学系）口述记录，2007年7月12日在龙岩。

[22] 邵建寅先生（1943级机电系）口述记录，2007年10月14日在武汉，2009年4月4日在厦门大学，2010年4月8日在厦门大学，2010年8月16日在厦门大学。

[23] 朱一雄先生（1943级文学院）口述记录，2007年10月15日在武汉。

[24] 金世添先生（1943级机电系）口述记录，2007年10月16日在武汉。

[25] 庄汉水先生（1943级法学院）口述记录，2008年4月5日在厦门大学。

[26] 洪永宏先生（1948级商学院）口述记录，2008年1月4日在厦门洪永宏先生家中。

[27] 郑启五先生（1977级外文系）口述记录，2008年2月13日在厦门大学。

[28] 萨支唐先生（萨本栋之子）口述记录，2009年12月2日于厦门大学；2010年10月29日、2011年7月3日于厦门大学逸夫楼。

[29] 杨福生先生（萨本栋外甥）口述记录，2011年8月1日于清华园杨福生先生家中。

四、回忆材料

[1] 陈共存(1934级历史系)：《七十年前往事不如烟》

[2] 陈诗启(1937级历史系)：《难忘的岁月——长汀点滴》

[3] 林春生(1938级教育系)：《怀念萨本栋校长》等2篇

[4] 曾国熙(1939级土木系)：《丰功伟绩饮水思源》

[5] 郑寿岩(1941年转学生)：《学习多元，生活多彩》等4篇

[6] 鲍光庆(1941级机电系)：《山城与围城》

[7] 王逵九(1941级机电系)：《长汀忆旧》

[8] 钱学新(1941级机电系)：《老厦门大学招生的故事》

[9] 邓敬存(1942级土木系)：《长汀学校往事回忆稿》

[10] 高学绳(1942级会计系)：《汀城梦忆》

[11] 赖久富(1942级机电系)：《令人怀念的长汀厦大》

[12] 桂迟生(1942级教育系)：《厦大在长汀时期的片断回忆》

[13] 沈根才(1942级机电系)：《讲长汀精神，应该认真学习》

[14] 沈根才(1942级机电系)：《从成果看效益——感谢母校的教育》

[15] 楼庆帆(1942级会计系)：《重见尘封五十七年前旧账单的联想》

[16] 陈传淡(1942级机电系)：《油灯，黄豆，笔记，惨胜，破晓》

[17] 王其灼(1942级化学系)：《长汀厦大杂忆》

[18] 庄昭顺(1942级法律系)：《我的大学时代》

[19] 高学绳(1942级会计系)：《怀念李庆云、朱保训老师》

[20] 乌通元(1943级会计系)：《回忆长汀校园生活》

[21] 刘玉民(1943级银行系)：《三进母校》

[22] 姚史如(1943级机电系)：《勤俭苦读的四年》

[23] 黄典铫(1943级机电系)：《一只热水瓶》

[24] 谭奔涛(1943级土木系)：《缅怀老厦大汀厦岁月》

[25] 罗嘉运(1943级土木系)：《白头话旧未糊涂——忆王敬立教授》

[26] 陈欢熹(1944级生物系)：《无悔的选择——我的人生故事》

[27] 郑克成(1944级会计系)：《感言》

[28] 曾桂生(1944级土木系)：《一年受业，退老愿酬》

[29] 徐其礼(1944级机电系)：《今非昔比》

[30] 陈华(1944级法律系)：《忆恩师周楠教授》

[31] 蒋同泽(1944级机电系)：《我在国立厦门大学学习的喜与忧》

[32] 蒋同泽(1944级机电系)：《新鲜人、新鲜事》

[33] 黄俊钦(1944级航空系)：《海峡隔不断友谊紧相联》

[34] 聂能光(1944级航空系)：《"素描"与简历》

[35] 何永龄(1944级法律系)：《庆祝1948级毕业60周年》

[36] 何永龄(1944级法律系)：《厦大校史点滴》

[37] 何永龄(1944级法律系)：《苦中有乐的大学生活》

[38] 丘书院(1944级生物系)：《长汀时期大学生活杂记》

[39] 杨位捷(1944级化学系)：《难忘的小小故事》

[40] 林龚亮(1944级航空系)：《北山楼叙事》

[41] 苏林华(1944级机电系)：《国立厦门大学之四年生涯》

[42] 李林仁(1945级法律系)：《厦大校友在上杭》

[43] 龚文京(1945级教育系)：《母校厦大决定了我的一生》

[44] 陶祖行(1945级机电系)：《老厦大的故事》

[45] 刘浪(1945级土木系)：《怀念吴瑞玉回眸人生路》

[46] 周纯端(1945级外文系)：《老厦大的故事》

[47] 汪如泽(1945级土木系)：《忆往昔的峥嵘岁月》

[48] 邱澄振(1945级法律系)：《既勤奋读书而又积极参加爱国运动》

[49] 刘惠生(1945级生物系)：《战争年代名校学子的成长路》

[50] 黄宝奎(1945级银行系)：《难忘四载春风暖》

[51] 陶玉灵(1945级化学系)：《走进厦大》

[52] 傅锡寿（1945级航空系）：《厦大母校培育了我两个专业》

[53] 黄榜燔（1945级法律系）：《厦大师生帮我进厦大》

[54] 吕基渊（1945级经济系）：《缅怀往事回味无穷》

[55] 陈丹心（1945级历史系）：《傲笑恐怖》

[56] 楼乃基（1945级土木系）：《忆六十年前我的厦大生活》

[57] 刘含怀（1945级经济系）：《"三跨越"中我在厦大的经历》

五、专著

[1] 邵鹤亭编著：《训导原理》，正中书局1943年版。

[2] 洪永宏：《陈嘉庚的故事》，鹭江出版社2002年版。

[3] 洪永宏：《陈嘉庚新传》，陈嘉庚国际学会，2003年。

[4] 浦江清：《无涯集》，百花文艺出版社2005年版。

[5] 余子侠：《民族危机下的教育应对》，华中师范大学出版社2001年版。

[6] 王觉源：《战时全国各大学鸟瞰》，独立出版社1941年版。

[7] 中国人民政治协商会议湄潭县委员会：《永远的大学精神——浙大西迁办学纪实》，贵州人民出版社2006年版。

[8] 李玲兰编著：《周培源》，中国和平出版社1996年版。

[9] 易社强：《战争与革命中的西南联大》，九州出版社2012年版。

[10] 周邦道主编：《第一次中国教育年鉴》，开明书店1934年版。

[11] 陈东原主编：《第二次中国教育年鉴》，商务印书馆1948年版。

[12] 高平叔编：《蔡元培全集》第三卷（1917—1920），中华书局1984年版。

[13] 黄延复：《清华的校长们》，中国经济出版社2003年版。

[14] 黄延复：《清华的大师们》，中国经济出版社2005年版。

[15] 西南联大北京校友会：《国立西南联合大学校史——1937至1946年的北大、清华、南开》，北京大学出版社1996年版。

[16] 潘光旦：《潘光旦文集》，北京大学出版社1993年版。

[17]清华大学校史研究室编:《清华漫话》,清华大学出版社2009年版。

[18]黄延复、马相武编:《梅贻琦与清华大学》,山西教育出版社1995年版。

[19]杨亮功:《早期三十年的教学生活》,黄山书社2008年版。

[20]赵新那、黄培云编:《赵元任年谱》,商务印书馆1998年版。

[21]任之恭:《一位华裔物理学家的回忆录》,山西高校联合出版社1992年版。

[22]钱三强:《科学巨匠师表流芳》,清华大学出版社2001年版。

[23]虞昊、黄延复:《中国科技的基石——叶企孙和科学大师们》,复旦大学出版社2000年版。

[24]陈明珠:《罗家伦传》,浙江人民出版社2006年版。

[25]《竺可桢传》编辑组:《竺可桢传》,科学出版社1990年版。

[26]郭奕玲、沈慧君编:《吴有训科学论著、讲演、文稿、谈话集》,鹭江出版社1997年版。

[27]刘培育主编:《金岳霖思想研究》,中国社会科学出版社2004年版。

[28]北京市体育文史工作委员会:《北京体育文史》,1989年。

[29]杭州市体育局、中国体育博物馆杭州分馆主编:《杭州体育百年图史》(第一卷),杭州出版社2008年版。

[30]吴洪成编:《生斯长斯,吾爱吾庐:清华大学校长梅贻琦》,山东教育出版社2004年版。

[31]宋秋蓉:《近代中国私立大学发展史》,陕西人民教育出版社2006年版。

[32]陈少斌:《陈嘉庚研究文集》,厦门市集美陈嘉庚研究会2002年编印。

[33]陈嘉庚:《南侨回忆录》,新加坡南洋印刷社1946年版。

[34]阿诺德·汤因比:《历史研究》,刘北成、郭小凌译,上海人民出版社2005年版。

[35]宋益乔:《许地山传》,海峡文艺出版社1998年版。

[36]岱峻:《发现李庄》,四川文艺出版社2004年版。

[37] 石慧霞:《抗战时期的厦门大学——民族危机中的大学认同》,厦门大学出版社 2012 年版。

[38] 李约瑟:《战时中国之科学》,徐贤泰、刘建康译,中华书局 1947 年版。

[39] 陈立夫:《战时教育行政回忆》,台湾商务印书馆 1973 年版。

[40] 任鸿隽:《任鸿隽文存》,上海科技教育出版社 2002 年版。

[41] 方宝川、谢必震编:《世纪回眸:福建师范大学老照片》,中国大百科全书出版社 2007 年版。

[42] 李建勋、许椿生:《战时与战后教育》,陕西城固国立西北师范学院师范研究所 1942 年版。

[43] 潘懋元:《高等教育学讲座》,人民教育出版社 1993 年版。

[44] 潘懋元:《多学科观点的高等教育研究》,上海教育出版社 2001 年版。

[45] 潘懋元:《潘懋元论高等教育》,福建教育出版社 2006 年版。

[46] 张元济编:《中华民族的人格》,商务印书馆 1937 年版。

[47] 蒋中正等执笔:《战时教育论》,独立出版社 1938 年版。

[48] 章开沅:《离异与回归:传统文化与近代化关系试析》,湖南人民出版社 1988 年版。

[49] 田正平:《中国高等教育百年史论:制度变迁、财政运作与教师流动》,人民教育出版社 2006 年版。

[50] 刘海峰、庄明水:《福建教育史》,福建教育出版社 1996 年版。

[51] 刘海峰、史静寰主编:《高等教育史》,高等教育出版社 2010 年版。

[52] 刘海峰:《高等教育历史与理论研究》,中国海洋大学出版社 2009 年版。

[53] 田正平:《中国教育史研究》(近代分卷),华东师范大学出版社 2001 年版。

[54] 舒新城:《民国十五年中国教育指南》,商务印书馆 1927 年版。

[55] 熊月之、周武主编:《圣约翰大学》,上海人民出版社 2007 年版。

[56]黄裳等著:《夏日的最后一朵玫瑰——记忆施蛰存》,上海书店出版社2008年版。

[57]钱穆:《新亚遗铎》,三联书店2004年版。

[58]施蛰存:《北山谈艺录续编》,文汇出版社2002年版。

[59]施蛰存:《散文丙选》,黑龙江人民出版社1998年版。

[60]施蛰存、马祖熙编:《陈子龙诗集》,上海古籍出版社2006年版。

[61]哈瑞·刘易斯:《失去灵魂的卓越》,侯定凯译,华东师范大学出版社2007年版。

[62]彼得·伯克:《历史学与社会理论》,姚明等译,上海人民出版社2000年版。

[63]郑朝宗:《海滨感旧集》,厦门大学出版社2014年版。

[64]余子侠:《工科先驱国学大师——南洋大学校长唐文治》,山东教育出版社2004年版。

[65]郭建荣:《国立西南联合大学图史》,云南教育出版社2007年版。

[66]严春宝:《一生真伪有谁知——大学校长林文庆》,福建教育出版社2010年版。

[67]林文庆:《孔教大纲》,中华书局1914年版。

[68]李元瑾:《林文庆的思想:中西文化的汇流与矛盾》,亚洲研究学会1990年版。

[69]金耀基:《大学之理念》,生活·读书·新知三联书店2008年版。

[70]伍振:《中国大学教育发展史》,三民书局1992年版。

后记

本书写作缘起有点意外。2009年12月2日晚,为收集博士论文资料,我有幸访问了萨本栋之子、美国国家工程院院士、中国科学院外籍院士萨支唐先生。访谈结束时,萨院士忽然说:"你对我父亲的认识多于我对他的理解。你的论文导师潘懋元先生是我父亲的学生,潘先生又是我的老师①,可否在他的指导下请你将来写一本《萨本栋传》?"

3日上午,我向潘先生报告了萨院士的想法,先生略作沉吟就愉快地答应了!要知道,当时我的博士论文在攻坚阶段,我正处于一种身体高度紧张、精神焦虑、情绪亢奋交错运行的状态:有时感觉经过了一个不眠的敲打键盘之夜后,即使走在阳光下,也像黑屋中的"困兽"。奇怪的是,从听到先生"同意"的那一刻起,被博士论文"折磨"得异常焦灼的我奇迹般地镇静、淡定下来(原来缓解压力最好的办法是去承担更大的压力)。

我的博士论文选题与萨本栋校长有关:因在厦大校友总会工作,有感于当年校友对萨本栋口口相颂,而他在战火中将这所"距前线最近的国立大学"办成"国内最完备的大学之一",令人瞩目,围绕萨本栋与厦门大学品格相互塑造、厦门大学在烽火硝烟中形成高度大学认同的历史过程,我完

---

① 潘懋元为厦门大学1941级学生,在学期间,曾在长汀县乐育小学任教(勤工助学),萨支唐为该校学生。

成了博士论文。2010年12月，论文如期答辩，2012年以《抗战时期的厦门大学——民族危机中的大学认同》为题顺利出版，本书可以说是博士论文的延续。

因有博士论文资料为基础，我原计划本书一年左右就完稿，没想到，从开始构思到初步完成却又历经五年多。

令我非常感动的是，萨支唐院士和潘懋元先生从未就书稿写作进展催促过我。印象最深的是，2011年8月，受学校委派，我赴新疆乌鲁木齐市教育研究中心援疆一年。临行前，潘先生特别叮嘱，"到新的工作岗位上，需要熟悉情况投入工作，《萨本栋传》写作可暂缓"。同时，我也收到萨院士从美国发来的邮件，他主动提出，不要急于开始书稿写作，先安顿好自己在新疆的工作和生活。

确如两位老师所言，一年援疆时间，书稿写作纹丝未动。尽管我"违抗"师命，托运了一箱相关资料去新疆，但我却不敢动笔了。记得零下32摄氏度，我到乌鲁木齐达坂城中学调研，站在操场上，人如冻僵的"冰棍"，我却看到一个哈萨克族小学生从口袋里摸出一个"土疙瘩"，吃得津津有味，细问之下竟是风干奶酪。看着他纯净开心的笑脸，我不禁感佩他强健的体魄和豁达的心灵；白雪皑皑的冬日里我徒步到乌鲁木齐红山公园，面对林则徐雕像，脑海中激荡着他"天山万笏耸琼瑶，导我西行伴寂寥。我与山灵相对笑，满头晴雪共难消"的诗句，心生无限感慨……

援疆一年的所见所闻时刻警醒我,"没有一定的经历阅历、没有丰富深刻的人生体验、没有坚强执着的精神意志",就不会有能力走近萨本栋的心灵,更不敢妄言"同情之理解"。即使今天,我依然战战兢兢,每次翻阅有关萨本栋的档案资料,常感自身资料驾驭能力有限,理论与实践素养不足,至今所写"言未尽而意未穷"。

本书记载的是一位大学校长、教师与他一生所追求的科学事业的人生轨迹。他聪慧内敛,受中西方文化润泽,成长于一个忠公体国的大家族;他倾心教研,热爱学术,投身于诲人不倦的三尺讲台;他抛家舍子,在抗战爆发的连天烽火中临危受命,兢兢业业于战火中复兴厦大;他寄情学术,甘作人梯,任劳任怨,为科学进步尝尽甘苦;他壮志未酬,年仅47岁,累死在工作台上,临终惦念未及整理的学术著作……

为什么萨本栋对抗战时期的青年学生产生那么大的影响,以至于萨本栋的生命走入他们的生命,成为他们的激情与精神动力之源?萨本栋的身上显然有一股仁爱的道德力量,这股力量时时展现出迷人的非凡的魔力,使得萨本栋即使开起玩笑来,也令人如沐春风。长汀厦大一位青年学生曾建议学校建一个网球场。在学校办公条件极端拮据,校务繁重,加之战乱纷扰的境况下,萨本栋举重若轻地说:"有人能打赢我,学校就建一个网球场!"要知道,萨本栋的网球技艺达到今天国际职业联赛的水准。

毋庸讳言,我所做的是一项与个人情感交融在一起的写作。虽然起

因于萨支唐院士的建议,实在来说,却成为我乐此不疲的一项事业。五年多的写作过程,像是一场远未结束的"萨本栋生命和精神成长的发现之旅"。"生命需要事业支撑,人生应该到伟大的事业中去寻求不朽",我非常幸运,在许多人的关心、信任和帮助下,有机会从事这样一项伟大的事业。

感谢朱崇实校长和潘懋元先生奖掖后进,欣然作序!感谢潘懋元先生、萨支唐院士的谆谆教诲!感谢厦门大学校领导、校友总会领导,教育研究院、档案馆、图书馆、秘书处同仁对我的鼓励并提供多方面便利的研究条件;感谢刘海峰教授、别敦荣教授、张亚群教授的指导和支持;感谢萨本栋外甥、清华大学杨福生教授接受访谈并提供大量史料;感谢长汀厦大校友何宜慈、葛文勋、邵建寅、周咏棠、朱一雄、庄昭顺等的言传身教;感谢写作过程中接受我面谈、电话访谈、邮件访谈的所有校友;感谢寒暑假陪同和帮助我多次到北京、南京、福州、长汀查找资料的同学——吕文惠、刘李春、王严淞;感谢写作过程中协助我共同整理、转录、统计史料的同学——肖娟群、刘毳;感谢校友黄福涛教授为本书成稿提供了极有价值的参考意见;感谢萨支唐院士助手揭斌斌教授的热情帮助;感谢清华大学校友总会、清华大学档案馆、中国第二历史档案馆等单位的大力支持;感谢厦门大学出版社蒋东明社长协助查找并提供有关史料,感谢蒋东明社长和社科处陈武元教授给予此书的热切关注和大力支持!本书责任编辑高健和曾妍妍对书稿进行了精心的审阅和校改,她们认真的态度和严细的作风，令我敬佩。
谨以此书献给我的母校——厦门大学。

石慧霞
2015 年 8 月

再版补记

　　本书初版于 2015 年 8 月，恰逢纪念抗战胜利 70 周年前夕。五年多来，该书受到校内外师生、厦大校友和社会人士颇多鼓励与肯定。2019 年，本书英文版在萨本栋教育科研基金会赞助下，于厦大 98 周年校庆前出版。

　　大学是有生命和灵魂的学术组织。本书的荣誉源自厦大独特精神文化的厚重底蕴和萨本栋自身令人敬仰的人格魅力。作为一个幸福的历史记录者，在探寻和记述萨本栋的人生历程和精神轨迹过程中，我得到许多滋养和启迪。何其幸运，在 2021 年 4 月 6 日厦门大学百年华诞到来之际，本书得以再版。书中内容在原有基础上进行了慎重增补，因能力所限，恐多有缺漏与不足，敬请读者批评指正。

　　借此书再版之机，恭祝母校新百年青春永驻、基业长青。

石慧霞

2020 年 12 月 1 日